《大明风云》系列之⑦

The Profound History of Ming Dynasty 7

建文悲歌

马渭源 著
Ma Weiyuan

东南大学出版社
SOUTHEAST UNIVERSITY PRESS
·南京·

图书在版编目(CIP)数据

建文悲歌/马渭源著. —南京:东南大学出版社,2015.1（2023.6重印）

（大明风云系列）

ISBN 978-7-5641-5427-1

Ⅰ.①建… Ⅱ.①马… Ⅲ.①中国历史-研究-明代 Ⅳ.①K248.07

中国版本图书馆CIP数据核字(2014)第310942号

建文悲歌

出版发行	东南大学出版社
出 版 人	江建中
社　　址	南京市四牌楼2号
邮　　编	210096
印　　刷	三河市金泰源印务有限公司
开　　本	700 mm×1000 mm　1/16
印　　张	13.5
字　　数	224千字
版　　次	2015年1月第1版
印　　次	2023年6月第2次印刷
书　　号	ISBN 978-7-5641-5427-1
定　　价	58.00元

*本社图书若有印装质量问题,请直接与营销部联系,电话:025—83791830。

序

马渭源教授的17卷本《大明风云》就要出版了，这是继他2014年推出10卷本《大明帝国》后的又一大系列专著。数日前，他来我家，邀我写个序，我欣然答应了。因为他与日本关西学院校长、国际明史专家阪仓笃秀教授是老一辈著名明史专家黄云眉先生的第二代传人，这是2011年底海内外眉师儿孙们云集一堂，经过反复研究、讨论，最后作出的慎重决定。作为眉师的第一代传人，我感到责无旁贷要做好这样的事情。

马教授在2012年就应邀去美国做讲座，北美三大华文报刊《世界日报》、《星岛日报》和《侨报》对此都曾做了专门的报道，其中《世界日报》称誉马渭源教授为著名的明史专家；稍后中国大陆媒体称他为"第一位走上美国讲坛的明史专家"。

另据海外媒体所载，马渭源教授的《大明帝国》系列专著得到了美国匹兹堡大学名誉教授、海外著名国学大家许倬云先生的赞许与推介，并为哈佛大学、哥伦比亚大学、普林斯顿大学、斯坦福大学等世界一流的高等学府和美国国会图书馆、澳大利亚国家图书馆等西方诸国国家图书馆所收藏，真乃可喜可贺！

最近中央级大报《光明日报》刊载文章说："世界上SCI检索影响力较大的2 000种期刊中，中国期刊只有5种；排在本学科前3位的世界顶级期刊中，没有一本中国期刊。"(《光明日报》2013年11月30日第7版"科教文新闻")与此相类或者说更不尽如人意的是，中国虽是当今世界上头号出版大国，但中国出版的各类专著为西方国家收藏的却不到20%，社科类不到10%，历史类更是凤毛麟角。而马教授的著作能被这么多的西方著名高等学府所珍藏，并得到了大家许倬云先生的肯定与称许，实属不易！

其实这些年在国内马渭源教授早已是南京电视台、南京广电、江苏教育电视台、安徽电视台、中央电视台和福建网站等公共媒体上家喻户晓的历史文化讲座主讲人和电视节目的常任嘉宾，而他的著作则更是深受广大读者的喜爱。据说有一次在上海展览馆举办他的签名售书活动，原定活动时间为半小时，结果因为读者太多了，主办方不得不延长了一个小时，但还是未能满足广大读者的需求。而最近又传来好消息，国内外知名的网络运营商如亚马逊、中国移动、苏宁易购等都与马教授签订了电子书出版合同，人们尤其年轻的读者只要按按手机上的键钮就能轻松阅读他的电子版著作了。

马教授之所以能取得如此的成就和拥有这样的影响力，在我看来，最为根本的原因就在于他扎扎实实地深入研究，以渊博的知识来解释历史，并用通俗流畅的语言表述出来，但绝不戏说，由浅入深，做到既通俗易懂又让人回味无穷，这是十分难能可贵的啊！

就以本次出版的《大明风云》系列之⑦《建文悲歌》为例，该卷本主要是讲述建文君臣抗击以朱棣为首的大明藩王宗室发动的“靖难”叛乱及其最终的无奈结局以及建文君臣惊天地泣鬼神、誓死不屈的动人故事。

马教授是第一位站在建文朝的角度审时度势当时的这场帝国皇位争夺战争，将昔日人们认识中的胜者为王败者为寇的错误观念做了纠正，告诉人们：这是一场本不该发生的战争灾难，但它却偏偏发生了（参见本书第一章）。历史很精彩，但有时也很无奈，人们常说“得人心者得天下”，可失掉天下的明初第二位皇帝建文帝却是一位有理想、有作为的人格品德高尚的“宽仁”君主，他也是中国历史上少有的一位好皇帝。但就是这么一位在中国历史上少之又少的好皇帝却仅仅执政了四年，就匆匆地离开了政治舞台，由此拷问了一个古老的历史命题：得人心者得天下，真乎？

马教授说：“得人心者得天下”最早是由孟夫子提出的，其原话为“桀纣之失天下也，失其民也；失其民者，失其心也。得天下有道，得其民，斯得天下矣。得其民有道，得其心，斯得民矣。得其心有道，所欲与之聚之，所恶勿施尔也。民之归仁也，犹水之就下、兽之走圹也。故为渊驱鱼者，獭也；为丛驱爵者，鹯也；为汤武驱民者，桀纣也。今天下之君有好仁者，则诸侯皆为之驱矣。虽欲无王，不可得已。”（《孟子·离娄上》）整个这段话，孟夫子为“得天下者”指出了一条成功的秘诀：要想得天下⟶必须得其民⟶欲得其民就必须得其心⟶欲得民心就必须对其实施仁政，这就是孟子“得人心者得天下”理论的完整内涵，简言之，“得人心者得天下”。就此而言，似乎让人觉得得天下就靠施仁政、宽政即可成功了，可问题恰恰是明朝第二位皇帝朱允炆力矫洪武酷政，广施仁政、宽政，最后却失国了，这到底又是为什么？

马教授分析道：这里既有建文帝个性上的缺陷——文弱，他是帝国“狼群中的羔羊”，而政治权力角斗场向来是不会同情弱者的，因此说建文帝失国有着自身性格的缺陷，天生文弱的个性使他一次次地错过了机会；又有治国理政实践中采纳的指导思想不是“外儒内法”的汉代以后的儒学，而是方孝孺等人信奉的一些迂腐的先秦儒学主张，过分强调礼教、德治，对最大的也是最为阴险的政敌朱棣大讲“亲情”，即使到了北伐时，还要告诫自己的北伐将士：不要伤了我的叔叔，让朕背负杀叔的罪名。这简直是将北伐将士的手脚全给捆住了，反而帮了政敌朱棣的大忙（【清】谷应泰：《明史纪事本末·燕王起兵》卷16）；再有就是用人不当，对于李景隆等“至亲”过于信任与重用，而最高层领导班子中搭配不合理，建文帝靠着相投的趣味来组建他的领导班子，这样就造成了建文朝廷领导核心全是书生，没有人精通军事。随之也就构成了另一大致命失误——没有掌握好军队或“枪杆子”。朝廷军队将领中不乏有勇有谋又善战的军事人才，如朱允炆的叔叔平安（朱元璋的养子）和瞿能父子都是杰出的将才，可他们被压在“绣花枕头”李景隆的下面，直到战事发生后才逐渐被发现，即使这样，也没有及时大胆地提拔和尽其所能地发挥他们的军事才华，这就大大地制约了朝廷军队自身有效力量的发挥，挫伤了将士们的积极性，造成了朝廷军队越战越没劲而燕军却越战越强这种令人十分郁闷的尴尬局面。(《明史·瞿能传》卷142;《明史·平安传》卷144)

其实在传统社会里，一个政权是否牢固与民心向背没有过分直接的联系，绝不像孟夫子所说的那么简单：“得人心者得天下”，而是更多更直接地与军队的掌握有关。换言之，谁掌握了枪杆子谁就掌控住了天下，这就是我们耳熟能详的真理：枪杆子里面出政权。建文帝政敌朱棣之所以能夺得天下，最关键的原因不是他多得人心——试想一个灭人“十族”、活剥人皮、挖人祖坟和令兵士轮奸别人妻女的魔鬼会得人心？这是根本不可能的事情！那么朱棣靠什么夺天下？又是靠什么稳住天下的？

靠军事武力或言枪杆子！

其实，这不仅是朱棣也是中国历代帝王取得成功的第一大秘籍。问题是成功者不一定是如何得人心的好皇帝好君主，明初这第三位皇帝恰恰是个历史上少有的残暴之君。面对兽性发作的魔鬼朱棣及其所作恶的“壬午大虐杀、大屠杀”，建文朝的文臣学士及其家眷们并没有被吓倒，他们唱响了威武不屈、忠君报恩、视死如归和舍生取义等一曲曲的“建文悲歌”(马教授在查阅了明代人李贤、姜清、高岱、黄佐、谈迁等人的大量笔记或著作的基础之上进行分析判断，首创该术语，并用了一个章节的篇幅予以详述，高调颂扬了“壬午殉难”之士及其可歌可泣的英雄事迹，满怀激情地谱写了当年建文君臣的正气歌，参见本书第二章)。更有建文帝及其铁杆支持者如蒸气一般地人间蒸发，让篡位皇帝明成祖为此整整折磨了20余年(参见本书第三章)。由此历史不禁发问：究竟谁是悲剧人物？谁是历史的胜利者？

总之，全书精彩迭现，观点新异又可靠，读之既如品尝陈年美酒，又似沐浴和煦春风。作为年过八旬的垂垂老者，我倍感欣慰，“黄学”后继有人啊！也愿马教授不断努力，推出更多的新作！

权作为序

南京大学中国思想家研究中心常务副主任、教授

2014年11月18日

目录

第一章　靖难之役与建文失国

第一章
靖难之役与建文失国

中国历史上以地方诸侯或武装举兵造反夺取中央政权的"叛乱"事件不计其数，但最终都没有成功，唯独明初的"靖难之役"（或言"靖难战争"）却是个例外。让人看不懂的是，"靖难战争"偏偏是在朱元璋处心积虑、不择手段地加强专制主义中央集权之后由地方藩王首先挑起的，这到底是为什么？更令人大惑不解的是，一个拥有兵力、财力诸多方面绝对优势的堂堂大一统帝国君主，居然打不过一个起兵兵力不足1 000、粮草寥寥、困居一隅的地方藩王，而且还低三下四地一再向这个"叛乱"臣子求和……

"靖难"兵起与建文朝北方军事防御体系的瓦解

◉"靖难"誓师，超级演员

朱棣起兵造反一夜之间拿下北平城，按常规来说，他的将士士气正旺着，理应迅速打出北平城去，这在兵法上叫一鼓作气。但朱棣并没有那样做，而是在北平休整。（《明史·金忠传》卷150）

经过三天整顿后的建文元年（1399）七月初七日，北平城内秩序已经得到完全控制了，朱棣就把将士们召集在一起，举行起兵誓师仪式，正式打出"清君侧，靖国难"的旗号。朱棣慷慨激昂地说：

"我太祖高皇帝、孝慈高皇后嫡子，国家至亲。受祚以来，惟知循法守分。今幼主嗣位，信任奸宄，横起大祸，屠戮我家。我父皇母后创业艰难，封建诸子，藩屏天下，传续无穷。一旦残灭，皇天后土，实所共鉴。《祖训》云：'朝无正臣，内有奸恶，必训兵讨之，以清君侧之恶。'今祸迫予躬，实欲求生，不得已也。义与奸恶不共戴天，必奉行天讨，以安社稷。天地神明，照鉴予心”（《奉天靖难记》卷1；《明太宗实录》卷2，两者略异，笔者注）。

你看人家朱棣不愧为当政治家的料，他确实在这些方面与他的“老爸”一个德性：胆大、心黑加上脸皮厚，这就是传统中国专制社会里政治家成功的第一大秘诀。

◉“盗有道，非常道”：“清君侧，靖国难”

看了上述朱棣发表的这段颇有煽动性的“演说”，我们大概可以得出这样几点印象：

第一，装作无辜和可怜，博得别人的同情。从这点来说，朱棣绝对是个煽情高手。什么“我太祖高皇帝、孝慈高皇后嫡子，国家至亲。受祚以来，惟知循法守分。今幼主嗣位，信任奸宄，横起大祸，屠戮我家”。使人听了不得不怅然涕下，人们自然会说，堂堂高皇帝的“嫡子”现在多可怜啊！凡是在场的有正义之心的人，听了这演说都会有一种“路见不平，拔刀相助”的感觉。因此说假如朱棣生活在600年后的今天，要是从事演艺工作的话，那么我想他绝对是超级明星大腕了，其“粉丝”恐怕要有上亿了。

第二，追究“国难”的祸首，无形之中把起兵谋反说成了“正义”之举，这叫“盗有道，非常道”。朱棣向人们解释自己为什么要起兵时是这样说道的：“今幼主嗣位，信任奸宄，横起大祸。”就是说我们现在刚刚继位的皇上年幼，他宠信奸臣，我们大明出了“国难”了，否则我的那5个兄弟为什么被废的废，被抓的抓呢？既然有了“国难”，那我们怎么办？他就引用所谓的合法依据，告诉人们他之所以起兵是因为太祖高皇帝朱元璋曾立下的《皇明祖训》中有语：“朝无正臣，内有奸恶，必训兵讨之，以清君侧之恶。”并强调：“今祸迫予躬，实欲求生，不得已也。”换言之，我是被迫害得没有办法，为了求生才不得已起兵的。

这样，原本在传统社会里起兵造反的“乱臣贼子”一下子被说成了“正义”的化身，谋反这个原本在传统社会里被认定为“十恶不赦”大罪之首罪，一下子在朱棣的嘴巴里被说成了“正义”之举，由此他的军队被称为“靖难之师”，他所发动的这场大明皇家帝位争夺战争也被称为“靖难之役”。

中国有一句古话叫：“道有道，非常道。”不，在这里应该改为“盗有道，非常道”，即强盗自有强盗的逻辑，就看谁的嘴巴大，谁的拳头硬，谁有枪杆子，所谓的“真理”话语权就掌握在实力硬的人手里。

第三，瞒天过海，断章取义，打出维护《皇明祖训》的大旗。朱棣在发动靖难之役时最为“过硬”的“合法”外衣是维护《皇明祖训》。他在北平“靖难”誓师大会上背诵了那段“祖训”，什么“朝无正臣，内有奸恶，必训兵讨之，以清君侧之恶”。依照这几句的意思，只要认为朝中没有“正臣”，奸臣当道的话，那么藩王们就可“训兵讨之”，帮助朝廷清除君主身边的坏蛋。如果这是朱元璋所立的“祖训”原话的话，那么朱元璋就不是朱元璋了，他一生殚精竭虑就是为了保证他所建立的大明帝国能够长治久安，怎么会立下这么一段痴人说梦般的“祖训”：今天某个藩王认为朝中有奸臣，他就可起兵兴讨；明天另一个藩王认为朝中还有奸臣，也可兴兵讨之，那么大明就永无宁日。

朱棣采取了瞒天过海的手法将老爸朱元璋的那段“祖训”来了个断章取义。我们不妨将《皇明祖训》相关的那段原文引出来做个对照。“凡朝廷新天子正位，诸王遣使奉表称贺，谨守边藩，三年不朝。许令王府官、掌兵官各一员入朝。如朝廷循守祖宗成规，委任正臣，内无奸恶，三年之后，亲王仍依次来朝。如朝无正臣，内有奸恶，则亲王训兵待命，天子密诏诸王统领镇兵讨平之。既平之后，收兵于营，王朝天子而还。如王不至，而遣将讨平，其将亦收兵于营。将带数人入朝天子，在京不过五日而还，其功赏续后颁降”(《皇明祖训》“法律条”)。

从朱元璋“祖训”原文来看，如果真是朝中有奸臣，藩王应“训兵待命”，只有在接到天子的密诏后才能举兵，除掉奸臣后，藩王要“收兵于营”，朝见天子以后回归原来的藩地。

但有关朱元璋制定的《皇明祖训》中确实有一条有关藩王可以向朝廷索要奸臣的规定：“若大臣行奸，不令王见天子，私下傅致其罪，而遇不幸者，到此之时，天子必是昏君。其长史司并护卫，移文五军都督府，索取奸臣。都督府捕奸臣，奏斩之，族灭其家”(《皇明祖训》“法律条”)。

这一段的“祖训”是讲，大臣耍奸，使得藩王、亲王无法见到天子，天子被蒙蔽，成为昏君，那么就由藩王府内的朝廷任命的“长史司并护卫”共同出面向全国最高军事机构五军都督府发出除奸文函，再由五军都督府逮捕奸臣，并奏请皇上斩杀奸臣、族灭其家。

在这里也没有说让藩王自己起兵“讨之”，而是有一道又一道的程序要走。即使如朱棣指认的齐泰、黄子澄是奸臣的话，也轮不上他朱棣亲自起兵，更何况齐、黄还不是什么奸臣，这在下面我们要讲到的。

对照历代藩王起兵的理由常常是以“清除朝中奸臣”、维护某个“祖制”或“既定方针”作为大旗，朱棣也不例外。但在朱棣的起兵口号中似乎又多了一条“奉行天讨”，换句话来说，历史上打出这样旗号的一般是在改朝换代时出现的“大人物”才会这么干，而在一般的皇族内部的皇权争夺是不大可能用“奉行天讨”的。由此，笔者就对流传已久的有关朱棣身世之谜产生了特别的兴趣。

◉ 朱棣不是朱元璋的儿子？

朱棣篡位成功后，肆意篡改官书记载，隐瞒生母真相，谎称自己为高后马氏所生，其目的在于抬高身价，为自己当皇帝寻找血缘上的根据，这已昭然若揭。与此相反，长期以来社会上还有一种对朱棣带有讽刺意味的说法，就像蒙文史书《蒙古源流》卷八中所记的那样，说朱棣的生母是蒙古人洪吉喇氏。她原是元顺帝第三福晋，系太师洪吉喇特托克托的女儿。她进入明宫时已怀孕，生下的朱棣就是元顺帝的遗腹子。但有人对此进行了考证，认为这种说法简直是胡说八道。（参见晁中辰：《明成祖传》，人民出版社 1993 年 9 月第 1 版，P10）

问题的焦点是我们现在见到的明代流传下来的官书都是经过朱棣及其子孙篡改了，就连朱棣是否真的生于至正二十年（1360）都是很成问题的。据近代学者王謇的记载，清军打败太平军后曾在南京城南的大报恩寺得到了一“御碣”，上面记载了朱棣生母为蒙古人，朱棣的出生应该是比太子朱标小 10 个月，且是他妈入宫 6 个月后生了他。正因为如此，在当时皇家看来，朱棣的生母是个“不贞洁”的女人，最终她被赐死。（【民国】王謇：《孤庐杂缀》，转引自张惠衣《金陵大报恩寺塔志·杂缀》，南京出版社，2007 年 9 月第 1 版，P120）

有人说这是孤证，不足为信，甚至有人搬出明代《南京太常寺志》的记录和明清 500 多年来许多学者孜孜不倦考证出来的结果：朱棣生母应该是碽妃。但无论何种考证或引用何种证据，都没能说清楚朱棣生母碽妃的身世经历和血脉关系。现代著名明史专家黄云眉和吴晗两位先生在经过精细考证后，依然得出这样的结论，碽妃是朱棣生母，但就是没说碽妃到底是何许人也。（吴晗：《明成祖生母考》，原载于《清华学报》，1935 年第 3 期；黄云眉：《明史考证》，第 1 册，中华书局，1979 年 9 月第 1 版，P62—63）

由此看来，朱棣生母碽妃是个至今人们仍然搞不清楚她身份的女人。但笔者带着强烈的好奇，查阅了许多明史资料，结果还是一无所获。有一次，电视台叫我去作历史文化讲座，因为他们需要图片，我在准备时，无意间将朱元璋的画像与朱棣的画像放在了一起，竟意外地发现这对“父子”长得一点也不像！这还不是最为奇怪的，让人绝对纳闷的是这对父子的胡子迥然不同，朱元璋是地道的汉人胡子，而朱棣是典型的蒙古人络腮大胡子；再看朱棣以后的明代皇帝画像，明仁宗、明宣宗、明英宗，一直到明宪宗，明朝前、中期的这些皇帝都拥有北方蒙古人的大胡子之特征。从人类遗传学角度来讲，如果朱棣真是朱元璋的亲骨肉，那怎么会出现这种怪异的现象？

再联想到朱棣的庙号是明成祖，在明代以前，一般只有开国皇帝才能被称为“××祖”，如汉高祖、唐高祖等，即使是像唐太宗这样的盖世英雄，曾经辅助他父亲一同打下江山、开国建制，影响一代历史的大人物，他至多也称“太宗”而没有称“祖”；宋太宗也是如此，宋朝是在他的手中完成了统一，但赵光义死后也只称“宋太宗”，如此例子不胜枚举。对此，笔者与南京大学明史专家潘群教授讨论过此事。我们是否可以进行这样的推论：朱棣起兵并不是仅仅夺取大明帝位，还有改朝换代的成分？否则就皇权在家族内的流转角度来讲，就无需什么“奉行天讨”了。（有关朱棣的身世之谜，我们将在《大明帝国》系列之7《永乐帝卷上》中作详细的阐述。不过，为了谨慎和叙述方便起见，我们在文中说及朱元璋与朱棣关系时还是按照传统的“父子关系”而论。）

当然朱棣起兵的怪异还不止于上述这些，令人百思不得其解的是，朱棣叫“大神人”金忠挑了那么一个黄道吉日起兵誓师时却发生了这样的怪事。据说那天开始时天气还蛮好的，朱棣的宣誓慷慨激昂，众将士也被煽得怅然涕下，可就在这个节骨眼上，突然间风云四起，天昏地暗，人与人之间咫尺之距却无法相见。这在古代人们看来，选了这么一个日子开门做事，是大大的不吉利啊。可不一会儿，东边忽闪一道霞光，一方青天露出，转而阳光普照。由此，燕军将士转忧为喜，认为是燕王的真诚感动了上苍，他的起兵是征得了上天的认同，是“正义”之举，这对鼓舞士气起到了极其重大的作用，更多的是否可能隐含着他要“替天行道”和改朝换代呢？（《奉天靖难记》卷1；《明太宗实录》卷2）

◉ 朱棣真“牛”，把已经死去的“老爸”朱元璋从阴曹地府里扶出来再“执政”了四年

正因为朱棣认为自己的行为是“替天行道”和“奉行天讨”，所以在起兵造反一开始就干了一件不同于历代皇位争夺者所做的事情，他建立起一套严密的割据政权体系，任命了自己的一些心腹干将和投靠他的人为其割据政权的领导成员。张玉、朱能和邱福等都被任命为都指挥佥事；那位向他泄露建文帝密诏的小吏李友直摇身一变成为北平布政司参议（可能相当于北平省的副省长）；算命先生金忠被任命为燕王府的纪善（可能相当于办公室主任），直接听命于燕王朱棣，并参与决策，

等等。(【清】谷应泰:《明史纪事本末·燕王起兵》卷16;《明史·金忠传》卷150)后宣布革除建文年号,把建文元年改称洪武三十二年,把已经死去的“老爸”朱元璋从阴曹地府里扶出来再“执政”了四年。

◉ 朱棣给建文帝的第一次“上书”“换来”了从朱明皇家的玉牒中永久地开除出去的削籍令

不过,在北平干的这些“好事”,朱棣在对外对朝廷的说辞中可没提一个字,相反他装成很无辜又无奈的样子,把自己的起兵谋反说成是铲除奸臣、纾解国难的正义之举。

“皇考太祖高皇帝艰难百战,万死一生,定天下,成帝业,传之万世,封建诸子,巩固宗社,为磐石计。奸臣齐泰、黄子澄包藏祸心,㯶、榑、柏、桂、楩五弟,不数年间,并见削夺。柏尤可悯,阖室自焚。圣仁在上,胡宁忍此!盖非陛下之心,实奸臣所为也。其心尚未足,又以加臣。臣守藩于燕,二十余年,寅畏小心,奉法循分。诚以君臣大分,骨肉至亲,恒思加慎,为诸王先。而奸臣跋扈,加祸无辜。执臣奏事人,棰楚刺热,备极苦毒,迫言臣谋不轨。遂分布宋忠、谢贵、张昺等于北平城内外,甲马驰突于街衢,钲鼓喧鞠于远迩,围守臣府。已而护卫人执贵、昺,始知奸臣欺诈之谋。窃念臣于孝康皇帝,同父母兄弟也,今事陛下,如事天也。奸臣之心,不止害臣,譬伐大树,先翦附枝,亲藩既灭,朝廷孤立,奸臣得志,社稷危矣。臣伏覩《祖训》有云:‘朝无正臣,内有奸恶,则亲王训兵待命,天子密诏诸王统领镇兵讨平之。’臣谨俯伏俟命。”(【清】谷应泰:《明史纪事本末·燕王起兵》卷16;【明】谈迁:《国榷·惠宗建文元年》卷十一,P802—803;【明】薛应旂:《宪章录校注》,凤凰出版社,2014年9月第1版,P155—156。注:各史料记载略异)

这实际上是朱棣给建文帝的一份政治宣言书,他巧言令色,强词夺理。首先指出分封是高皇帝定下的“祖制”,是“巩固宗社,为磐石计”,谁要将它破坏了,就是“不忠不孝”。这样,一开始就把建文朝廷的“削藩”大政给安上了违背“祖制”的罪名,但他又没有明说,这就是朱棣的奸诈之处;接着他又大讲特讲“削藩”给高皇帝亲骨肉带来的灾难,将矛头直指齐、黄等削藩大臣,并指摘他们为奸臣,进而指出奸臣所为就是“先翦附枝,亲藩既灭,朝廷孤立,奸臣得志,社稷危矣”。鉴于此种情势,作为皇上您的叔叔我燕王不能坐视不管,所以我起兵是为了大明江山社稷的稳固和“祖制”的维护,现在正是“朝无正臣,内有奸恶,则亲王训兵待命”的时候,请皇上您给我密令吧!

建文帝是个文弱之君，但他绝不是愚蠢之人或者说是智商低能儿。当见到那个包藏蛇蝎一般心肠的四叔朱棣的上书后，他确实下了一道诏书，不过这道诏书不是叫燕王来"清君侧、诛奸臣"，而是将朱棣从皇家的玉牒中永久地开除出去。(【清】谷应泰:《明史纪事本末·燕王起兵》卷16;《明史·恭闵帝本纪》卷4)

当然，这些都是后话了，我们再来看看北平局势的发展对建文朝廷的影响。

◉ 以北平为中心的建文朝廷北方军事防御体系的瓦解

朱棣在北平谋反起兵，不仅一夜之间将北平军事布防格局全给搅乱了，同时也开始瓦解了建文朝廷在北方的军事防御体系。

本来建文帝在建文元年三月前后采纳了齐泰和黄子澄的建议，对北平为中心的北方军事前沿作了看似十分严密的布置，以北方军事告急为名，抽空燕王的军事力量，将许多燕王府的护卫精兵将士归口给屯军于开平的都督宋忠管辖；还有一些燕王府的将士要么直接听命于朝廷指挥，要么调离北平城，到城郊去守候，至于北平城中则由谢贵、张信掌控的北平都指挥使司管辖。这一系列布防果然很厉害，以至于朱棣起兵时手中直接指挥的兵士只有800人。(《奉天靖难记》卷1;《明太宗实录》卷2)

而实际的问题恰恰也出在这里，朱棣长期盘踞在北平，连他自己也说居燕二十多年。朱棣这二十多年可不比一般藩王那样吃喝玩乐，他"雄才大略"，且一直在从事对蒙古的战争。一旦战事起，按照朱元璋的规制，其他藩王或异姓功臣勋将都听命于他和晋王，长期的战争生涯使得朱棣对北平一带不仅是知根知底，而且还树立了个人威望。军事上的等级制和上下级之间的特殊人脉关系，作为非军事系统出身的建文君臣却是很难理解的，加上他们对军事的不懂行、所任非人，实际上已经是将北平及周围地区拱手让给朱棣了。(详见笔者《大明帝国》系列之7《永乐帝卷上》)

"西瓜宴"上张、谢突然被杀，燕王府外谢贵的得力助手都指挥使余瑱发现了事态的骤变，想组织起将士进行反击，但已经来不及了，他只好向北平郊外西北方的居庸关撤退。与此同时，北平东边的蓟州守将马宣接到了朝廷的命令，率军赶往北平。途中与燕军遭遇激战，不久，被燕军打败，只好退回蓟州。当时驻扎在开平地区的朝廷军队就有30 000人，若以此兵力去攻打刚刚起兵造反尚未立稳脚跟的朱棣，胜负难料，但问题是驻扎开平的军事统帅宋忠不是一个将帅之才。

宋忠，原是洪武末年的锦衣卫指挥使，即为特务头子，但为人还算正派，手下有人因小罪而要被处死，宋忠就如实地上疏给皇帝朱元璋，要求刀下留人。有个御史出来弹劾宋忠，说他庇护部下。皇帝朱元璋还算明事理，当即说道："宋忠为人率直，讲话没有什么隐瞒的，为别人请命，何罪之有？"最终那个犯了小罪的官员被宽宥了。但不久宋忠又被佥都御史刘观盯上，遭到了弹劾，调任凤阳中卫指挥使。洪武三十年，宋忠跟随平羌将军齐让出征西南夷，但没有取得军事胜利，后来跟随将军杨文再次去讨伐西南夷，结果凯旋而归，这大概是宋忠立下的唯独一次军功。从中我们可看出宋忠是个忠直之臣，但绝不能说他是个军事帅才。而建文元年时势的紧迫使得建文帝几乎是"饥不择食"地选择了这么一个军事平庸之人，让他率兵驻扎开平，以此来看住比狐狸还要狡猾的燕王朱棣，这也难为了宋忠。

燕王起兵造反之前，宋忠就已经接到了朝廷的密令，率领 30 000 多人从开平出发，前往北平去。但他还没有到达，朱棣已经起兵并控制住了北平城。宋忠不敢贸然进攻，只好退到北平郊外的怀来，伺机而动。(《明史·宋忠传》卷 142;《明太宗实录》卷 2)

○ 建文朝廷在北平东部的军事要塞一个个被朱棣占领

但让宋忠想不到的是，他等来的却是一个接一个的坏消息。先是北平东边军事要地通州守将房胜归降朱棣。房胜原本就是朱棣的部下，两人一同多次出征蒙古，虽然是上下级关系，但个人情感一向不错，后来房胜被朝廷调到了通州，而他的心还向着朱棣。朱棣起兵的第二天就派人上通州，房胜率众归降。这样，北平东边的门户不打自开了。(《明史·房胜传》卷 146,列传第 34;《明太宗实录》卷 2)

房胜的投降不仅使得建文朝廷控制朱棣的东部军事要塞给丢失了，而且还给周边的朝廷将领开了一个极坏的先例。后来朱棣燕军所到之处，好多朝廷军队的"软蛋"就不战自降。

这不，眼下燕军占领通州后，就派大将张玉开始向通州边上的蓟州发起了进攻。蓟州守将就是前面说到的前去解救北平危机的都指挥使马宣，此人倒是蛮有骨气的，退回蓟州后坚守城池，誓死不降，战斗到生命的最后一刻。但守城的指挥毛遂却是个墙头草，见到张玉率领的燕军攻势凶猛，心想：算了，好汉不吃眼前亏，投降了。就这样北平东边的又一重镇蓟州落入朱棣手中。

攻下蓟州的当夜，燕军又开始偷袭遵化，到天亮时就占领了遵化。至此，建文朝廷在北平东部的重要军事据点一一都被朱棣拔掉了。(《明史·恭闵帝本纪》卷 4;【明】姜清:《姜氏外史》卷 2;《明太宗实录》卷 2)

○ 本该进行生死较量的怀来大战，却上演了一出令人一头雾水的"认亲会"

解除了北平东边军事危险以后，朱棣就将矛头对准了北平的北边，因为那时北平南边的朝廷军事布置在保定一带，距离北平尚有距离，对北平构成最大危险的是屯扎在北边怀来由宋忠统帅的30 000多人的部队。这支队伍不仅人数多，而且兵强马壮，是当时建文朝廷围剿燕王叛军的有生力量，所以朱棣感觉它不仅危险最大，也是最为紧迫。但要解决怀来的朝廷军队，就必须首先拿下通往怀来之路上的军事要隘——居庸关，而位于北平西北郊区的居庸关此时掌控在谢贵的助手余瑱的手中，于是朱棣采取了快速出击的战术，派部将徐安等于七月十一日急攻居庸关。余瑱抵挡不住，放弃居庸关，逃往怀来。

按理说，宋忠早应该派支偏师前去援救居庸关，但他压根儿就没有这么做。宋忠的军事平庸还远不止这些，当居庸关失守后，你就应该守好怀来，这样不战也能震慑住朱棣，使他不得妄动。但宋忠这个蹩脚的军事统帅实在是糟糕，他以为打仗就如同他在锦衣卫里审犯人那样容易，一骗、二哄、三吓唬就能将敌人制服了，所以当朱棣燕军步步紧逼之时，他就发挥了当年在当特务头子时的那股聪明劲，对部下将士说："燕王朱棣心黑手辣，起兵谋反时就在北平城里对朝廷军队将士的家属实行了血腥的屠杀。将士们，为国为家你们都要拼命啊，不杀尽燕贼，誓不罢休！"当天，将士们的士气倒是被鼓动起来了，可宋忠的这支30 000人队伍中不少将士原本是燕王朱棣的部下，他们是被朝廷抽调出来归给宋忠指挥的，朱棣的厉害就在这里，他在双方开战前就把形势与军事情报摸得准准的。

建文元年七月十六日，朱棣率领军队赶到怀来，命令有亲属在宋忠军队里的那些将士打出寻亲的旗帜，冲在前面。对此，朝廷主将宋忠却浑然不觉，照计划行事。哪知前线战场上双方将士一接触，就不打仗了，而是一片"认亲"声，宋忠的部下不停地喊："宋总兵骗我们说，北平城里的兄弟父老全被杀了，原来你们活得好好的，哥啊，弟啊，我们好好聚聚啊！"嗨！整个怀来战斗成了"认亲会"了。宋忠一看不对劲，仓猝布阵，还没有成列，燕军已经渡河过来，怀来之战没多打，朱棣就用8 000兵力轻而易举地占据了北平北边的这个军事要地。

尽管宋忠军事才能实在蹩脚，但人倒还算有骨气，他与余瑱等人被俘后，至死不屈，最后被朱棣处死。(《明太宗实录》卷2;《明史·宋忠传》卷142;【明】姜清:《姜氏外史》卷2)

○ 松亭关朝廷军队中了"离间计"，真内奸反而发现了"假内奸"

怀来之战，30 000人的朝廷军队居然莫名其妙地输给了只有8 000人的燕军。人们听了这个消息后没有一个不震惊的，而且事态的发展对朝廷方面似乎越来越不利。就在怀来之战后没几天，开平、上谷、云中等地的守将纷纷投降了燕王朱棣，至此，北平及其四周基本上都成了燕王朱棣的势力范围了。

这时，建文朝廷在北方地区挨得北平比较近的军事势力就是东北地区的大宁府守军了。虽然说北平及其周围地区的丢失不关大宁守军什么事，但事态发展到了这一步，你大宁守军再怎么说也不能坐视不管啊。更大的后患在于，燕军占领了这些地区后，很可能继续向着四周拓展，大宁也不一定不是燕王下一个进攻的目标啊！所以无论从哪个角度，大宁守军都应该出兵了。

当大宁守军出兵到松亭关时，由于都督刘真、陈亨等人“误中”了朱棣的离间计，“发现”了“内奸”卜万并将他除掉，这样，松亭关军事将领就剩下两个。刘真尽管岁数不小，但年龄活在了狗身上，面对比狐狸还要狡猾的燕王朱棣和真内奸陈亨（原本是燕王部下），他整个成了缺心眼，朱棣设计陷害卜万，他未能发现；除掉了卜万，少了一块绊脚石，陈亨开始干起吃里爬外的事情来，他居然也没有发现。这一系列的“没发现”，最终便利了陈亨的叛变。在一个夜晚，陈亨联合了另外一些内奸突然间对刘真军营发起了袭击。刘真猝不及防，全军覆没，只身逃回大宁去，整个松亭关就这样轻轻松松地落入了朱棣的手中。（《奉天靖难记》卷1；《明太宗实录》卷2；《明史·陈亨传》卷145；【明】姜清：《姜氏外史》卷2）

怀来大败和松亭关失守标志着建文朝廷在北方军事布防方面的彻底失败。

北方告急！对此，南京的建文朝廷有何反应？

建文朝廷的第一次北伐与朱棣“靖难军”的快速战术

◉ 朱棣大闹北方，建文帝却在明故宫“日与方孝孺等讨论周官法度”

自建文帝登基以来，大明朝廷上下一直在忙于“建文新政”的谋划与推行。作为与“建文新政”密切相关的一项重要内容——削藩及其所带来的后果，他们也予以一定的重视，尤其是建文元年三月起连削四藩后，建文君臣也开始密切关注北方事态的发展与变化。

但从本质上来讲，建文君臣骨子里都是书生，你要是说及以儒家思想与理念治国的话，他们会如数家珍地说上几天几夜；但若要说及军队啊，打仗啊，恐怕就只能像齐泰那样背背那些边关军事将帅的姓名和纸上谈兵就算不错了。之所以如此，这就要涉及建文朝最高领导层与决策层的人事结构搭配问题——最大毛病就在于，建文朝居然没有一个是久经沙场的军事统帅，或者说是具有很深军事背景的军界将领，当然这主要归咎于老皇帝朱元璋对功臣勋将的滥杀，直接导致了大明建文年间高级军事人才的严重匮乏，但也不可否认书生皇帝朱允炆对军事武备少有兴趣或言轻视等方面的因素。史载，朱棣大闹北方时，建文帝却正在明故宫“日与方孝孺等讨论周官法度，以北兵为不足忧”(【清】谷应泰:《明史纪事本末·燕王起兵》卷16;【明】姜清:《姜氏外史》卷1;【明】薛应旂:《宪章录校注》，凤凰出版社，2014年9月第1版，P156)。

◉ 小叔叔朱橞：四哥发疯了，居然造反！大侄儿建文帝：真的吗？

建文帝得到北方局势迅速恶化的军事消息，说来也挺滑稽的，它不是来自建文君臣曾经精心构建的谍报系统，而是由建文帝所要“专政”的对象——藩王所提供的，具体地说，是北方藩王中一员——谷王朱橞南逃带给他的。由此可见建文朝对待非常事件的国家行政手段与应变能力是相当蹩脚的。那么，谷王朱橞为什么要南逃？是不是侄儿建文帝也抓住了他的什么把柄，削了他的那个藩，从而使得他不得不南逃？

不是的。谷王朱橞本身也不是什么省油的灯，但在明初就藩的藩王中他是最小的一个。虽说建文元年时朱橞当藩王的“工龄”有些年份了，但实际年龄却只有21虚岁，别的哥哥与南京城里的侄儿皇帝较劲，可他这个当叔叔的说实在的还不怎么懂人世间的你争我斗，所以也就没有参与到其他藩王的密谋造反当中去，因而建文帝的削藩几乎与他无关。正因为年纪小，听说四哥朱棣起兵“靖难”后一路摧枯拉朽似地攻陷了北平附近的蓟州、通州、遵化、永平、密云等城池，谷王就不知所措了，加上谷王的藩地又在临近北平的宣府，而从当时朱棣凶猛的起兵势头来看，宣府很可能成为他的下一个进攻目标，谷王深知自己绝非是燕王的对手，怎么办？他越想越害怕了，最后拿定主意——逃亡到南京去，投靠侄儿皇帝，总比被那个像发了疯似的燕王朱棣打着了要强。(《明史·诸王三·朱橞传》卷118)

谷王朱橞惊魂未定地到达南京是在建文元年七月二十四日，这时距离朱棣在北平起兵造反已有整整二十多天了。当朱橞上气不接下气地向侄儿描述完“疯子”四哥造反的情况时，建文帝这才确信北方真的出了大乱子了，紧接着不断地传来朝廷军在北方丧师失地的坏消息与朱棣的上书，此时建文帝才真正感到北方局势的严重，于是他不得不召集朝中文武百官共同商讨应急对策。

黄子澄提出这样的观点:过去我们朝廷采取了那么严密的防燕措施都未能奏效,可见燕军绝非是等闲之辈,而是一群十分强悍与狡诈的顽徒。眼下朝廷最好的应对策略是马上出师北伐,如果听任自流,不仅整个河北地区全让燕军给占领,而且他们还会迅速南下,局势将会不堪设想。因此他主张马上削除燕王朱棣的藩王属籍,将他的罪名公布于天下,与此同时迅速调兵遣将进行征讨。(《明太宗实录》卷1;【清】谷应泰:《明史纪事本末·燕王起兵》卷16)

坦率地说,黄子澄的这个建议比较切合实际,也比较有前瞻性。因此它在朝中迅速得到了有识之士齐泰等人的支持,"(齐)泰请削燕属籍,声罪致讨"。但也遭受到了一些昏庸不堪的腐儒的反对,他们认为:不论燕王做了多大的罪孽,但他毕竟是建文帝的叔叔。如果建文帝兴兵征讨,就不合礼制,做过头了。一向温文尔雅的齐泰听到这样的陈词滥调后再也按捺不住了,他愤然地反驳道:"什么叫不合礼制,现在燕王朱棣已经公然起兵反叛朝廷,明目张胆地干起了万世唾骂的恶事,朝廷讨伐这样凶恶逆贼有何不可!"(《明史·齐泰传》卷141)

◉ 建文帝的讨燕檄文

经过齐、黄等人的慷慨陈词和反复劝说,一向优柔寡断的建文帝终于拿定主意:祭告太庙,宣布削去朱棣的燕王封号,废为庶人,"书谕诸王,削燕属籍";同时兴兵北伐讨燕,布告燕王罪行于天下,并发布讨燕诏书:

"朕奉先皇帝遗诏,纂承大统。宵衣旰食,思图善政,以安兆民。岂意国家不幸,骨肉之亲,屡谋僭逆。去年周庶人橚潜为不轨,辞连燕、齐、湘三王,皆与同谋。朕以亲亲之故,不忍暴扬其恶,止正橚罪,余置不问。今年齐王榑谋逆事觉,推问犯者,又言与燕王棣、湘王柏同谋大逆。柏自知罪恶难逃,先已自焚死,榑已废庶人。朕以燕于亲最近,未忍究其事。今乃忘祖逆天,称兵构祸,意欲犯阙危宗社,悖逆如此,孰不骇闻。昔先皇帝时,棣包藏祸心,为日已久,印造伪钞,阴结人主,朝廷穷极藏匿罪人。先帝震怒,遂以成疾,至于升遐,海内闻知,莫不痛忿。今棣不悔过,又造滔天之恶。虽欲赦之,而获罪宗社,天地不容,已告太庙,废为庶人,遣长兴侯耿炳文等,率兵300 000人,往讨其罪。咨尔中外臣民军士,各宜怀忠守义,奉职平燕,与国同心,永安至治。布告天下,咸事闻知"(【明】谈迁:《国榷·惠宗建文元年》卷11,P805;【明】姜清:《姜氏秘史》卷2;《明史·恭闵帝本纪》卷4;【明】薛应旂:《宪章录校注》,凤凰出版社,2014年9月第1版,P156。注:各著所载略异)。

建文帝的这份讨燕诏书一改过去文文弱弱的笔调,总算有了血气味,这全是那个“疯子”四叔把他给逼出来的。如果从当时政治斗争情势来看，这也算得上是建文朝第一份态度十分明确的讨燕檄文和削藩到底的政治宣言书。

当然，起草这样一份政治宣言书对于满朝都是文臣学士的建文朝廷来说那简直就是小菜一碟；而与此相比，要推选出一个合适的军事统帅可就难坏了建文君臣。朱元璋在世时对功臣勋将的滥杀，造成了大明帝国由“洪武”转向“建文”之际高级军事人才严重匮乏和青黄不接的尴尬局面，这是建文帝上台以后所不得不面对的一个客观情势，但问题的另一个方面是朱允炆从小就文弱，生性喜爱读书学古，对军事一类一直不感兴趣。所以人们看到，建文帝上台执政以来文治维新工作开展得轰轰烈烈，而军事武备却乏善可陈。现在国家发生大难——重大军事叛乱了，这就难坏了他。此时的建文帝心中真是有种说不出的苦楚：皇爷爷，你做事也做得太绝了，你为了确保我君位的安全与稳固竟然把一个个与你同生死共患难的战友与大将送到地狱里去，可你知道我现在要用人统兵作战了，却无将可派啊！当然“性至孝”的建文帝是断然不会说出皇爷爷的什么不是，但他心里急啊！这时朝中大臣们出来为君分忧、为国解难了，他们提出老将耿炳文可以堪当北伐统帅之大任。建文帝接受了这个建议，“乃拜长兴侯耿炳文为征虏大将军，驸马都尉李坚、都督宁忠副之，率师北伐”(《明史·恭闵帝本纪》卷4;【清】夏燮:《明通鉴·惠帝建文元年》卷12，纪12)。

◉ 朱元璋杀剩的老将——建文朝军界的“仙鹤”

耿炳文，朱元璋的老乡，也是濠州人。他的父亲叫耿君用，曾经跟随朱元璋一同起来“闹革命”，朱元璋渡江攻打集庆(南京)，耿君用浴血奋战于军事前线，积功为管军总管。后在江苏宜兴与张士诚的军队交战时，耿君用战死于疆场。因此说，耿炳文是属于“根正苗红”的“革命家庭”出生的那一代。父亲战死后，耿炳文不仅承袭了父亲的军中职位，而且还完成了父亲的未竟事业，他率领父亲的部队攻取安徽的广德，转战进攻并攻下了有江浙门户之称的长兴。朱元璋闻讯后十分高兴，命令在长兴设立“永兴翼元帅府，以炳文为总兵都元帅守之”。这下可使得江南另一方豪杰张士诚大为不安，他派了手下的大将潘元明(《明太祖实录》中作“潘原明”)、严再兴和李伯昇等人率领大军先后几次进攻长兴，但都被耿炳文打退了。耿炳文长期坚守长兴，实际上等于卡住了张士诚向西向南拓展的喉咙，史书记载：“长兴为士诚必争地，炳文拒守凡十年，以寡御众，大小数十战，战无不胜，士诚迄不得逞。”在后来的平吴战斗中，耿炳文率军从长兴出发，攻打长兴附近的湖州，立下很大的功勋，旋被晋升为大都督府佥事。

大明开国时，耿炳文跟随徐达北伐，立有战功。洪武三年他被朱元璋封为长兴侯，食禄1 500石，并得到了可以世代享用的免死铁券（可惜这免死铁券连耿炳文自己都没用上，朱棣上台后不久，耿炳文“畏罪自杀”，这是后话了）。洪武十四年大明发动第七次北征“清沙漠”军事行动，耿炳文也随从征战；洪武十九年耿炳文跟随颍国公傅友德远征云南；洪武二十一年跟随永昌侯蓝玉北征，都曾获得很大的胜利。因此说耿炳文是个功勋卓著的一员老将。“炳文守长兴，功最高，太祖榜列功臣，以炳文附大将军达为一等”（《明史·耿炳文传》卷130；【明】姜清：《姜氏外史》卷2）。

由耿炳文的经历我们可以看出这样几点：

第一，耿炳文是大明初期的一员大将，但不是一流的将军，而是二流或三流之辈，除了他在长兴守城时出任主帅外，耿炳文一般出场都是“从之”，即跟着别人跑龙套的，这样的人才往往是恪守职责，但进取或创新就显得不足了。

第二，虽然是跑龙套，但耿炳文似乎还一直挺幸运的，每次跟随大将出征都能取得一些胜利；换句话来说，他对大明帝国的贡献还是相当之大的，加上他是“先烈”的后代，所以朱元璋将他位列于“附大将军（徐）达为一等”。耿炳文一生南征北战，杀敌无数，军旅生涯再熟悉不过了，任他为军中将帅还算得上是人尽其才。

第三，经过洪武年间的几次大规模的政治运动后，明朝的开国元勋基本上被杀戮殆尽了，但耿炳文与朱元璋的二舅子郭英却是明初所封的57个侯爷中杀剩下来的2个。能够躲过那么恶劣的政治屠杀，要么是有着非常的智慧，要么是个明哲保身的庸人，问题是明初洪武年间的“大神人”刘伯温都未得善终，那么是不是耿炳文比刘伯温还要富有智慧呢？绝对不是的。历史上的耿炳文恰恰是一个“不拿主意”的跑龙套的配角，断然不是什么很有智慧之人，或者只能说他是平庸之辈，政治场上的秘诀就是：少说话，不犯错，这大概是耿炳文得以保全的秘密吧。所以“及洪武末年，诸公、侯且尽，存者惟炳文及武定侯郭英二人”（《明史·耿炳文传》卷130）。

在这样的情况下，本来军事才能并不杰出的耿炳文和郭英成了建文朝军界“鸡群”中的“仙鹤”了，从“而炳文以元功宿将，为朝廷所倚重”。建文君臣在做这道选择题时应该说是做对的，因为在朱元璋杀剩的耿炳文和郭英两个侯爷中，郭英虽然也是久经沙场的一员老将，且还是老皇帝的二舅子，但这个人在洪武晚年屡屡犯错，私养家奴150多人，杀害无辜男女5人，民愤极大，要不是朱元璋的全力袒护，恐怕他早就命赴黄泉了。所以说郭英与耿炳文相比，耿的人品与行为要远远胜出一筹，而建文朝的用人恰恰是相当看重人品的，更何况领兵打仗不仅要有军事才能，而且还要有足够的威望，所以建文帝采纳了大臣们的建议，任命耿炳文为北伐讨燕的主帅，应该说还是十分正确的。

更有一个十分重要的因素是，耿炳文的长子前军都督佥事的耿璿还是懿文太子朱标的长女江都公主的驸马，换句话来说，耿炳文是已故的朱标太子的亲家，因此说耿炳文与朱允炆之间不仅是君臣关系，而且还有十分亲近的姻亲关系，朱允炆将北伐这等大事托付给耿炳文是再合适不过了。事实也是，耿炳文父子上了北伐战场还十分尽心和出力。（《明史·耿炳文传》卷130；《明史·郭英传》卷130）

就此，有读者朋友可能要问：既然如此，那为什么后来耿炳文还要被建文帝撤换掉？

◉ 耿炳文挂帅的第一次北伐

事情还得从耿炳文开始北伐说起。

建文元年七月底，建文帝任命65岁的老将"长兴侯耿炳文为征虏大将军，（大名公主）驸马都尉李坚、都督甯忠为左、右副将军，帅师讨燕"，（《明史·恭闵帝本纪》卷4）"兵号三十万，至者惟十三万"（《明史·耿炳文传》卷130）。

朝廷北伐军将要出发时，建文帝从明皇宫里发出了这样的谕诫，他说："过去六朝的时候，萧绎领兵打到京城建康时就给他的部下下了这样的军令：'自家亲属，同室操戈，兵威相逼，本来已经是不祥之极了，将士们要手下多留心啊！'现在我大明将士将要出征北上，与燕军交战，大家务必要体谅朕的一片苦衷啊，毋使朕背负杀叔之名。"（【清】谷应泰：《明史纪事本末·燕王起兵》卷16；【明】谈迁：《国榷·惠宗建文元年》卷11）

与此同时，建文帝"命安陆侯吴杰，江阴侯吴高，都督耿瓛（耿炳文的二子），都指挥盛庸、潘忠、杨松、顾成、徐凯、李友、陈晖、平安，分道并进"，打算合围燕王朱棣大本营北平。（《明史·恭闵帝本纪》卷4）

除此之外，建文朝廷还给耿炳文的北伐做了一些军事配备工作，任命建文帝长姐江都公主之驸马、耿炳文的长子耿璿为前军都督佥事，帮助父亲耿炳文伐燕；任命因预测燕王反叛而犯下"非所宜言"罪已被逮捕下狱的原岳池教谕程济为翰林编修，充任耿炳文北伐军师。（《明史·程济传》卷143；【明】薛应旂：《宪章录校注》，P157），并传檄山东、山西、河南三省，责令地方政府务必确保北伐之粮饷。（【清】谷应泰：《明史纪事本末·燕王起兵》卷16）

再说耿炳文尽管已经是65岁的老人了，但身板硬朗，所以建文朝第一次北伐行军速度还是比较快的。七月底从南京出发，八月十二日就到了河北真定，路上总共走了不超过半个月的时间。当耿炳文他们上气不接下气地赶到真定时，真定方面朝廷新设的行政机构——“平燕布政司”也刚刚开始挂牌。

平燕布政司原本在大明行政规制中是没有的，建文帝鉴于朱棣叛乱后北平布政司的绝大多数官员都已投降了朱棣，他采取补救的办法，设立了这么个机构，任命北平采访使、刑部尚书暴昭掌管平燕布政司事务（南京中央机构的刑部尚书由侯泰代任），一方面处理被朱棣破坏了的北平与河北等地区的行政工作，另外一方面是协助耿炳文的北伐军，做好灭燕准备。（《明史·恭闵帝本纪》卷4；【清】夏燮：《明通鉴·惠帝建文元年》卷12，纪12）

这样，耿炳文军到达以后，军政合于一城，现场直接办公与指挥，这就改变先前朱棣反叛时朝廷“耳不聪，目不明”的被动局面，应该来说这样的布局还是很有道理的。

◉ 三道伐燕战线的瓦解

耿炳文的北伐主力13万人（实际人数）到达伐燕前方基地真定后，他们就开始分营驻扎在真定城外的滹沱河南北两岸。与此同时，徐凯率偏师进驻河间，潘忠、杨松进驻莫州，还有一部分北伐先锋约有9 000人进驻到了河北的雄县，这样在朝廷的北伐基地真定之前方形成了雄县、莫州和河间三道伐燕战线。

面对建文朝廷的如此阵势，北平城里的朱棣可没闲着，他十分清楚：建文帝这次真的发狠劲了，不仅将他的罪行公之于天下，而且调集13万的军队，兵分几路向着北平方向合围过来。朱棣马上派了得力的干将张玉出去侦查朝廷军队的状况，然后集中起来讨论军事战斗。朱棣认为，此次朝廷派出老将耿炳文统兵北伐，本身就不同寻常。耿炳文是大明帝国仅剩的两位侯爵级开国勋将之一，以稳重而驰名，因此说，与他作战还真是要倍加小心。想当年，这位长兴侯像一块磐石似地稳居于浙江长兴十余年，弄得人家好歹也是一方豪杰的张士诚连睡觉伸伸腿的地方都没有，只好缩在苏州城里不敢动一动，由此可见，跟这样的人交手，行动要快，否则会“死”在他手里；再有，耿炳文现在不同于当年坚守长兴时那样兵力单薄，皇帝给了他13万军队，这样的兵力10倍于燕军，因此与他硬拼肯定不行；如果自己固守北平的话，耿炳文也来个第二次长兴守卫战——“静”守真定，看住北平，不说十年就是拖上几年，燕军也要被他拖死，因此最好的战略是寻找敌人的薄弱环节，迅速出击，攻其不备。

应该说朱棣的分析是极其精到的，从中我们也可看出朱棣确实是个天才军事家与政治家。

再说朱棣手下的那位得力干将张玉也不含糊，面对10倍于自己的敌军，他不慌不忙地侦查了一圈，而后带着对敌十分藐视的口气跟朱棣说道："我去侦查了一下敌军，他们军纪涣散，主将耿炳文年老气衰，一看就有败亡之气；前锋潘忠、杨松有勇无谋，我们理应先从他们那儿下手，杀他们一个下马威。"朱棣觉得张玉的主意不错，马上下令部署，从朝廷北伐军的前锋处入手，打他们一个措手不及。（《奉天靖难记》卷1；《明太宗实录》卷3；【清】谷应泰：《明史纪事本末·燕王起兵》卷16；【明】焦竑：《国朝献征录》卷7，《张玉神道碑》）

○ 北伐军的先遣部队将士大骂朱棣不是东西，中秋节也不让大家好好过

说干就干，朱棣亲自率领军队到达了娄桑（在河北涿州西南），在那里稍作休息，将士们饱餐一顿，战马也喂饱了，然后继续急速行军，来到了朝廷北伐军先锋部队的驻扎地雄县县城对岸的白河沟，正是下午三点左右，好多士兵不太乐意，因为那天就是中国人传统的中秋节，你说不好好地过节反而要出来打仗，不少将士牢骚满腹。朱棣给大家分析道："今天是中秋节，正因为这样，这些远道而来的朝廷官兵肯定会放松警惕，大口喝酒，然后再休息休息，这正是我们偷袭敌人难得的良机啊，今夜进攻，出其不意，一定能大获全胜！"（《奉天靖难记》卷1；《明太宗实录》卷3；【清】谷应泰：《明史纪事本末·燕王起兵》卷16）

朱棣给大家做完思想工作以后，下令全军将士继续全速前进。大约在半夜时分，燕军人不觉鬼不知地将雄县的朝廷前锋部队9 000多号人死死地围在雄县城里，接着他们就发起了疯狂的进攻。可怜那9 000多号朝廷将士连中秋夜的觉也没睡好，至于有没有吃到月饼，就不知道了。他们正在睡梦中忽然听到敌人来攻，除了干骂燕军不仁义以外，只能仓促应战了。但即使这样，他们个个都是好样的，虽然最后都当了俘虏，却没有一个愿意投降的，随即遭到了朱棣燕军的疯狂屠杀，9 000多位将士居然无一生还，他们用生命和鲜血谱写了建文朝北伐史上最为壮烈的一页。

不过这壮烈的一页，浸透的生命鲜血太多了，即使是魔鬼一般残忍的朱棣在听到手下将士干的这等恶事以后，也曾出来批评说，你们的这种做法不仅起不到打击敌人的作用，反而会坚定敌人跟我们血战到底的信心。所以他告诫将士们今后不要再滥杀，并举了个例子，说当年北宋大将曹彬进攻南唐时因为不曾滥杀，不仅受到了人们的称颂，而且他的子孙后代还十分繁盛，最后朱棣威胁道，滥杀者要断子

绝孙的！（《奉天靖难记》卷1；《明太宗实录》卷3）

不愧为“天生的”政治家，居然将泼妇式的骂街话都当作成了教育将士的训词，让人忍俊不禁，也不愧为“天生圣人”（朱元璋自诩）的“儿子”，就是有水平，所以朱棣的文化水平实在是令人好奇，有人说他与他的“老爸”朱元璋是一样的水准——半文盲，我看也差不多了。

○ 魂断月漾桥

不过，朱棣文化水平不行，打仗、搞内战可行了。打下雄县，他就跟燕军将领说：“我要活捉莫州城里朝廷军队的那两个先锋官潘忠、杨松！”当时好多人听后大惑不解：人家朝廷偏将在莫州城呆得好好的，我们燕军怎么能把他俩活捉到啊？朱棣分析说，莫州与雄县相距四五十里，如今我们已经拿下雄县，但莫州城的潘忠、杨松并不一定知道得这么详细，他们听到我们偷袭雄县，可能以为雄县会抵挡一阵，而现在他俩很可能已经率兵前来救援雄县了，只要我们认真布置一下，在他们来回的途中设些埋伏，抓住潘忠、杨松不在话下了。听了朱棣的这般分析，大家都佩服他的点子多，脑袋活，也就更为乐意为他卖命了。（《奉天靖难记》卷1；《明太宗实录》卷3）

朱棣命令手下的部将谭渊率领一小部分兵士迅速赶往从莫州前往雄县的必经之路上的月漾桥，每个兵士手拿一束茭草，将茭草裹在头上，用作伪装和水中呼吸，而一旦淌入河中就要将自己的身体“埋在”水里，让经过月漾桥的人一眼望去，不知水中有伏兵，还以为水里全是茭草，等到莫州城的潘忠、杨松率领的救兵过了月漾桥以后，马上放炮，水中兵士听到炮声后迅速出来，切断潘忠、杨松的归路。为防止万一，朱棣又下令一些将士埋伏在路的两侧，先行夹击潘忠、杨松。

一切准备就绪，朱棣登高远望，只见潘忠、杨松两个有勇无谋的傻将带了一大帮子的军士浩浩荡荡地从莫州出发直奔雄县来，当他们经过月漾桥时居然什么也没发现，等快要到雄州城时，朱棣就命令手下将领张玉出战，给潘忠、杨松以迎头痛击，双方交战正酣时，忽然炮声震天，路的两侧燕军伏兵顿时冲了出来。见到这样的阵势，潘忠、杨松队伍里的将士一下子吓蒙了，不知这到底是怎么一回事，他们本能地往后撤退，谁知在月漾桥水中的燕将谭渊率领兵士也已经冲了出来，占领了月漾桥，切断了潘忠、杨松军队的归路。两面夹击，潘忠、杨松军队大败，潘忠本人也被燕军俘获。可怜朝廷将士北伐尚未正式开战，却已经魂断月漾桥了。（《奉天靖难记》卷1；《明太宗实录》卷3）

朱棣俘获了潘忠以后，就仔细盘问他莫州城里的情况。这个潘忠虽说是朝廷任命的高级军官，可要讲起人品与气节来，就连雄州城里殉难的普通士兵都不如，当朱棣向他问话时，他就像竹筒倒豆子一般爽快地说道："莫州城里现在还有10 000多将士，他们正在等我们救雄县的消息，没做什么战斗准备，燕王你要是去进攻的话，一战便能搞定。"有这么一个"热心向导"的指点，朱棣马上就来劲，亲点了100来个精锐骑兵作先锋，直趋莫州城下。莫州守城将士还没有搞清怎么一回事，就看到那些像发了疯似的燕军将士已经开始攻城了，算了，逃命要紧啊，瞬间，莫州失守。(《奉天靖难记》卷1;《明太宗实录》卷3)

至此，建文朝廷调兵遣将组织的第一次北伐，还没有正式开战就在一天之内连丢两城，损失将士达30 000多人。(【清】谷应泰:《明史纪事本末·燕王起兵》卷16)

◉ 真定大战——"老将"不敌"壮汉"

从建文朝廷第一次北伐开头遭遇的三战即雄县之战、月漾桥之战和莫州之战来看，朱棣采取的是快速战术，在敌人立足未稳之际就予以迎头痛击，这是朱棣根据自身特点而采取的一种聪明作战方针。对于朝廷北伐军来说，尽管输得实在没名气，让人想起来就觉得他们窝囊。不过，理性而言，这些战斗失利，也不能全说朝廷军队的无能，因为他们所面对的敌人实在是太狡猾了，就连身经百战的老将耿炳文也领教了这个狠毒对手的厉害。

在一天一夜之间连连取得三次战斗胜利后，颇具军事天才又有实战经验的燕军最高统帅朱棣并没有就此停止下来，或回北平休整，而是继续南下，向着朝廷伐燕前线阵地真定方向进军。大约走了10天的路程，他们来到了临近真定的无极。朱棣召集诸将讨论进兵策略，大多数将领认为真定是建文朝廷伐燕的前线大本营，也是其主力所在，因此，以目前燕军的军事弱势去直接进攻真定，无疑是以卵击石，故而眼下最佳的策略是绕开真定，西取新乐，然后屯军在那里，伺机打败耿炳文；但大将张玉认为这个战略不妥，西取新乐，会惊动耿炳文，用不了多久，耿炳文就会合兵围攻新乐，与其这样，倒不如迅速进军真定，给初来乍到的耿炳文军以措手不及的打击。不过张玉的这个方案也有冒险的因素在内，一旦袭击耿炳文失败，后果就不堪设想；更何况西取新乐也不一定不妥，耿炳文是个"稳重"的将领，他会不会主动出击，这都是个未知数。最终朱棣当众表态："(张)玉言合吾意，吾倚玉一人足办。"他采纳了张玉的主张，决定偷袭真定。(【明】焦竑:《国朝献征录》卷7,《张玉神道碑》;《明太宗实录》卷3)

就在朱棣他们讨论对朝廷军队作战策略时，突然外面有兵士来报，说有个来自耿炳文军的名叫张保的下级将领，前来投奔，表示愿意为燕王效力。朱棣马上予以召见，并询问真定城内的真实情况。张保说："朝廷这次派老将耿炳文率师北伐，号称300 000人军队，实际人数只有13 000万，有一半驻扎在滹沱河南，还有一半驻扎在河北。"朱棣马上热情地款待了张保，并送了一匹马给他，让他回到耿炳文的部队，说是自己被敌人俘虏了，乘着看守不注意逃了回来，顺便偷了敌人的一匹马，并告诉他们：燕军可能马上要发起进攻了。

好多在场的燕军将领目睹了这一切，觉得很不理解："我们燕军偷偷地抄小路赶到这里不就是为了偷袭朝廷军队，而现在燕王您反而叫俘虏回去通报我们要进攻了，这岂不是叫敌人做好作战准备，能有您这样打仗的吗？"朱棣一听，哈哈大笑："你们想到这些，叫做只知其一，不知其二。开始时因为我们不知敌人布防的虚实，故而采取偷偷行军的方式。现在我们知道了耿炳文军队一半驻扎在滹沱河南岸，还有一半驻扎在滹沱河北岸，我让那个张保回去传达消息，一来将我们在莫州三战喜讯传给敌人，以挫耿炳文军的士气，二来我们马上就要攻打真定了，从常规来讲，我们行军过去，最先碰到的耿炳文军队是在滹沱河北岸的驻军，如果我不跟张保说那些话，耿炳文是个老将，一旦我们去偷袭滹沱河北岸的驻军，即使打败了北岸军，我们正疲劳之际，南岸的耿炳文驻军就会来救援，他们以逸待劳，而我们就会陷入被动的局面，倒不如先让人给耿炳文放点风声。他听到以后会迅速将滹沱河南岸的军队调集到北岸来，如此大范围内的兵马调动，必然会引起一定的混乱，那时我们乘机发动袭击，这就很容易战胜敌人了"(《奉天靖难记》卷1；《明太宗实录》卷3)。

至于那个神秘的张保，有人认为是双重间谍，他被耿炳文派到燕军里来是诈降的，至于他会不会按照朱棣的意思传递"消息"，当时很令人生疑，好多燕军将领也表示自己的不理解，燕王为什么要用一个极不可靠的人来传话。朱棣是这样向他们解释的："彼有反侧，去一张保，于我何损！由是事成，亦一人之间耳"(《奉天靖难记》卷1；《明太宗实录》卷3)。

朱棣的意思是："即使张保有反复，不就失掉一个张保，对我们来说本来也就没有什么损失；要是事情办成了，也就一间谍之效。"

莫州之战后的第十天即八月二十五日，朱棣进兵到距离真定大约还有20里的地方时，底下又有人来报：抓获到一个当地的打柴人。朱棣赶紧召见打柴人，向他询问真定城内的动向。打柴人告诉朱棣：真定的朝廷军队正在大规模地转向西北方向部署，真定城的东南方向基本上是没有什么防备的。朱棣听到这样的军事信息，顿时可来劲了，他迅速跨上战马，只率领3个骑兵往真定城的东南方向飞奔过去。

到了真定城的东门一看，确实如打柴人所说的，除了一支朝廷的运粮队在不停地搬运粮食以外，还真没有别的军队驻防，朱棣示意3个随从骑兵策马向前直闯运粮队。运粮队的兵士们正在运送粮食，做梦也没想到朱棣会突然来袭，可事实是朱棣的确来了，抓了两个兵士就走，然后就审讯这两个兵士。兵士告诉朱棣：耿炳文原本将军队驻扎在滹沱河南北两岸，可不知为什么后来部队开始大规模地由滹沱河南岸向北岸转移。

朱棣听到这里，知道耿炳文中计了，内心之喜无法言表，也没有时间听完两个被俘兵士的"军事描述"了，他马上又跨上战马，叫上数十个精骑绕开耿炳文军士的视线，直奔真定城的城西，直冲耿炳文军的两个营垒。

再说此时真定城西耿炳文军队正在重新部署，冷不丁地遇到了有人突然闯营，一般兵士都不认识闯营者是谁，个别年长的或军衔较高的有人认出来了，是朝廷北伐的头号敌人燕王朱棣啊，那就赶紧杀啊？不，建文皇帝有令，不要伤害朱棣，让他背上杀叔的恶名。正因为有这样一条禁令，西门的朝廷军队顿时像炸开锅似地乱哄哄起来了。有人喊："燕王来了！"又有人喊："朱棣跑了！"北伐军主将耿炳文恰巧此时正出来送别建文朝廷的来使，听到军中的喊声与杂乱声，赶紧往回赶，并命令部下拉起吊桥，想切断燕军的进攻"通道"。可为时已晚，凶悍的燕军兵士已冲到了吊桥上，耿炳文将士还没来得及拉起吊桥，那吊桥的桥索已被燕军砍断了。耿炳文护卫一看形势不好，出来拼命作战，保护主帅耿炳文安全后撤。幸好冲上来的只是燕军小股部队，所以老将耿炳文未受什么大碍，最终还是平安地回城了。（《奉天靖难记》卷1；《明太宗实录》卷3；【清】谷应泰：《明史纪事本末·燕王起兵》卷16）

耿炳文回城后，仔细琢磨起今天遭受的突然袭击，认为这是敌人"偷营"来着，不用着急。毕竟是个相当有经验的老将，耿炳文马上组织人马，出城迎战。

耿炳文率军一出城，迎面而来的是朱棣手下的张玉、朱能、谭渊等几员猛将。他们见了耿炳文简直就像不要命似地打，耿炳文还没见过这等战势，不由自主地开始往后撤了，没过多久，朝廷军就大败。

朱棣手下猛将朱能见此状况，立马组织了一支30余人的精骑"敢死队"，乘胜追击，一路直追到了滹沱河边。这时耿炳文的军队还有数万人，可朱能这个胆大的"狂人"见了黑压压的敌军却丝毫不畏惧，乘着敌军惊魂未定时大声高呼，"勇敢杀敌者赏"！只见这30多人组成的敢死队就同猛虎一般，闯入敌群，来去自由，逢人便砍。顿时，滹沱河边的耿炳文军大乱，自相践踏而死者不可胜数，就是弃甲投降者也有3 000多人。朱棣听到捷报后喜不自禁，不停地夸赞朱能，亲自以手札慰劳之，并提拔他为都指挥佥事。（《明史·朱能传》卷145；《明太宗实录》卷3）

从建文朝廷军队方面来说，这次战斗输得实在是没有名堂，他们还没有弄清楚究竟是怎么回事时，战斗就要结束了，就连军中的一些老将像顾成也稀里糊涂地做了燕军的俘虏。顾成曾是朱元璋的旧臣和部将，他历经“大小数十战，皆有功”，但就是这么一个老将居然也在这次战斗中几乎没有什么还手的机会就当了俘虏。当朱棣见到被俘的顾成时，他可乐坏了，激动地说道：“这是老天将你送给我啊！”于是亲自给顾成松了绑，并把他送到北平去，让他辅助世子朱高炽守卫北平。（《明史·顾成传》卷144；《奉天靖难记》卷1；《明太宗实录》卷3）

在这次战斗中，还有驸马李坚、偏将宁忠、都指挥刘燧等朝廷将领都相继被活捉。主帅耿炳文见到这样的战局，凭着他的经验，赶紧带领残兵败将逃回到真定城里去。主帅回城了，将士也赶紧往城里赶啊！于是数万兵士一起急奔真定城门口，挤压在一起，相互践踏的惨祸顿时发生了，“死者不可数计”（《明史·耿炳文传》卷130；《奉天靖难记》卷1和《明太宗实录》卷3记载说“斩首三万馀级”）。

得悉真定大战的消息，另一路朝廷北伐将领安陆侯吴杰急忙率领他的部队前来援救，朱棣知道以后，马上在吴杰前来救援的道路上设下埋伏。吴杰根本没有料及，一战便败，只好退回。（【清】谷应泰：《明史纪事本末·燕王起兵》卷16）

朱棣燕军见到耿炳文将士如此狼狈惨相，马上追击了过去，将真定城团团围住，然后发起了进攻。对此，耿炳文不予理睬，凭着当年在浙江长兴那样恶劣的环境下坚守十余年的经验，他信心十足，不信朱棣还有什么本领能把兵多粮足的朝廷伐燕前线阵地真定给端了。

再说朱棣将真定城围了三天，叫阵了三天，没见到对方有什么反应，他就开始琢磨：耿炳文真不愧为一员老将，他是由朝廷任命的北伐主帅，拥有全国的经济和军事力量做后盾，我与他耗下去，倒霉的是我自己。想到这里，朱棣立即下令撤军，回北平大本营休整。（《明史·耿炳文传》卷130；《奉天靖难记》卷1；《明太宗实录》卷3）

◉ 不具备政治家素质的建文帝又开始不断地出错

真定大战到了这一步，很难说朝廷方面就失败了。诚然，北伐初战，连连失利，作为主帅的耿炳文有着很大的责任。他已经65岁了，年老保守，反应迟钝，比起40来岁的朱棣，显得反应不灵敏，行动不快捷，以求稳来求成，结果丧失了战机，让敌人掌握了作战的主动权，这一点就连他的长子耿璿也曾颇有微词。北伐军初到北方时，耿璿就向父亲耿炳文建议，派一支精锐部队出其不意地直取北平。不能说这不是一个很好的进攻策略，但耿炳文不是这种性格的人，他老成持重，一生以稳中

求胜，所以根本没有采纳儿子耿璿的建议，为此，父子之间还闹得很不愉快。(《明史·耿炳文传》卷130)

说实在的，论军事进攻绝非是耿炳文的长处；但若论坚守阵地，恐怕大明帝国中没有一个人能比得上他的。战争的胜利往往不仅仅取决于军事进攻与攻城略地的成功，守住一个军事要隘或城池实际上是另一种的胜利，它能牵制敌人、拖垮敌人，想当年耿炳文在长兴守了十余年不就拖垮了张士诚。如果建文帝能继续任用耿炳文为北伐主帅的话，以真定城内现有的10多万军队，不说去围剿朱棣燕军大本营北平，就以耿炳文的"守功"和建文帝拥有的全国财力的优势，至少也能拖垮、拖死朱棣；或者说，在北平西南的真定有耿炳文的长期镇守，量朱棣胆再大也不敢置北平安危而不顾，拼命南下，直捣南京；更何况耿炳文与建文帝之间比一般的君臣关系又要亲一层，耿炳文的大儿媳妇还是建文帝的长姐，所以说建文帝大可不必为耿炳文的北伐操太多不必要的心。

但事实恰恰相反，让人实在弄不懂的是，当耿炳文北伐受挫的消息传到南京时，建文帝先是勃然大怒，后又惶惶不安，发出这样的疑问："耿炳文是身经百战的老将，竟然会落得个损兵折将的下场，真不知道怎么办为好？"建文帝当时是23岁，人生20多岁是情绪与思想极不稳定的时期，在碰到困难与挫折时，每个人都会表露出或多或少的情绪波动，领袖也一样，所谓伟大领袖一贯正确，那全是马屁精吹出来的。当看到情绪波动很大的建文帝在痛苦中煎熬时，黄子澄自告奋勇地出来"为国分忧"，开导建文帝："胜败常事，毋足虑。聚天下之兵，得五十万，四面攻北平，众寡不敌，必成擒矣。"(《奉天靖难记》卷1；《明太宗实录》卷3；【清】谷应泰：《明史纪事本末·燕王起兵》卷16)

建文朝廷的第二次北伐与朱棣"靖难军"的"前胜后败"

◉ 文弱书生皇帝碰到庸臣荐庸将——错！错！错！

建文帝一听黄子澄有这样的锦囊妙计，就不再垂头丧气了，赶紧问自己的老师："先生赶紧说说，谁能堪任北伐大军的统帅？"

黄子澄几乎不假思索地吐口而出："曹国公李景隆！"似乎是上辈子欠了李景隆什么人情债要在今生今世加倍偿还，一说到李景隆，黄子澄就眉飞色舞地大谈他的"非凡"本领，说他是将门虎子、盖世奇才，要是上次北伐就用了李景隆的话，早就不会有这样的失败，好像一切过错都是别人的，事实上推荐耿炳文为北伐军统帅，也是黄子澄等人的主意。(《奉天靖难记》卷1;《明太宗实录》卷3)

其实，这也没有什么多大的错，要说错也就错在建文帝，他要结果要得太急了。

可建文帝不认为要得太急，相反他还嫌黄子澄推荐得太迟了。当听到黄子澄大夸李景隆时，他心中顿时一亮，当即认定：堪任朝廷北伐主帅大任的非李景隆莫属！建文帝十分高兴地对黄子澄说道："先生之计甚合朕意，希望先生始终都能尽心帷幄，他日平定燕贼之时，朕必将重重地报答先生您！"(《奉天靖难记》卷1)

就在黄子澄与建文帝两个书生一唱一和地头脑不断发热时，在旁的另一个书生大臣齐泰还算冷静。其实在建文朝的书生君臣中齐泰算得上是一个相对比较客观与理性的大臣，他总觉得李景隆这个人不行。可黄子澄哪里听得进齐泰的不同意见，无论齐泰怎么说，黄子澄就是不接受，建文帝也听不进齐泰的话，于是朝廷最终决定，任用李景隆来代替老将耿炳文出任北伐军的最高统帅。(《明史·齐泰传》卷141)

◉ 第二次北伐由"高干"家庭出身的靓仔李景隆挂帅，有谁不服？

李景隆，小名九江，明初开国大将、朱元璋外甥李文忠的长子。从血缘亲情关系来说，他是建文帝朱允炆的表兄弟，又是朱棣的表侄儿。出身在这样高贵家庭里，"官二代"李景隆从小就享受到了特别优渥的生活待遇与良好的文化教育。从史料来看，他还真不同于其他的纨绔子弟，似乎肚子里有点"货"，也就是读了不少书，"通典故"；据说他的口才也不错，说起来滔滔不绝。李景隆还有一个天然优势，就是他的长相不错，身材修长，眉清目秀，顾盼伟然，举止雍容，属于那种女人见了就要销魂的美男子，甚至连"鞋拔子脸"的朱元璋见了他也是极度的喜欢，每当李景隆入朝参加朝会时，那"鞋拔子脸老男人"也会多看他几回。(《明史·李景隆传》卷126)

正因为具有上述的优势，李景隆不仅在洪武朝时备受那"鞋拔子脸老男人"的喜欢，而且在建文朝一开头就博得了"头彩"。前面我们讲过，洪武三十一年他受建文帝之命，率兵北上，路过开封，不费吹灰之力地将燕王朱棣的同胞兄弟朱橚逮到了南京，给建文削藩立了头功。你说这样的人才是不是难得？更难得的是靓仔李景隆还挺能吹、很能侃，而他的吹和侃居然都有"出处"——阅读了一些兵书，因此李景隆特别喜欢跟人谈论打仗，加上出身于将军之家，人们往往认为，将门出虎子，一流的年轻将帅舍他其谁？所以当黄子澄在建文帝面前力荐李景隆时，满朝不懂军事的文臣学士没人有资格出来提出反对意见。

但军界的行内人可就不这么认为了，在他们看来，与老将耿炳文相比，李景隆只不过是纸上谈兵的高手，实际上什么真本领也没有，从来也没有上过真正的战场；但他踌躇满志，妄自尊大，目空一切，因此军中之人认为李景隆绝不能堪任500 000人北伐大军统帅的大任；还有人担忧以李景隆的“浮面”之才去应对具有20多年军事实战经验和狡猾无比的燕王朱棣，实际上等于将朝廷的北伐大业当作儿戏；更有人认为，就以上次李景隆逮获周王朱橚所做的不干净事情而言，他也不能充任朝廷北伐军的统帅。这里顺便要讲到的是李景隆的人品。有人说李景隆抓住周王以后，曾经向周王府索要金银财宝，但周王府的人似乎没有反应过来，于是他就乘机上下其手，将周王定为“反罪”贬戍云南(【明】朱鹭:《建文书法拟》前编)。但也有的书上说李景隆从周王府敲诈了金宝7抬。(【明】姜清:《姜氏秘史》卷1)

由此而言，李景隆尽管出身在红彤彤的家庭里，但实际上是根正“苗不红”，人品与口碑都不好。就这么一个无德无才之人被轻而易举地推荐到了建文朝北伐军的统帅之位上，有人不服啊！不服归不服，建文朝实在是军事人才匮乏，军中还有谁有资格出来说说话，没有！事实上在后来的北伐战斗中盛庸、瞿能父子、平安等将领都是不错的将帅，但建文帝却没有发现他们，能怪谁呢！

建文元年八月，建文帝在南京举行了特别隆重的遣将出征仪式，赐给李景隆“通天犀带”，并亲率文武大臣到南京城北的长江边上为他饯行，还亲自为李景隆战车推轮。唯恐不周和恩遇不够，建文帝又赐给了李景隆一把代表大将军权威威仪的斧钺，使其专掌征战杀伐大权，北伐前线事宜不用奏报，一切“便宜行事”；更使人想不到的是，书生皇帝朱允炆不忘他文绉绉的个性，亲自撰写了“体尔祖祢忠孝不忘”八个大字赐给了李景隆，好像李景隆不是去打仗而是去赶考，这充分体现了皇帝对大将军的特殊恩遇啊！但人们清楚，就李景隆的才能怎么能与耿炳文相比？可他却享受这么高的待遇，对于这样一个夸夸其谈唯我独尊的庸人充当主帅，军中宿将“多怏怏不为用”，试想这样的军队能打胜仗吗？(【明】姜清:《姜氏外史》卷2；《明史·李景隆传》卷126；【清】谷应泰:《明史纪事本末·燕王起兵》卷16；【明】吕毖:《明朝小史·八字》卷3)

○ 朱棣听到建文帝第二次北伐任用靓仔李景隆为大帅，他感慨地说：这是朝廷自坑之！

自建文帝举行特别隆重的遣将出征仪式那一刻起，李景隆就沐浴着无限之皇恩，他春风得意马蹄疾，从受命出征到进军伐燕前线的山东德州，只用了10天的时间，正如兵书所言“兵贵神速”么，靓仔李景隆做到了，他当然感觉好了。一路上，皇帝朱允炆还叫人给他送去了尚方宝剑，寓意操有定夺北伐一切事宜大权，这可把李靓仔给神气坏了，他传檄各地，准备兵马粮草，收集耿炳文的败逃将士，一下子就集结了50多万人马，随即进驻河间。此时李靓仔的自我感觉好到了极点，可他既没有实地了解与侦查对手燕军的情况，又不调查与研究朝廷第一次北伐受挫的原因，而是一改老将耿炳文稳扎稳打、步步为营的战略，就像这个轻浮靓仔外表一样，其军事行动也来得特别的轻率。他看不起老态龙钟似的耿炳文战术，要发挥他靓仔那种意气风发的性格和展示未来军事家的风范，于是传令部下迅速进驻河间，做好进攻燕军大本营北平的准备，最好能给燕军来个一窝端，使人领略一下将门虎子的风采。

而与李靓仔轻浮做事形成鲜明对比的是他的对手，北方叛乱总头目燕王朱棣倒是显得格外的稳重与冷静。当他听到李靓仔轻率进军河间的消息后，发出了这样的感慨："李九江是膏粱子弟啊！寡谋而骄，色厉而馁，他还没有经历过战争的洗礼，一下子就给了他50万的兵力，这是建文朝廷自己给自己挖坟墓啊！"(《奉天靖难记》卷1；《明太宗实录》卷4；【清】谷应泰：《明史纪事本末·燕王起兵》卷16)

当派出去的侦察兵回来汇报其所侦查到的李景隆军阵情况后，朱棣奸笑着指出，李景隆必败无疑。他说："兵法有五败，景隆皆蹈之。为将政令不修，上下异心，一也。北平早寒，南卒裘葛，不足披冒霜雪，又士无赢粮，马无宿藁，二也。不量险易，深入趋利，三也。贪而不治，智信不足，气盈而愎，仁勇俱无，威令不行，三军易挠，四也。部曲喧哗，金鼓无节，好谀喜佞，专任小人，五也。九江五败悉备，保无能为"(《明太宗实录》卷4；【清】谷应泰：《明史纪事本末·燕王起兵》卷16；《奉天靖难记》卷1；《明太宗实录》卷4)。

◉ 朱棣大玩"捉迷藏"：李景隆你来北平，我上辽东永平

朱棣毕竟是久经沙场的军事统帅，你看他评论起军事对手靓仔李景隆来入木三分，句句说到了要害，要说燕军将领就服他的军事天才。可眼下是李景隆的前锋已经到达距离北平没有多少路程的河间，要不了两三天，双方就要开战了，你燕王光数落人家的不是，这没用啊，赶紧拿出方案来对付"来犯之敌"啊！

朱棣已经看出了将领们着急的心情，但作为主帅，自己可不能急，至少说表面上应该表现出如此。不过他也确实是当政治家和军事家的料，当将领们急不可待地要他拿出作战策略时，朱棣语出惊人，提出了与靓仔李景隆大玩"捉迷藏"的战斗方案——燕军主动出城去，对外风声造得越大越好，李靓仔不是要来北平打我们

吗，我们就走，到辽东去！

这时的燕军将领听了越发糊涂了：敌人现在共有 500 000 人，已经几十倍于北平城里的兵力，我们不好好地组织抵抗，反而要到辽东去干吗？朱棣分析说："大家想一想，十天前不是永平守将郭亮派人来报，说是镇守辽东的江阴侯吴高、耿炳文的次子都督耿瓛和都指挥杨文在听到建文帝任命李景隆为北征军统帅、组织第二次北伐的消息后，合兵起来进攻我军占领的永平，永平告急已有好几天了。永平临近山海关，是进入辽东的门户，要是永平丢了，我们就只能孤守北平，承受敌人东、南两面夹击，那时的形势才危急哪！与其这样，还不如采用'兵出在外，奇变随用'的战术。我知道李景隆这小子就那么点出息，我在北平，他是不敢来的；如果我现在带领燕军出城东向，援救永平，他知道以后必定会乘机来围攻北平城。到时候我们迅速回师，给予其迎头痛击，我看李景隆就成了瓮中之鳖。他前有久攻不下的北平城，后有我们回师大军的打击，这个夸夸其谈的当代赵括不被我们抓获才怪呐！"（《奉天靖难记》卷 1；《明太宗实录》卷 4）

燕军将领听了朱棣的分析后都觉得他的主意不错，但大家还是不明白："我们燕军主力外出救人了，北平城里岂不力量更薄弱了，那怎么办？"朱棣说："我们走了，北平城里的兵力当然会减少，坦率而言，要再以城中兵力与李景隆他们作战，那肯定是不行的；但若是仅仅守城的话，估计没问题。更何况我们出城并非专为永平一地，最为主要的是引诱李景隆快快来北平，然后我们迅速将他逮住。在辽东的朝廷几个将领我也了解，江阴侯吴高听到我去援救永平，他必然不敢乱动；杨文这个人平庸、胆怯又无能，我们援军一到永平附近，他们就会乖乖地'让开'，永平之围不就自解了吗?！接着我们迅速回头再来攻打李景隆，退敌之事不就全解决了！"朱棣当即下令：马上组织人马出发东行！临走前他留下道衍和尚和老将顾成等人辅助世子保卫北平城，并反复告诫世子朱高炽："我走以后，李景隆必来进攻，你们守卫北平，千万不要主动出击！"（《奉天靖难记》卷 1；《明太宗实录》卷 4；【清】谷应泰：《明史纪事本末·燕王起兵》卷 16）

○ 两封寄"错"的信

朱棣跟世子作好交代后，就大摇大摆地出了北平城，带上他的精兵强将直奔辽东。路上有将士向朱棣进言："在北平附近的卢沟桥设下伏兵，扼守李景隆进攻北平的要冲，使他不能直抵北平城。"朱棣却不以为然："我们北方九、十月份就开始冰冻，在卢沟桥上设守卫，没有用啊。河水一冰，哪个地方都能渡河，守一座桥怎么能挡住敌人？我们弃而不守，敌人看见后一定会洋洋得意，直抵北平城下，等待受困

吧。这在兵法上叫做‘利而诱之’。”(《明太宗实录》卷 4;《奉天靖难记》卷 2)

理性而言,朱棣的这个战术冒的风险很大,本来燕军兵力就少,朝廷的兵力是他们的几十倍,如果燕军真的被围死在北平城内的话,那只有死路一条。而现在又要抽掉出精锐去援救辽东,留下一些老弱病残者守城,局势已经是很危险了。但朱棣是个地地道道的亡命赌徒,实际上他是在下一招很险很险的棋,如果不是对手李靓仔的水平臭,那么建文朝的历史就要改写了。但事实是朱棣赌赢了,因为他的对手是个美丽的草包、绣花枕头,所以朱棣才会那么大胆和潇洒,也落得他在“靖难”成功后在《奉天靖难记》等钦定著作中大吹特吹一番。

不过,话得讲回来,朱棣比起建文帝确实是有魄力,这是好听话,难听话就是敢干,不大考虑后果,从这层意义上来讲,聪明的赌徒与政治家就可以画上等号;而政治家与阴谋家(褒义词是策略家)也同样可以画上等号。不信,我们再来看看朱棣上辽东后是怎样实施他的谋略的。

朱棣带了他的精兵强将花上 6 天时间赶到了辽东的永平,永平先前被朱棣军占领着,是江阴侯吴高为配合朝廷的第二次北伐而出兵将永平围困住,但没拿下,现在永平的燕军听到救兵来了,正打算从城里打出去,这样两面夹击吴高,永平之围不就解了。

对此,作为对手的吴高也想到了,不过他还想到的是,现在来的燕军救兵的统帅曾经是个在北疆上征战近二十年的“疯子”燕王,我岂是他的对手?好汉不吃眼前亏,干脆逃吧!于是他就带着军队逃回山海关去。而燕王朱棣还真是个“疯子”,听到吴高逃回去了,他就让手下的人拼命去追杀,据说燕军一下子杀了数千名的朝廷官兵。可朱棣还不满足,他要彻底消灭吴高部队,于是就跟将领们说:“吴高胆小,但做事缜密,而杨文虽勇敢,但头脑简单,我们要使计将吴高除掉,剩下一个杨文,我们就好对付了!”底下将领不解,就问朱棣:怎样才能除去吴高?朱棣与几个心腹耳语一番后,马上实施行动了。(《明太宗实录》卷 5;《奉天靖难记》卷 2【清】谷应泰:《明史纪事本末·燕王起兵》卷 16)

朱棣亲自提笔给吴高和杨文各自写了一封信,本来他与吴高并不是很熟,但在信里却装作是老哥们似地十分亲热,还对吴高大加赞誉;而在另一封给杨文的信中来了个 180°转弯,大肆诋毁杨文。信写好以后,朱棣故意将两封信装错,将给吴高的信放在给杨文的信袋里,将给杨文的信装在给吴高的信袋里,然后就叫来手下跑腿的,将这两封信送了出去。

再说吴高与杨文各自接到了一封不该自己看的信,杨文是个草包,发现吴高“叛敌”的动向后,马上就将吴高“叛敌证据”急速上递给朝廷。吴高知道以后,怕自已说不清，也就将自己收到的信件转送给南京。面对如此“铁证”，建文君臣十分不爽，他们怀疑吴高真的叛敌了，于是就下令将吴高撤职，发配到广西去，杨文留任辽东。（《明太宗实录》卷5；《奉天靖难记》卷2；【清】谷应泰：《明史纪事本末·燕王起兵》卷16）

当然，话得说回来，建文帝派出去北伐的将领也不是个个都是酒囊饭袋，像辽东方面朝廷军队里就有一个年轻的军事谋略家，他就是都督耿瓛，耿炳文的二儿子。当时耿瓛就向杨文献计，马上派出一支偏师袭击永平，扰乱燕军的战斗步骤，威胁北平安全。可正如朱棣评价的那样，杨文是个平庸之辈，得过且过，哪有什么胆识去偷袭敌人，于是耿瓛的奇谋等于没谋，从而使建文朝廷军队失去了出击迎敌的主动权，剩下的只能是任由朱棣燕军翻江倒海似地折腾了。（《明史·耿瓛传》卷130）

◉ 不怕贼偷就怕贼惦记——哥哥燕王朱棣袭击弟弟宁王朱权

朱棣听到建文君臣误中离间计后，心中顿时狂喜。他感到，永平危机已经解除，接下来就要谋取更多的军事胜利，刹那间那双贼溜溜的眼睛瞄准了辽东另一个重要的军事要地——大宁。有句古话讲得好，不怕贼偷就怕贼惦记。朱棣的这种超常规思维使得他的手下人很不理解，甚至可以说是一头雾水。诸将认为，大宁是辽东的重镇，有重兵把守，不易攻下；再说在进兵大宁之前还有一大军事“难关”要突破，那就是松亭关。这个松亭关地势险要，易守难攻，一旦沾惹上了，就好比是手中捧了一个烫手的山芋，摔也不是，不摔也不是，与其这样，还不如赶紧回师北平，确保大本营的安全。至于大宁的攻伐，日后再寻找时机。可朱棣不这么认为，他说：过去我曾受父皇之命巡视边关，当我到达大宁时，就与我的17弟宁王朱权相聚在一起，当时我十分开心，就在大宁转悠了一圈，发现那里有一支骑兵队伍可不得了，那是从北元投降过来的朵颜三卫蒙古骑兵，他们个个骁勇善战。我要是得了这样的精锐骑兵，就不愁战场上打不了胜仗。可诸将还是不解：人家朵颜三卫蒙古骑兵是宁王的，怎么说你想要，人家就肯给你呢？

朱棣分析说：“前些日子你们听说过没有？在李景隆挂帅之前，建文帝生怕跟我们相近的宁王朱权和辽王朱植与我们联合起来共同对付朝廷，他就命令宁、辽两王弃藩南归京师。辽王忠于建文帝，接到圣旨后，就从海路上了京师南京去了；而宁王却没有辽王那么听话，他不乐意侄儿皇帝的这般安排，呆在大宁不肯走。建文帝发怒，削了宁王的三护卫，这是天助我也，现在是该取大宁的时候了！”

至此，诸将还是感到不太理解，他们认为：要取大宁必须先破它边上的松亭关，而松亭关则由朝廷军将刘真等人重兵把守着，要是我们一下子攻不下的话，李景隆倒是一路顺利地进兵到了北平，那时我们的麻烦可大了。可朱棣自有他的主意，他说："我军不去'惊扰'重兵把守的松亭关，而是从刘家口险道直抵大宁，估计不用几天就能到达。大宁朝廷军队中的将士几乎全在松亭关，但他们的家眷却是在大宁城里。所以我们去进攻大宁城，应该不会有什么困难，城里全是些老弱兵士守城，不经打，我们军队突然到了，他们就会乖乖地投降。一旦大宁城拿下，我们就好好地做好朝廷官军将士家眷的抚慰工作，松亭关守军听说以后，我料定他们再也无心与我们作战了。至于北平城的安全问题，我估计不会有事，北平本是元大都，城池牢固，墙高濠深，纵有百万之众，也未见得一下子能攻下，以我的估计，现在这个时候李九江正在北平城下聚集兵力，我们拿下大宁后回去收拾他们，就如摧枯拉朽一般方便！"(《明太宗实录》卷 4 上;《奉天靖难记》卷 2;【清】谷应泰:《明史纪事本末·燕王起兵》卷 16)

◉ 宁王朱权叫苦不迭：四哥你怎么像个无赖，我是你弟弟，是宁王，你怎么能挟持我？

朱棣似乎天生就是军事家和政治家的料，面对危难局势，他的内心倒是镇定得住，至少说表面上如此，这也许就是政治赌徒胜利的一个重要秘诀。主帅那样镇静，诸位部将也就无话可说了，只见朱棣带着将士们"自径道卷旗登山，从后攻"，使得刘家口守关官军进也不是，退也不是，全部被俘，燕军随即占领了刘家口，并由刘家口直趋大宁。(《明太宗实录》卷 4 下;《明史·郑亨传》卷 146)

燕军到了大宁，先摸了一下底细，最终选择了大宁守军最为薄弱的西门作为突破口。由于守城官军大意，没有料到燕军如此神速，兵临城下，他们只好仓促应战了，都指挥使朱鉴战死，都指挥使房宽被俘，先前被朱棣离间计弄到监狱里去的将领卜万，这下可惨了，燕军进城后他就被人杀死在监狱里。这时，叛徒陈亨异常活跃，为了表达对主子的一片忠心，他率领叛军进攻在大宁的朝廷军队刘真所部。刘真猝不及防，只拿了他的官印自个儿骑了匹马逃走了，一路逃一路不停地警觉着周边的动态，犹如惊弓之鸟，总觉得到处都是燕军和叛徒，算了，辽东不呆了，这儿太不安全了，他鼓足了"勇气"，乘上海船，逃回京师南京去。

大宁城攻破以后，朱棣下令：全体燕军将士驻扎在大宁城外！他自己单骑入城，去拜会 17 弟宁王朱权。宁王朱权与燕王朱棣是同父异母兄弟，洪武中晚年间他们接受父皇朱元璋的谕旨，多次出击蒙古，保卫北疆，兄弟俩都曾立有战功，且各有所长，人称“燕王善战，宁王善谋”。但就宁王与燕王之间的感情来说，以笔者个人之见，只能说是过得去，谈不上关系特别好。第一，他们兄弟之间相差了20来岁，宁王比建文帝还要小1岁，因此说宁王与燕王完全是两代人，代沟问题肯定存在；第二，燕王与宁王不是同胞兄弟，这在古代是极其讲究的，他们关系不密切——先前建文帝削藩就没有削到宁王的头上，就连处置过的与宁王同样是同父异母关系的几个“谋反”藩王，他们的“供词”也没有涉及宁王，可见这些兄弟之间的关系仅仅是一般化而已。但“靖难”兵起之后的情况就不一样了，以前五个藩王被削时，没有哪个藩王出来公开挑头反对建文朝廷；现在有了燕王朱棣，且他像发了疯似地将建文朝廷的北方地区搅得个鸡犬不宁，燕王一下子成了诸藩心目中的英雄。对此，建文帝也十分清楚，他就怕北方剩下的宁王、辽王等诸藩与燕王搅和在一起，于是就下令，让宁、辽两王南撤。辽王听命，而宁王却抗旨不遵，最终被建文帝削去了护卫。（《明太宗实录》卷；《明史·诸王二·宁献王朱权传》卷117，列传第5）

理性而言，宁王没犯什么大错，遭际如此，当然要郁闷了。宁王的气还没有生完，手下有人来报：说是你四哥燕王朱棣来宁王府了。于是这对并不太常见面的同父异母兄弟在这非常时期以非常的形式“团聚”了。兄弟俩抱头痛哭，朱棣说：“贤弟啊，哥哥我今日是落难到此，你家四嫂和侄儿们在北平城里危在旦夕，恳请弟弟帮帮忙，向皇上求求情，宽恕宽恕我，否则哥哥我就活不成了！”说完就泣不成声，并挤出了几滴“鳄鱼泪”，接着朱棣又开始列举建文帝的种种“暴行”，极度地表白自己不得不反的缘由。宁王当然信啊，一来他们是同父兄弟，哪有哥哥去骗弟弟的？二来宁王自己现在也遭际“不公”，所以兄弟俩“同命相连”，朱权毫不犹豫地为朱棣代笔草拟了一份谢罪表，请求建文帝宽恕燕王的罪行。写好以后，就叫人送了出去。

要说这“落难”兄弟感情就是好，越说越投缘了。兄弟手足之情，岂是外人所能理解的？宁王看见四哥燕王大老远来大宁，还不忘来“看看”他这个小弟弟，做弟弟的当然要尽自己的地主之谊，留哥哥好吃好喝好住啊。燕王则以哥哥自居，毫不客气地在弟弟宁王府上一住就住了好几天，兄弟俩好得跟一个人似的。

燕王朱棣在宁王府天天吃香的喝辣的，忙得不亦乐乎，那么燕王部下呢？他们可也没闲着，朱棣到宁王府来找他弟弟时，就把自己的精锐兵士埋伏在城外，但他底下最为亲密的将领找准了机会，一一溜到了大宁城里去，他们想方设法地暗暗地结交宁王府三卫的将领和戍卒，并收买他们，约好共同起事。对此，宁王却一无所知。

在宁王府住了几天后，朱棣就向弟弟朱权提出了要回北平的想法。宁王朱权依依不舍地将哥哥朱棣送到了郊外，并为之饯行。谁知，就在兄弟话别之际，燕军伏兵四起，将宁王团团围住。宁王朱权并没有害怕，因为他有那支特别骁勇善战的朵颜三卫蒙古骑兵啊。可让他万万没想到的是，朵颜三卫蒙古骑兵早就被朱棣部下收买了，成了燕军的帮凶。此时的宁王心里可火了：四哥啊，你怎么像个无赖，我是你弟弟，是宁王，你怎么能挟持我？但发火也没有用了，人为刀俎，我为鱼肉，只好认命吧。就这样，堂堂一个宁王成了另一个藩王手中的傀儡，“于是宁府妃妾世子，皆携其宝货，随宁王还北平”。（【清】谷应泰：《明史纪事本末·燕王起兵》卷16；《明史·诸王二·宁献王朱权传》卷117，列传第5）

大宁偷袭成功，朱棣“满载而归”，喜不自禁，不仅唾手而得了大宁府，解除了来自东北方向的后顾之忧，而且还得到了大宁诸卫军士和朵颜三卫蒙古骑兵，尤其是这支骑兵队伍的归降，对朱棣军事力量的壮大和夺取帝位起到了极大的作用，它成为后来朱棣攻城略地冲锋陷阵的主力。“自是冲锋陷阵多三卫兵，成祖取天下自克大宁始。”（《明史·诸王二·宁献王朱权传》卷117）

◉ 北平争夺战

朱棣在大宁这边初步“搞定”，世子朱高炽派人送来了十万火急的军事求救信——建文朝廷北伐大将军李景隆正率领几十万大军全力以赴进攻北平城。朱棣接到消息后赶紧下令，燕军全速前进，回救北平。至此，有读者可能要问：不是朱棣临走时还蛮有把握的，什么北平城中剩下兵力，进攻不足，但守城绰绰有余，怎么现在一下子告急了？

事情的原委是这样的：听说朱棣率领燕军攻打大宁府，李景隆就特别来劲，这可是第二次立大功的好机会，千万别错过了！于是他下令：部队赶紧向北平推进！再说李景隆这次北伐，一路顺遂，从来没有遇到过敌人。这个燕王，人们都说他如何的能，如何的鬼，全都是吹出来的，他还没有见到大明朝廷的北伐军，就吓得跑到辽东去了。胆小鬼，我来抄你的老巢，看谁有能耐？想到这里，李景隆感觉自己不是在行军打仗，而是在云中漫步，这种感觉好得没法说。

来到北平近郊的卢沟桥，李景隆他们还是没有遇到过一个敌人。这时李靓仔实在忍不住要笑了：“连卢沟桥这么重要的要隘都不派兵把守，我就知道这个燕王也就那么一点水平。”于是他下令全速前进，直抵北平城下。（《明太宗实录》卷4；《奉天靖难记》卷1）

到了北平城下，李景隆马上传令：“给我将北平城团团围住！”与此同时，为防止北平周围的亲燕王势力来救北平，他又派出一支队伍去攻打通州，其余主力在通州到北平之间的郑村坝扎起了九营，以阻止从辽东回师过来救援的燕军。

在做好上述军事布置后，李景隆下令开始对北平城发起全面进攻。说实在的，当时北平城里真没有什么兵力，“（朱高炽）奉命居守，时将士精锐者皆从征，城中所余老弱不及十一”（《明仁宗实录·序》）。就剩下十分之一的又是些老弱病残者在守城，从北平这边来说，战斗还是相当之惨烈的。世子朱高炽人很胖，腿也不好，不过在这节骨眼上他不含糊，每天天不亮就起床，半夜才睡下，虚心听取兵民守城建议，率领将士赶制兵器武备；他的母亲徐氏即徐达长女率领城中妇女做好后勤供给等工作，甚至在危急时刻，还投入了战斗。所以整个北平城尽管时刻都有被攻克的危险，但大家上下一心，众志成城，多次打退李景隆军队的进攻。

而从李景隆统帅的朝廷军队来讲，尽管北平城里的抵抗很顽强，但北伐军毕竟几十倍于北平城中的军事势力。有这么多人去攻城，如果指挥得当的话，不说打了，就是踩也能将北平城给踩平了。曾经在北平南城的丽正门（正阳门）朝廷军队就差一点要攻入城去，朱棣燕王妃徐达女儿徐氏率领了北平的妇女在城头上掷瓦抛石，协同将士们打退了敌军的进攻。在彰义门，朝廷方面的猛将瞿能父子率领了数千名精骑发起了猛攻，一度攻入了彰义门内，按理说这是个绝佳的机会。可使人做梦也没有想到的是，朝廷北伐统帅李景隆因为害怕瞿能父子得了头功，顿生妒意，下令停止攻入，等候大军到达后一起进城。摊上这样妒贤嫉能的领导，就算是神仙也没辙。瞿能父子不能不听主帅的话，只好停了下来。可他们等到的不是大军的到来，而是北平城里敌人的“反攻”。十月下旬的北平已经天寒地冻，城内燕军乘着夜间停战之际，连夜拼命地从井里汲水，然后一桶桶地往城外倾倒。一夜下来，城外地面上全部结冰打滑。可建文朝廷大将军李景隆却不知情，第二天早上，他下令继续攻城，但底下的将士连北平城墙边都沾不上。从此以后，朝廷军队再也没有攻入北平城的机会了，因为当时朱棣正率领燕军在拼命往回赶呐。（《明史·瞿能传》卷142；参见《明太宗实录》卷4；《奉天靖难记》卷1）

◉ 郑村坝之战

往回赶的燕军走到会州（河北承德东北）时，朱棣就下令停止行军，随即进行全面整顿：以燕军为主干，吸收了宁王的精干将士与骑兵，正式成立五军。如果说过去朱棣的造反还停留在游击队水准上的话，那么会州整顿后燕王五军之制的建立，标志着以朱棣为首的北方割据军事势力已经完全公开与以南京为中心的建文朝廷分庭抗礼了。（《奉天靖难记》卷1）

会州整顿以后，燕军继续西行，他们边走边打，占据了沿途许多建文朝廷的军事据点。于是本来五六天的路程，他们却花了半个多月的时间(即大约在建文元年十一月四日)才走到北平远郊的孤山。这时前方道路并不通畅，因为建文朝廷北伐主帅李景隆早已将他的大本营驻扎在距离北平不远的郑村坝，随时“恭候”着西归的燕军。当燕军日益逼近郑村坝时，李景隆派出都督陈晖为先锋，率领10 000骑兵到白河以东去“迎接”朱棣——邀击燕军。谁知陈晖的部队与燕军走岔了没碰上，燕军乘机渡过了白河，直扑白河以西的郑村坝。陈晖走了半天发现不对，打探清楚后赶紧回头，追击已经渡过白河的燕军。朱棣听说后立即决定，杀了一个回马枪，派部将乘着陈晖军队渡河之际予以迎头痛击，“(陈)晖众跳冰遁，冰乃解，溺死无算”(《奉天靖难记》卷2;《明太宗实录》卷5;【清】谷应泰:《明史纪事本末·燕王起兵》卷16)。

燕军消灭了陈晖的先锋部队后，集中兵力向着李景隆大本营郑村坝发起了猛烈的进攻。

按理说，李景隆在郑村坝已经“恭候”多时，理应以逸待劳，一举歼灭燕军，但实际上李景隆这个只会纸上谈兵的膏粱子弟岂是担当大将军的料，他从小生在“高干”家庭里，长期养尊处优，高处不胜寒。朝廷将士跟着出来北伐真是倒了十八辈子的霉，他不顾将士们的温饱饥寒，命令他们日夜警戒守候。而这次受命北伐的将士大多是南方兵，南方人对于北方严寒天气本来就不适应。时值农历十一月，对于跑到北方去的南方人来说那几乎来到了北极圈，他们“多蹑履执戟，昼夜立雪中，不得休息，冻死及堕指者甚众”，试想这样的军队怎么能打胜仗?

再说朱棣领军来到郑村坝前沿，列阵而进，看到李景隆的队伍在大敌当前之际却发生了骚动，他当即命令以朵颜三卫骑兵为进攻主力，率先对朝廷军队发起冲锋，“以奇兵左右夹击，遂连破七营，逼景隆营”。而朝廷军队尽管受到了很大的打击，但毕竟人数众多，并没有全线崩溃。李景隆整军出来迎战，朱棣率领五军并进，郑村坝大决战拉开了序幕。

这场战斗从中午一直打到傍晚，打得天昏地暗，打得“难解难分”，从朱棣钦定的正史来看，说是“斩首数万级，降者数万”。(《奉天靖难记》卷2;《明太宗实录》卷5)

但从其他史料的旁证来看，朱棣在吹牛。这次战斗朝廷军队损失惨重，但朱棣的燕军也死亡了很多，有学者估计双方死伤人数总计约五、六万人。客观地说，谁也没有占到什么便宜。从战争的发展态势来讲，以朝廷军队的兵力优势在这个已经胶着的战斗中取得最后的胜利应该是有极大的可能，问题的关键就取决于双方主帅的心理素质与作战部署了。

就在郑村坝大战发生的当天夜里，建文朝廷主帅李景隆感到惶惶不可终日，燕军的强悍，自己将士士气的低落，所有不好的事情，李景隆全部想到了，他越想越感到前途一片黑暗，死路一条，与其这样，还不如今夜赶紧跑了，算了，免得让那个“疯子”燕王给逮着了。想到这里，李景隆马上下令，连夜拔营南撤，逃往山东德州。

可怜建文朝廷苦心经营的第二次北伐就这样莫名其妙地在第一次大决战中输掉了，而且还将自己筹集起来的大量军事武器辎重“奉送”给了朱棣——光李景隆在郑村坝留给朱棣的战马就达 20 000 余匹。最令人气愤的是，作为主帅，李景隆下令南撤，他只顾自己活命要紧，居然不通知正在北平城下围城的将士。那些将士只晓得拼命攻城，期盼最后的胜利，可他们没有等到那一刻，等到的却是从郑村坝一路杀来且已经杀红了眼的燕军。

这时北平城里的朱高炽也听到父亲的救援队伍已经到达了城外，他立即下令城内将士往外杀出。这下可好了，围攻北平的朝廷官军顿时成了风箱里的老鼠。两天后，朝廷军全面战败，燕军“所获兵资器仗不可胜计”(《奉天靖难记》卷 2;《明太宗实录》卷 5)。

◉ 朱棣又一次给建文帝上书

郑村坝之战后，朱棣的军事实力得到了空前的加强，腰杆子更硬了，但他始终没忘自己要在政治上和心理上战胜政敌，于是就在这一年即建文帝元年十一月的中下旬，再次给自己的侄儿皇帝建文帝上书，上书内容如下：

“燕王棣谨奏：为报父仇事。臣稽首顿首百拜，昧死言：臣闻天下至尊而大，莫君与亲也。故臣之于君，子之于父母，必当尽其礼而已尔。尽其礼者，盖不敢忘其大本大恩也。大本大恩之所以不敢忘者，亦理之当然也。故臣之于君，则止乎忠，子之于父，则止乎孝。如臣不忠于君，子不孝于父，是忘大本大恩也，此岂人之类也欤？若然，则君亲之大本大恩，为臣子者，既不可以不报，则君亲之仇，为臣子者，其可不与君亲报乎？《礼》曰：‘父之仇不共戴天，兄弟之仇不反兵。今我太祖高皇帝，臣之君也，父也。君亲之仇，其可以不报矣乎！我父皇存日，因春秋高，故每岁宣藩屏诸王或一度或二度赴京朝觐，父皇谓众王曰：‘吾之所以每岁唤尔诸子或一度或二度来见，何也？我年老，虑病有不测而去，则不能见尔辈，往来当劳勤也。父皇健日尚如此，父皇既病久，焉得不来宣我诸子见也？不知父皇果何病也？亦不知用何药而弗救，以致于此大故也？《礼》曰：“君有疾饮药，臣先尝之；父有疾饮药，子先尝之。’臣忝为父皇亲子，分封于燕，去京三千里之远，每岁朝觐，马行不过七日抵京，父皇病已久，如何不令人来报，得见父皇一面，知何病，用何药，尽人子之礼也。焉有父病而不令子知者？焉有为子而不知父病者？天下岂有无父子之国也？使其无父子，决非人之类也！父皇五月初十日亥时崩，寅时即殓，不知何为如此之速也？《礼》曰：'三日而殓，俟其复生也。'今父皇不一日而殓，礼乎？非礼乎？古今天下，自天子至于庶人，焉有父死而不报子知者？焉有父死而不得奔丧者也？何故父皇宾天一月，才发诏令，令亲王天下百姓知之？如此，则我亲子与庶民同也，礼乎？非礼乎？又不知父皇停棺何所，七日即葬？《礼》曰：'天子七月而葬。'今父皇七日即葬，不知何为如此之速也？臣以此礼不知出于何典？今见诏令言'燕庶人父子'，方知父皇葬以庶人之礼也。其可哀也矣，其可痛也矣！父皇宾天，葬礼未具，即将宫殿折毁，掘地五尺。不知父皇得何罪而至如此也！况陛下即位之初，尝谕普天下文武百官，其中有云：'太祖高皇帝用心三十年，大纲纪、大法度都摆布定了，如今想着太祖皇帝开基创业，平定天下，便如做下一所大房子与人住的一般，若是做官的政事上不用心，不守法度，便是将房子折毁了，却要在房子里安稳住的一般，世间安有此理者哉！'旨哉言乎？今陛下听信奸臣齐尚书等之言，即将祖业折毁，与诏旨大相违背，使天下之人皆欲守其法度，亦难矣哉！孔子曰：'父在观其志，父殁观其行，三年无改于父之道，可谓孝矣。'我父皇存日，尝与我众王曰：'我为天子，盖造宫殿，不过欲壮观天下，万邦来朝，使其观瞻，知中国天子之尊严如此也。然此劳民苦军，费用钱粮，岂易为尔？故我今日盖造宫殿，极为坚久壮丽，使后为帝者享用，不须再造，劳苦军民。'今将祖业折毁，礼乎？非礼乎？臣于父皇宾天，便欲诣京究问，复恐外人不知者，以为臣有他心，怨陛下也。故不敢出一言，吞声忍气，而泪从腹中落也。不意在朝左班文臣齐尚书、黄太常卿等官，皆是奸邪小人，贪墨猾吏，皆我太祖皇帝诛不尽之余党。又行结构为恶，以陛下年少宽容，每用巧言欺惑，变乱祖法。岂不知《皇明祖训御制序》云：'凡我子孙，钦承朕命，毋作聪明，乱我已成之法，一字不可改易。非但不负朕垂法之意，而天地祖宗亦将孚祐于无穷矣。呜呼，其敬戒之哉！'况齐尚书尝奏：凡朝夕几筵，揖而不拜，及乎小祥节届，亦不亲行祭祀。至于各王差官到京行祭祀礼及奏事，将百户林玉、邓庸等拿下囚系，棰楚锻炼，令其诬王造反，此何礼也？齐尚书又诬亲王擅自操练军马、造作军器，必有他图。齐尚书明知《皇明祖训·兵卫》二条：'凡王教练军士，一月十次，或七八次、五六次；其临事有警，或王有间暇，则遍数不拘。'又云：'凡王入朝，其随侍文武官员、马步旗军不拘数目。若王恐供给繁重，斟酌从行者，听之；其军士仪卫旗帜甲仗，务要鲜明整齐，以壮臣民之观。'于洪武二十五年春，父皇太祖高皇帝特诏诸王赴京赐敕，内一件云：'常岁训将练兵，验视周回封疆险易，造作军器，务要精坚堪用，庶使奸邪难以口舌惑众。'敕后书曰：'洪武二十五年正月二十一日早朝后午时分，朕于奉天门命翰林修撰练子宁、许观、编修吴信三员执笔听命，朕口占以成，以示后人，以辨真伪，孙允炆亲目之后发行。故敕。’臣想太祖皇帝以诸子出守藩屏，使其常岁操练兵马、造作军器，欲为防边御寇，以保社稷，使帝业万世固也，岂有他心哉！其奈奸臣齐尚书、黄太卿、左班文职等官，不遵祖法，恣行奸凶，操威福予夺之权。天下之人，但知有齐泰等，不知有陛下也。七月以来，诈传圣旨，使令恶少都督宋忠、指挥谢贵等来谋杀臣。臣为保全性命，不得已而动兵，擒获反贼宋忠、谢贵等了当，已行具本奏闻。拘留宋忠、谢贵等在官(这本身已撒了弥天大谎，张昺、谢贵早被魔鬼朱棣杀害，作者注)，钦俟降旨诛决，到今不蒙示谕。其奈齐尚书又行矫诏，令长兴侯耿炳文等领军马驻营雄县、真定，来攻臣北平。臣为保全性命，不得已而又行动兵，杀败逆贼耿炳文等所领军马，擒获驸马李坚，都督潘忠、宁忠、顾成，都督指挥刘燧、指挥杨松等了当。奸臣齐尚书出榜，令军骂‘燕贼父子’。太祖皇帝，我之父也；骂我‘贼父子’，是骂祖与叔父为贼，岂非大逆不道？奸臣齐尚书如此无礼，其罪当何如哉！不意十月初六日，又矫诏令曹国公李景隆总兵，领天下应有军马来攻北平城，欲杀臣。臣不免亲帅精兵，尽行杀败，李景隆等夜遁而去。若是如此，齐尚书等必欲杀我父皇子孙，坏我父皇基业，意在荡尽无余，将有以溷天下。此等逆贼，臣必不与之共戴天。不与父皇报得此仇，臣纵死亦不已也。今臣昧死上奏皇上，陛下怜太祖高皇帝起布衣，奋万死不顾一生，艰难创业，分封诸子；今陛下听奸臣之言，父皇宾天，未及期年，将父皇诸子诛灭殆尽。伏望陛下俯赐仁慈，留我太祖皇帝一二亲子，以奉祖宗香火，至幸至幸！臣以陛下屡发军马(朱棣一会儿说齐尚书矫诏发兵；一会儿说建文帝发兵，满口胡语，作者注)，来攻北平，必欲杀臣。臣为保全性命，率数十万之众，俱是舍死忘生之士，报我父皇太祖皇帝平日恩养厚德，保我父皇子孙，尽力效忠于今日。谚云：‘一人拼命，千人莫当。’纵陛下有众数百万，亦无如之何也。伏望陛下体上帝好生之心，莫驱无罪之人，死于白刃之下，其恩莫大焉。臣复请陛下，但是父皇宫中曾侍病老宫人、并长随内官及用药医官、营辨葬事及监拆宫殿等官、奸臣齐尚书、黄太卿、应有左班文职等官，发来与臣军前究问(史上最凶残、最猖狂的造反者，作者注)。钦愿皇帝陛下奉承皇祖之训，以安圣心，永为社稷之主，使天下生民各得其所矣。如陛下听奸臣之言，执而不发，臣亲帅精兵三十五万，直抵京城索取去也。此等皆我父皇之仇人，臣必不与之共戴天。臣若不得与父皇报得此仇，是臣为子不孝也；为子不孝，此是忘大本大恩也，岂人之类也欤！今将合发奸臣数目开列于后：一宫中侍病老宫人，一长随内官；一太医院官，一礼部官；一营办葬事官，一监造孝陵驸马等官；一监拆毁宫殿工部官内官；一奸臣齐尚书、黄太卿、一应有左班文职等官。如上逆党，一一如数发来臣军前，究问的实。即行差官管押赴京，具本奏闻,伏望圣明裁处。如果不发奸臣齐泰等,臣必不休也。若臣兵抵京,赤地千里(朱棣魔鬼兽性大暴露,笔者注)。臣冒渎天威,无任激切恐惧之至。臣棣顿首稽首,昧死谨具闻。"[【明】姜清:《姜氏外史》卷2;【明】吕毖:《明朝小史·建文纪》卷3。根据王崇武先生的《明靖难史事考证稿》(商务印书馆1948年版)、《明太宗实录》、《奉天靖难记》,本书作者对原文作了校勘和适当的注释]

这是朱棣起兵造反后的第二次上书,从这大约2 814字的上书中,我们至少可以得到这样几方面的信息:第一,朱棣和他当时身边的人整体文化水平不高,说话啰嗦,颠三倒四;第二,朱棣第一次上书后,建文帝很可能没搭理他,觉得与这样的"好叔叔"对话,等于与街头泼皮无赖在讲道理,没什么好讲的;第三,朱棣起兵造反理由实在牵强,好像老太太似地唠叨个没完:为什么我"老爸"说没了就没了?为什么你们急急忙忙地下葬大明开国皇帝?为什么不让诸子藩王回京奔丧?等等,这些都是高皇帝临终嘱托或遗嘱中所规定的,朱棣装聋作哑、胡搅蛮缠,就同泼妇一般。但在上书的后面,他将斗争的锋芒直指建文帝的削藩政策,指出这样的做法是违背了"祖制"。不仅如此,他还将建文君臣的削藩说成是"杀我父皇子孙,坏我父皇基业",进而胡扯上了什么"父仇",让明理人一看便知其胡说八道;第四,朱棣装腔作势地说自己迫不得已起来造反,诬称宋忠、耿炳文等人主持的朝廷军事行动是由兵部尚书齐泰等人矫诏而导致的。那就一直装下去吧?忽然间他在上书的后半部分却这样写道:"以陛下屡发军马,来攻北平,必欲杀臣",同一封上书中朱棣无形之中自己打了自己的嘴巴。由此看来,要么如人们所云:朱棣得了间歇性精神病;要么就是他造反造累了,思维也累了,也乱了,干脆将大实话全说了;第五,朱棣恶魔、强盗形象自我暴露了,"伏望陛下体上帝好生之心,莫驱无罪之人,死于白刃之下",这就是说朱棣自己要起来造反打仗,却叫侄儿皇帝不要还手,这不是强盗逻辑还是什么呢?更有他宣称:"臣亲帅精兵三十五万,直抵京城索取去也","若臣兵抵京,赤地千里……"一副地地道道的恶魔嘴脸。所以后来朱棣篡位成功后必须要对自己的所言所行进行极度美化,以至于今日我们看到的《明太宗实录》和《奉天靖难记》中的燕王都是"伟大领袖"的"光辉形象"。但就实而言,朱棣的这次上书是他向建文朝廷发出的最后通牒,更确切地说,是恶魔、强盗发出的恐吓书与挑战书,或言凶厉的利剑,它寒气逼人,可把南京城里的书生皇帝给吓着了。

◉ 建文帝的老师黄子澄是罪臣而不是奸臣

再说此时的建文帝对于李景隆的北伐战败似乎也听到了一些风言风语,他问自己的老师黄子澄："先生，外面有传言说是曹国公李景隆打了败仗，真有这事？"黄子澄回答说："小臣听说是这么一回事，我们朝廷军队打了好多的胜仗，但眼下进入隆冬季节了，朝廷征发的大多是南方兵，受不了北方的严寒，现在我大军暂时回到德州休整，等待开春以后再进兵。"(《奉天靖难记》卷2；《明太宗实录》卷5)

读到这里，读者朋友可能在想，黄子澄是不是如朱棣指摘的那种坏人或奸臣呢？

确切地说，黄子澄不是坏人，更不是什么奸臣，而是一个迂腐的传统知识分子。在中国传统社会里，与其他社会阶层相比，知识分子拥有许多鲜明的个性：

第一，他们从小接受正统儒家思想的熏陶，树立"齐家治国平天下"的人生奋斗目标，通过科举这个主渠道进入政治场，随后他们将自己所接受的儒家政治理想贯彻于政治实践之中，坚持自己的操守，忠于一君一朝，头可断但信念不改变！因此人们常常看到，每当国难当头之际，好多博学鸿儒宁愿被杀或饿死，也不愿做降民或"贰臣"；但若在平常时期，他们大多又带有极度的理想来"治国平天下"，其结果要么是与官场的"潜规则"形成剧烈的冲撞，要么就输于政治敌人之手；前者就如海瑞那般，后者就如方孝孺。

第二，他们饱读经书，满腹经纶，但往往脱离实际，缺乏政治斗争的实战经验与社会政治生活背景，误将书本知识当做自己的真正本领，说起事来口若悬河，滔滔不绝，这一点在黄子澄身上太明显不过了。他凭空瞎推荐人，瞎出主意，害人又害己。

第三，他们一般都有相对独立的人格，有着自己的信念和主见，不大容易受别人观点的左右，反映在学术上往往是固执己见；反映在人情世故方面常常特别要面子；反映在从政方面，很容易一条道跑到底，缺乏应有的变通能力，甚至做出傻事、蠢事来，我们现在讲的黄子澄就是这么一个传统知识分子。

黄子澄隐瞒李景隆战败实情，说来也有他的苦衷和打算。李景隆是黄子澄极力保荐的，如果将李景隆战败之事如实上报给建文帝，一来按照中国传统社会官场上的规制，被荐者出事，举荐者也要受处罚。黄子澄倒不是个怕死之人，后来他被朱棣残忍杀害时并没有偷生怕死地求饶，而是十分英雄地"上路"了。黄子澄主要是为了实现儒家的人生理想"治国平天下"而暂行"权宜之计"，他想用时间与事实来弥补自己的过失；二来比起其他建文朝的大臣，黄子澄跟建文帝相处的时间最长了，他了解建文帝个性文弱，一旦知道前方北伐军事惨败，建文帝肯定心理上接受不了，弄不好会影响削藩大业与"建文新政"，所以他抱着侥幸的心理，采取隐瞒战败事实的拙劣手法，来应对眼下尴尬的处境。

于是历史上就出现了这么一出极为荒唐的闹剧:黄子澄将建文帝哄过以后,他马上派人偷偷地上山东德州,密语李景隆"隐其败",即告诉他千万不要奏闻朝廷。(《明太宗实录》卷5;【清】谷应泰:《明史纪事本末·燕王起兵》卷16)

理性而言,黄子澄的心一直是向着建文帝的,但他自以为是,自作聪明,将关系国家命运的大事当做是关系到自己的面子和自以为可以弥补的"普通"事情,从而使建文帝一度丧失了军事调整的主动权,误国害君,真是迂腐透顶、愚蠢之至。所以我们说,黄子澄不是一个坏人,也不是朱棣所说的"奸臣",而是一个"罪臣"。

其实,黄子澄"苦心"所为所造成的后患还不止于此,更为严重的恶劣后果就是,丧师失地的败军之帅李景隆不仅没有受到应有的严厉处置,反而得到了建文帝的晋爵嘉奖。建文元年十二月,李景隆被加封为太子太师,并受赐玺书、金币、珍酿、貂裘等。除此之外,建文帝还觉得李景隆这样有功将军的权势不够大,于是在建文二年正月他又"遣中官赍玺书赐黄钺弓矢,专征伐"。可能是老天都看不惯了,对于这么一个只会吹牛的"官二代"如此厚爱和错爱,实在是"天地不容"了,所以当建文皇帝的使者渡江北上之际,碰上了狂风暴雨,渡江船坏了,建文帝所有的赏赐全留在了长江里。可朱允炆似乎对李靓仔"情有独钟",赐物丢了,又马上补上,"乃更制以赐"。(《明史·李景隆传》卷126;《明太宗实录》卷6)

对于战败之将如此错爱,再想想在郑村坝与北平两地朝廷普通将士的苦难与遭遇,建文朝廷军队的士气由此越来越低落了,试想士气低落的军队还怎么能打胜仗呐?

那是不是建文帝正如有些学者片面认为的那样,是个心胸狭隘的昏君?不是的,其实建文帝是个很聪明的仁弱之君,他可不昏庸,只是被一片"苦心"的黄子澄给一时"耍"了。没过多久,建文帝从一个偶然的机会中得知了北伐战事的真相。

◉ 削藩大臣齐泰、黄子澄第一次被"罢官"

建文帝得知第二次北伐惨败真相的确切信息极有可能来源于上述的朱棣那杀气腾腾的恐吓上书。朱棣在上书中摆了一大堆自己的战绩,这岂不是将李景隆战败情况直接告诉了建文帝!朱棣甚至发出了除去奸臣齐、黄,否则将与建文朝廷不共戴天的恐吓,这对本性文弱的朱允炆来说确实是一个极大的挑战甚至可以说是下了威胁性的战书。

建文帝动摇了,他感到事态的发展似乎对自己越来越不利。文弱的天性使他天真地认为,只要除去朱棣兴师问罪的借口,就能实行缓兵之计。于是他就按照朱棣上书的要求，对外名义上“罢兵部尚书齐泰、太常寺卿黄子澄，以说（悦）于燕人”（【明】谈迁：《国榷·惠宗建文元年》卷11）。

在掌握着全国政权且尚未有覆亡之忧的形势下，对于一个嚣张透顶的造反者提出的无理又极端的要求和恐吓，软弱的建文帝居然妥协了，其恶劣影响实在不可小觑：

第一，罢了齐、黄等于是向世人表示，原来建文帝所做的都是错的，引起燕王骤然起兵造反的削藩举措更是错上加错。由此倒过来看，燕王起兵反而变得“有理”了、“合法”了。

第二，罢了齐、黄等于是削弱了北伐将士的士气。原本朝廷将士所做的都是由于齐、黄的极力主张而贯彻执行，现在齐、黄一罢官，不就等于是否定了北伐的正当性，于是“正义之师”反而变得理不直气不壮，由此也影响了北伐的士气。

第三，罢了齐、黄暴露出了建文帝的软弱个性，反而增强了造反者朱棣的强盗脾性和流氓习性，以枪杆子说话，以“拳头”打出“真理”来，更加助长了燕军诛伐朝廷军队的威风。

所以说，建文帝在关键时刻罢了齐、黄，实在是有百弊而无一利。对此，明朝历史学家朱鹭曾经精辟地说道：“度文皇（指朱棣）有心，是特借二人以发难，逐亦来，不逐亦来，又安取罢二人以快敌，示朝廷怯。”（【明】谈迁：《国榷·惠宗建文元年》卷11）

朱鹭的话说得很到位，朱棣谋反蓄谋已久，除去齐、黄是借口，不除齐、黄，朱棣要来夺天下；除了齐、黄，他照样还是要来夺天下，所以说建文帝在政治上是极其幼稚的。

但他毕竟不是昏君，而是个性软弱。建文帝玩的纯粹是许多传统文人惯用的“小聪明”。齐泰和黄子澄虽然在名义上被建文帝罢了官，但实际上两人依然是“筹划治兵如故”。对此，远在千里之外北平城里的朱棣却知道得一清二楚。至于朱棣为什么能对建文朝的秘密掌握得如此准确，由于我们没有可靠的第一手资料就不好胡说，但有个事实却是可以肯定的，那就是建文朝廷里有朱棣的奸细，而且随着以后朱棣的军事胜利，形势越来越明朗，建文朝廷内的奸细越来越多。

◉ 白沟河大决战

再说李景隆在接受了第一次对燕军围剿失败的经验教训以后，他避开了朝廷军队冬季作战不利的自身弱点，在德州好好地休整了五个月后，调兵遣将，决定再次北伐。

建文二年四月，李景隆在德州举行了伐燕誓师大会，由武定侯郭英、安陆侯吴杰等进兵真定，几路人马打算从不同方位合围北平，力图一举消灭燕军。具体的步骤是：李景隆率主力从德州出发，经过河间，前锋抵达白沟河；郭英等经过保定，与李景隆主力军相约在白沟河会师后同进，围攻燕军大本营所在地北平。

再说朱棣听到李景隆德州誓师大会的消息以后，于四月五日在北平祭告天地，然后率领燕军南下迎敌。与此同时，他派出探子前往德州、真定等地，去侦查朝廷军队的动态。当得知朝廷诸路军队将会师于白沟河的消息后，朱棣就与诸将领一起分析战斗形势。为了提高燕军的士气，朱棣对邱福等将领说："李九江志大而无谋，喜专而违众。郭英老迈退缩，平安愎而自用，胡观骄纵不治，吴杰懦而无断。数子皆匹夫，徒恃其众耳。众岂可恃？众而无纪律，则易乱。且击前则后不知，击左则右不应，徒多何益？今彼将帅不专，政令不一，纪律不肃，分数不明。往者郑村坝之败，如风行草偃，其士卒非不多也。大抵将为三军司命，将志衰则三军之勇不奋。其甲兵虽多，粮饷虽富，适足为吾之资耳。尔等但秣马砺兵，听吾指挥。兵法曰：'识众寡之用者胜。'吾策之审矣。第患尔等过杀，当谨以为戒。"（《奉天靖难记》卷2；《明太宗实录》卷6；【清】谷应泰：《明史纪事本末·燕王起兵》卷16）

朱棣刚分析完朝廷军队的形势，猛将张玉就主动请缨，愿做先锋，迅速抵达白沟河，以逸待劳，"迎接"李景隆。朱棣同意了张玉的请求，在李景隆军的前锋都督平安到达之前的三天，张玉就"恭候"在那里。不过朱棣率领的燕军主力一路进军却没那么顺利了，前后用了半个月的时间才赶到白沟河。而此时朝廷诸路军已经全部抵达，且军事力量又有所加强。就李景隆的主力与郭英、吴杰等率领的偏师兵力总数来看，当时朝廷方面在白沟河总共集结了至少有600 000人大军，号称百万大军（《奉天靖难记》卷2），但在南京明皇宫里的建文帝觉得似乎这还不怎么保险，于是他又派了徐达长子徐辉祖统率京军30 000人，日夜兼程赶赴前线，增援北伐军。

可能是由于燕军主力行军不顺的缘故吧，这次白沟河大战前的朱棣一反他过去习惯使用的运动战术，"表现"出的仅仅是应对，但不迟钝。（《明太宗实录》卷6）

○"难解难分"白沟河

白沟河大战最初是由朝廷军队的猛将平安拉开序幕的。

平安，安徽滁州人，父亲名平定，曾经跟随朱元璋打天下，建有很大的功劳，官至济宁卫指挥佥事（可能相当于济宁军分区的副职领导）。后来他跟随常遇春攻打元大都，不幸死于战阵之中，他的儿子平安一下子就成了孤儿。当时朱元璋可怜平安，就将他收为养子。平安由此就在战争中度过了他的青少年时代。由于长期的耳濡目染，加上自己的刻苦学习和锻炼，平安年纪轻轻就拥有了一身的好本事，“骁勇善战，力举数百斤”。承袭父亲职位以后没有多久，他就被提升为密云指挥使(可能相当于密云军分区司令)，再后来就晋升为右军都督佥事。

平安在密云任职时曾跟随朱棣出征蒙古，朱棣起兵前他已被调往南京，任五军都督府中的右军都督佥事。建文帝委派耿炳文主持第一次北伐时，平安没参加；李景隆主持第二次北伐时，建文帝似乎想起了他爷爷的这位了不起的养子，按辈分来说，建文帝还应喊平安为叔叔。这个平安叔叔虽然与建文帝没有血缘关系，但他比那个所谓的“亲叔叔”燕王朱棣要强多了。现在没办法知道建文帝到底为何不重用平安叔叔，可有一个不争的事实是，自平安被“侄儿”皇帝安排到了北伐前线后，他毫不含糊，出生入死，为建文帝的江山社稷的安稳使尽了所有的力。此次白沟河大决战前，平安就是李景隆大将军手下的一员先锋将官。在朱棣燕军来到白沟河之前，平安就在河边上埋伏了 10 000 多精骑，“迎候”昔日主帅的“大驾光临”。朱棣知道以后十分狂妄地说道：“平安竖子，从吾出塞，识吾用兵，以故敢为先锋。今日吾先破之。”(《明史·平安传》卷 144；《明太宗实录》卷 6)

可朱棣这次大话不仅说早了，也说过头了。燕军与平安军一交上手，平安就带了他的精干兵士奋不顾身地冲杀在前头，杀得燕军无力招架；这时朝廷方面另外两位猛将——都督瞿能父子紧随其后，奋勇作战，所向披靡。昔日凶猛的燕军这回可是死伤惨重，且开始了退却。

就在这时，燕军中有个宦官叫狗儿的，他凶狠无比，率领千户华聚等几员勇将拼命反击，这才顶住了平安与瞿能父子的攻势，稳住了燕军。

一直喜欢大话连篇的朱棣这下可领教了什么叫棋逢对手了，不过好在他反应极其灵敏，见到这番情势，赶紧带了一部分精骑从平安的背后发起攻击，杀敌数千人，朝廷军队方面的都指挥使何清被俘。但即使这样，双方还是没有分出个胜负来。这仗一直打到了夜深时，由于战斗双方都看不清对方了，这才各自开始收兵回营。

虽说白天战斗不分胜负，但整体而言，燕军似乎也没有讨到什么便宜，绝非像明代官书所言：燕军大捷。临近天黑时，朝廷军队逐渐地将燕军往着他们事先做好“手脚”的地方“引去”，燕军紧紧地跟着不放松。突然间，只听得“轰——轰——轰”几声巨响，李景隆、郭英和吴杰等朝廷方面将帅事先令人埋好在地里的“火器”被踩着了，燕军被炸得人仰马翻，溃不成军。朱棣拾得一条小命，落荒而逃，只有三个骑兵跟着他，因为天色已晚，不知自己的军营所在的位置，走了一点点路就迷失了方向，他只好下马，将脸贴近了地面，观察河水流向，以此来辨别燕军军营所在的方位，最终才找回了自己的营地。(《奉天靖难记》卷 2)

第二天黎明，朱棣命令：燕军主力从白沟河的北岸全部渡河到李景隆主力驻扎的南岸，这样战争的双方主力就能直接面对面地展开决战。与上一天作战相同的是，这一天依然由朝廷方面军队主动出击，不过这次打头阵的不是平安了，而是勇猛的瞿能父子。只见瞿能父子将兵器挥动得像风车转似的，一闯入燕军部将房宽阵营，如入无人之境；而另一路精干将士在猛将平安的带领下从侧翼进行夹击，顷刻之间，房宽军营溃散。燕军中一向勇猛无比的大将张玉见到这等情景大惊失色，在他边上的朱棣发现情势不对，赶紧跟张玉说："胜负乃兵家常事，官军虽众，不过日中，保证为诸君击破他们。"说完，他率领几千名精骑冲击朝廷军队，大将张玉等率领马步兵与其齐头并进。于是几十万大军就此胶着在了一起，大战进行了数百个回合，但还是分不出胜负来。(《明太宗实录》卷 6)

由于朝廷军队的人数多，占了很大的优势，"(燕)王先以七骑驰击之，且进且退，如是者百余合，杀伤甚众。南军(朝廷军)飞矢如注，射王马，凡三被创，三易之，所射矢，三服皆尽，乃提剑左右当击，剑锋折缺，不堪击，马却，阻于堤，几为瞿能所及。"(【清】谷应泰：《明史纪事本末·燕王起兵》卷 16；《奉天靖难记》卷 2)

此时的朱棣已经山穷水尽，怎么办？投降？不，那是绝不会有什么好下场的，自从走上造反起兵这条路以后，他从来也没有想过到底会有什么样的结局，其实那是一条不归路啊！朱棣转而一想，一个鬼点子迸了出来。他拿了马鞭对着空空如也的堤岸下方，假装招呼部下。朝廷将士看到这般架势，他们不敢走上堤岸，怕有燕军伏兵，只好干等着。就这样，朱棣大摇大摆地走掉了。

就是因为建文帝在北伐开始时就交代清楚了："不要让朕背负杀叔的罪名"，所以朱棣往往是有险却不惊，成了"射不死的神人"。没过多久，他又带了燕军将士杀了过来，战斗双方殊死鏖战又一度进入了高潮。(【清】谷应泰：《明史纪事本末·燕王起兵》卷 16；《奉天靖难记》卷 2)

相对而言，这次白沟河大战，燕军兵力还是处于弱势，但燕军将士十分勇敢，燕将陈亨与朝廷猛将平安原本不是一个数量级的，但两者相逢，陈亨还是拼着老命与平安打了几个回合，最终被杀于战阵当中；燕将徐忠在战斗中被砍断了两个手指，只剩下一点皮连着，他毫不含糊地自断那两指，掷之地上，又撕了一块布将伤口给包上继续作战。与燕军奋勇作战相比，朝廷军队中的许多将士也毫不逊色，这仗可能是北伐以来打得最为卖力的一次，尤其是猛将平安和瞿能父子在战斗中出尽了风头，打到了后来，燕军将士只要见到他们就想躲；还有一个姓王的指挥，临淮人，常常骑着一匹小马冲锋陷阵，人称"小马王"。这个"小马王"可勇敢了，在身负重伤的情况下，脱下盔甲，交予随身仆人，嘱咐道："我为国捐躯，以此报家人。"最后他战死在战场上，人死之时手扶宝剑，身体还倚着战马直立不倒，让人见了，没有不掉泪的。

正因为朝廷中下级将士的奋勇作战，燕军在整个白沟河大战中一直也没有捞到什么便宜。大战进行到中午时分时，燕军逐渐出现了不敌朝廷军队的败势。就在这时，朱棣的那个二儿子朱高煦率领几千精骑突然出现在战场上，这个无赖什么都不会，什么也不学，就是不怕死，这下可在战争当中发挥了作用。朱高煦的参战，使得原本已经开始处于劣势的燕军逐渐地支撑住了局面，于是战斗双方“彼此相持”。午后，朝廷军队依仗兵多将广的优势，再次发动了对燕军的猛攻，勇将瞿能父子带领10 000多名精兵冲在了前头，他们大声高呼灭燕，斩燕军精骑百余，其他朝廷将领紧密配合，大有吞没燕军之势。(【清】谷应泰:《明史纪事本末·燕王起兵》卷16;《奉天靖难记》卷2)

○ 莫名其妙的飓风，该死的巨大沙尘暴

就在这个节骨眼上，谁也没有想到，突然间刮起了一阵飓风，这飓风大到了居然能将地上的泥土灰尘吹起几丈高的地步，以现在人的说法就是北方春季的巨大沙尘暴。众所周知，普通沙尘暴一旦吹起，满身灰头土脸的不说，最为麻烦的是能见度极低，人们的生活大受影响。而600年前的这场莫名其妙的巨大沙尘暴偏偏发生在双方决定大战命运的关键时刻。说实在的，发生这样的事情，对于生活在北方的燕军将士来说，他们可能是习以为常了；但对于南方将士来说，那是极度的不爽，这还不是问题的关键，关键还在于本来士气并不高的南方将士在白沟河大战打了几次平手以后，胜利的信心正在逐渐地高涨，哪知这千不该万不该来的飓风和沙尘暴偏偏这时来了，来了也不要紧，反正被吹刮的不全是南方将士，燕军同样也被吹得人不人鬼不鬼的，但朝廷军队的将士心中还有一件极大的不快之事，他们的北伐大旗被吹倒了。按照现在人的看法，这也没什么了不得的，再换个旗帜么。可古时候的人迷信，大旗被吹倒，这是不祥的征兆啊！顿时士气大落。

而生活于北方的燕军将士在飓风吹过以后，很快地恢复过来。朱棣乘机带了精锐骑兵闪电般地绕到了朝廷军队的后方，随即来了个快速闯营，与儿子朱高煦的骑兵配合，乘着沙尘暴后朝廷将士混乱之际，斩杀敌军将士无数。有名的朝廷猛将、曾经攻入北平城的大英雄瞿能父子就在此时被燕军斩杀于军阵之中。瞿能父子的壮烈牺牲对建文朝的北伐大业是个巨大的损失。从此，在朝廷军与燕军交战的战场上再也见不到这对英勇无比的忠君父子了。(《明史·瞿能传》卷142)

但不幸中的万幸，朝廷方面的另外一员猛将平安正如他的大名一样，虽然与燕军猛将朱能打了几个回合最终败北了，但他人还是平安的。瞿能父子战死，平安战

败，朝廷军最能打的也就是这几员将领了，其他将士知道自己不是凶猛燕军的对手，就纷纷开始后退。“官二代”大帅李景隆本来就是个绣花枕头，打仗不会，治军也无方，所以一旦出现军士后撤，他就没辙，于是整个朝廷军大营开始“崩盘”，“奔走之声如雷”。“燕兵追至其营，乘风纵火，燔其营垒”。偏将郭英等带了他的残兵败将向西逃，主帅李景隆更是失魂落魄地拼命向南逃，“委弃器械辎重山积，斩首及溺死者十余万”。见此，朱棣却不依不饶，继续追击，追到月漾桥时，“杀溺蹂躏死者复数万，横尸百余里”。战争的残酷与军帅的无能都以无情的事实展示在人们的眼前了。（《明太宗实录》卷6；《奉天靖难记》卷2；【清】谷应泰：《明史纪事本末·燕王起兵》卷16）

◉ 建文朝最大的败家子——“高富帅”、“官二代”李景隆

朝廷军队溃散之际，各路将士要么被踩死，要么被燕军杀死或俘获，剩下的能逃则逃。要说这逃得最快的、逃得最远的是谁？说来大家可能还不怎么会相信，他就是黄子澄极力举荐的、建文帝极度关爱的第二次北伐统帅李景隆，这个靓仔除了自身长得帅和会夸夸其谈以外，还有的本事就是逃跑。李景隆溃败逃跑时，建文帝派出的另一支由魏国公徐辉祖统帅的30 000多人增援部队还没来得及上前线与燕军交战。因此有研究者认为，即使是李景隆当时全军覆没，但要是让徐辉祖的增援军与燕军“交上了火”，靖难之役，谁胜谁败，都很难定论了。但问题是李景隆这个靓仔实在是个该千刀万剐都不足以谢天下的罪人，他逃跑时跑得比兔子还要快，这也就等于快速地将建文帝的江山社稷送给了他的政敌。

到了德州这个他原本用作北伐的大本营所在地，按理说稍作歇一歇，以德州粮草充足的优势，李景隆如果将前线溃退下来的万余名将士认认真真地做好整顿与布置，对付一路疲劳奔波的朱棣追兵还是绰绰有余的；可这位北伐主帅李靓仔却已被朱棣的燕军吓破了胆，当听说燕军已经往德州方向追赶过来时，他犹如惊弓之鸟，又立即开始继续逃跑。逃就逃呗，按照军事上的常规做法，军事失败以后一旦进行“战略大转移”时，往往要将所剩的辎重与粮草全部焚毁，否则就等于是“喂饱”了敌人。可是至今研究者都弄不懂这个高干出身的靓仔李景隆是不是老早就是个吃里爬外的家伙，他在逃离德州时居然将建文朝廷苦心经营数年、筹集起来的战争辎重与粮草全部留给了敌人。这下可把朱棣给乐坏了，建文二年五月九日，“燕兵遂入德州，籍吏民，收府库，获粮百余万（石）。”（《奉天靖难记》卷2；《明太宗实录》卷8；【清】谷应泰：《明史纪事本末·燕王起兵》卷16）

600 000人北伐大军没了，100多万石的北伐将士的粮饷送给了政敌朱棣，朱棣从此就不愁没有粮饷与朝廷打仗了，建文朝廷最大规模的一次北伐的家底全部输掉了。因此说，李景隆是建文朝最大的败家子，甚至可以说不是内奸的内奸。

李景隆仓皇向南逃窜，逃入济南城。

再说北伐连连败绩的消息传到南京，南京明皇宫上下一片震惊。建文帝的老师同时又是高级智囊黄子澄深感自己闯下了弥天大祸，不该推荐李景隆为帅，主持北伐，造成了无可估量的损失，因此他后悔不已，奏请建文帝对李景隆严以正典："景隆出师观望，怀二心，不亟诛，何以谢宗社，励将士！"(【清】谷应泰:《明史纪事本末·燕王起兵》卷16)

但建文帝就是没有听进黄子澄的意见，仅将李景隆急速召回，并赦免了他的罪行，而没杀他。对此，黄子澄在大殿上恸哭起来，再次恳请建文帝对败军之帅李景隆追究罪责。可建文帝还是听不进。黄子澄捶胸痛苦疾呼："大事去矣，荐景隆误国，万死不足赎罪！"(《明史·黄子澄传》卷141;【明】黄佐:《革除遗事》卷1;【明】姜清:《姜氏外史》卷1)

不，不仅仅是举荐李景隆的误国者万死不足赎罪，而是误国者李景隆万死不足赎罪！按照《大明律》的规定，李景隆给建文朝造成了无比巨大的损失，理应明刑正典。故而当时建文朝的一些正直的文臣纷纷上奏，要求诛杀北伐失败的罪魁祸首李景隆，其中呼声最为强烈的要数副都御史直臣练子宁。练子宁甚至在朝堂上抓住李景隆，列举他所犯下的滔天罪行，要求建文帝诛杀这个李家大帅哥。但建文帝还是没听谏言，弄得练子宁激愤得连头也叩坏了。他向建文帝大声疾呼："坏陛下事者，此贼也。臣备员执法，不能为朝廷除卖国奸，死有余罪。即陛下赦景隆，必无赦臣。"练子宁越说越激动，越说越难受，随即在朝廷大殿上痛哭起来。建文帝见此，觉得朝议已经没办法进行下去了，只好下令退朝。宗人府经历宋征、御史叶希贤等也都是些正直的文臣，他们与练子宁一样，有着满腔的忠君爱国热情，见到建文帝无原则地宽宥了李景隆的罪行，他们纷纷站了出来抗疏，指出李景隆心怀二心，丧师失地，已经严重干犯了《大明律》了，理应处以极刑，但建文帝就是不听。(《明史·练子宁传》卷141)

◉ 坚守济南城的书生铁汉铁铉是武夫朱棣的最大克星

建文帝没杀罪孽深重的李景隆，这实在是令人不可思议和愤愤不平。不过，身处北伐前沿阵地的先前并不起眼的建文朝文臣武将们却顾不上这些，因为自李景隆南逃途中躲进山东济南城以后，一直尾随追击的燕王朱棣犹如一只失去了猎物的疯狗，不停地在济南城外打转，其难受与疯狂程度无以言表，最终他下令围死济南、拿下济南，打通南下的通道。

在这千钧一发的时刻，一位令人意想不到的书生文臣挺身而出，主动地为建文朝廷承担起了保卫济南城的职责，抵挡和打击燕军的疯狂进攻。他就是明初有名的书生铁汉——铁铉。

铁铉，河南邓州人，洪武年间朱元璋实行“监生历事制度”，即让国子监生到大明官府衙门里去“实习”，成绩优异的被直接授予官职，出任大明官员。铁铉就是国子监生出身，因为成绩优秀，被授予礼科给事中，后调为都督府断事(相当于五军都督府里的军事法官)，曾受命审查疑案，没费什么周折就把案件审清楚了。皇帝朱元璋听说后十分高兴，赐给铁铉一个名字叫“鼎石”，将他比作国家的柱石。(【明】李贤:《古穰杂录摘抄》)

朱元璋的眼光很准，铁铉确实是个人才。由于在老皇帝面前已经出过彩，新皇帝朱允炆对他还是比较熟悉。建文初年，朱允炆给铁铉升了官，提升他为山东布政司参政(可能相当于山东省的省长助理或副省长)。李景隆北伐时，铁铉负责北伐军的粮饷供给，应该说建文帝还是动了脑筋做出这样的人事安排的。铁铉是文人，打仗非其专业所长，但叫认真做事的铁铉负责筹划北伐军的粮草，这无疑是个极佳的人事安排。铁铉不负皇恩，供应粮草准确无误，从而使北伐军有了可靠的物质保障。但没想到的是北伐军主帅李家大帅哥是个大草包，终使建文帝的第二次北伐一败涂地。从白沟河兵败以后，李景隆单人匹马逃到了德州，朱棣燕军紧追不放，山东境内许多城池望风而降。

在临邑县城，铁铉遇到了北伐军的参赞军务高巍，这是个曾经不顾自身安危冒死上书燕王朱棣，劝其罢兵归藩的老书生。两位襟怀相似的书生碰在了一起，格外有话要说，他们谈到了最近朝廷北伐失利的事情，对饮抒怀，感奋涕泣，发誓要誓死保卫建文朝廷，随后他们便赶赴济南城去。

济南是当时山东的政治、经济和军事中心，李景隆兵败南逃济南时，山东“三司”衙门的长官刚好都在京师南京，留在山东境内主政的最高军政长官就是这个山东布政司参政铁铉，还有就是李景隆北伐大军的参将盛庸。铁铉主动去见盛庸，痛陈时势的危急。盛庸表示他也深有同感。于是铁铉与盛庸、宋参军等一起，将济南城里仅有的 60 000 人马迅速地组织发动起来，共同起誓，要与济南城共存亡。(《明史·铁铉传》卷 142;【明】姜清:《姜氏外史》卷 2;【明】黄佐:《革除遗事》卷 1)

由于铁铉和盛庸齐心合力，忠于建文朝廷，又善抚兵士，于是济南城上下众志成城，共同起来抵御燕军的疯狂进攻，朱棣造反以来遇到了前所未有的顽强抵抗。他久攻济南不下，心中极度恼火。可他的侄儿建文帝得到消息后却与朱棣的心情大相径庭，其内心之喜悦就好比是久困在沙漠中的人找到了水源一般，他顿时感到，挽回朝廷败局之希望再次出现了，于是擢升铁铉为山东布政使，"遣官慰劳，赐金币，封其三世"，并命令盛庸取代李景隆出任大将军，右都督陈晖出任副将军，重振旗鼓，击退燕军。

应该说建文帝的这番人事调整不仅及时而且还十分正确，铁铉与盛庸都是忠臣，都是在国难当头时刻挺身而出的大英雄，因此说，建文帝的北伐大业干了两年付出了沉重的代价后，这才找到了点感觉。

这感觉对了，形势自然也会好转起来。就在山东济南，由于铁铉与盛庸等人合力死守，朱棣无论怎么样发疯地攻城却始终打不进去。看来来硬的不行，他就尝试着来软的，叫人写好了劝降书，然后用箭将它射到济南城里，劝导铁铉和盛庸等人要识时务，赶紧投降。铁铉还没来得及给予其一一驳斥，这可急坏了另外一个书生。

他就是高贤宁，要说这高贤宁，那可是个有风骨的文人，与其老师王省意气相投，虽说两人是师生，但他们相互"以节义相砥砺"。朱棣南下时，王省以身殉国，高贤宁深受震撼，听到铁铉坚守济南的消息后，他马上赶赴到了那里去，协助铁铉抗击燕军。针对朱棣发出的劝降书，高贤宁满怀激愤地赶写了一篇《周公辅成王论》，驳斥了朱棣的满口谎言。文章写好了，也用箭将之射入燕军军营。朱棣见到软攻也不行，于是又下令加紧硬攻，但无论怎么硬攻，就是攻不下济南城。（【明】李贤：《古穰杂录摘抄》；《明史·高贤宁传》卷 143；【明】姜清：《姜氏外史》卷 2）

◉ 令人啼笑皆非的建文帝两次息兵求和

历史上，军事一直是政治的延续。叔侄之间兵戎相见，在政治上也各自斗勇斗智。战争中朱棣不断上书，要求"清君侧"；建文朝廷也曾试图"化干戈为玉帛"，劝说逆叔回心转意、洗心革面。早在建文二年二月十三日，李景隆在德州时，就曾劝说朱棣："骨肉有伤，大乱之道，欲舍小怒，以全大义。"（《奉天靖难记》卷 2）这是建文朝廷试图第一次息兵议和。现在燕军威胁济南，为了能使济南城里的铁铉他们赢得喘息的机会，建文君臣在明皇宫里苦苦地寻找解救方案，他们想啊想，最终还真想到了一计——求和缓兵计。它首先是由建文帝的老师黄子澄想到的，朝廷马上派人到济南城下向朱棣发出求和信息，以此麻痹敌人。建文帝觉得此计不错，但要实施的话，得有人愿意北上去传递这个信息啊！

建文朝的文臣们就是不一样，每当国家有难时，他们往往主动请缨，为国纾难。尚宝司丞李得成就是这么一个热血沸腾的文臣，当得知建文帝为“求和”之事发愁时，他自告奋勇地慷慨请行。建文帝十分高兴，当即批准了他的请求。（《明史·高贤宁传》卷143）

再说建文朝“求和”代表尚宝司丞李得成风风火火地从南京赶往济南后，颇费周折地见到了正在为济南城久攻不下而发火的朱棣。朱棣听明了李得成的来意，当场就轻蔑地说道：议和息兵可以，但朝廷要拿出诚意来，“清君侧，诛奸臣”，恢复一切“祖制”。我本是亲王，比天子低一等，富贵到了极点，还有何求？而朝廷那些“奸臣”蒙蔽皇上，残害我们皇家骨肉，祸及本王头上。为了求生，本王才起兵造反的。现在朝廷要息兵议和，可以，但条件是“诛奸谗以谢祖宗，去新政以复成宪，释诸王以归旧封，罢天下之兵，毋得窘逼。我得仍守旧封，屏翰北土，则天下孰不乐朝廷之能保全宗亲、慕德而向义也？何苦必欲见害耶？”（《奉天靖难记》卷2；《明太宗实录》卷7）

朱棣依然装作很可怜、很无辜和受迫害的样子，与建文朝廷的议和使者大玩太极，接着他就突然强硬了，要求将朱元璋时代的一切都给恢复起来，为被废的藩王“平反昭雪”，废除“建文新政”，等等。所有这些要求，意味着建文帝所做的一切都是错的，甚至是违背祖制的，再说下去就是建文帝当君主是不是合格和合法的，都是个问题。朱棣的口气越来越强硬，也越来越有匪气，当然他有资本才这么说的。说实在朱棣起兵这一路上还没有大的失手过，他正颐指气使和踌躇满志呐，哪可能会接受议和。（《奉天靖难记》卷2；《明太宗实录》卷7）

○ 再狡猾的狐狸也会有中套的时候

朱棣虽然拒绝了建文帝的息兵求和，但济南城围了3个月还没有打下来，这实在使他恼怒万分。他万万没料到，铁铉这个书生却是那样的铮铮铁骨，犹如铁塔一般矗立在济南城中，挡住了他的去路。朱棣越想越恼羞成怒，豺狼的凶残兽性终于露出来了。

建文二年七月初，朱棣在济南城外转了一大圈，忽然一个罪恶的念头迸了出来。他令人拦坝筑堰，将济南城郊的各条溪水和涧水汇聚起来，然后准备用大水来灌淹济南城，这是灭绝人性的恶事，被后人百般称颂的政治家和阴谋家朱棣为了达到他的罪恶的政治目的，居然想出这么一个念头来，这大概是我们传统社会中人们津津乐道的“无毒不丈夫”观念使然吧。（《明太宗实录》卷6）

朱棣这一“毒”招要淹死的是济南城里不下100 000人的生命。当城中人们得到消息后，大家都惶惶不安，铁铉却镇定自若，跟人说：“无恐。计且破之，不三月遁矣！”（【清】谷应泰：《明史纪事本末·燕王起兵》卷16；【明】薛应旂：《宪章录校注》，凤凰出版社，2014年9月第1版，P163）

铁铉并没有说大话，他确实有锦囊妙计——找了一些嗓门大又能装哭的人，让他们故意大声地昼夜啼哭，且要哭着说：“济南鱼矣，亡无日矣！”最好哭得声音越大越好，哭得越真越好，要让城外朱棣的燕军听到后，以为城内人真被即将的灌城给吓哭了。与此同时，铁铉又挑选了1 000多个济南城居民出城，跪在地上向朱棣“求饶”，说：“奸臣不忠，使大王冒霜露，为社稷忧。谁非高皇帝子？谁非高皇帝臣民？其降也。然东海之民，不习兵革，见大军压境，不识大王安天下、子元元之意，或谓聚而歼之。请大王退师十里，单骑入城，臣等具壶浆而迎。”铁铉派出的“降民”说得“情真意切”：“朝廷奸臣当道，大王蒙冤起兵靖难，这是为国家着想啊！大王你们都是高皇帝的子孙，我们原本都是高皇帝的臣民，我们打算投降您了。但是身处东海之滨的我们济南人，对战争和军队围困很不习惯，对大王您安抚天下、造福黎民百姓的一片好意却不识抬举，因而也难怪有人讲，要将我们济南人全部淹死！我们今天代表全城的人出来向您投降了，恳请大王将围困的军队退到十里以外，大王您单骑入城接受大家的投降。我等臣民将会准备好慰问之礼，来迎接大王您的到来！”（【明】谈迁：《国榷·惠宗建文二年》卷11，P818；【明】薛应旂：《宪章录校注》，凤凰出版社，2014年9月第1版，P163）

朱棣这只狡猾的狐狸，一生都在骗人，居然这回也中套了，命令手下人退兵10里。至于朱棣为什么会中套？学者们有着很多的说法：

第一，朱棣起兵以来一路顺遂，攻城略地如囊中取物，但没想到这个济南城却花了他3个月还没拿下。以朱棣的火爆脾气来看，他是等不及多思多想，或许他骗人骗惯了，也没想到别人也在骗他，以他自我感觉良好的眼光断然看不上当时还是名不见经传的铁铉这么一个书生，所以也不曾多想就上当了。

第二，或许朱棣想到过这济南城有可能诈降，但即使是诈降，以兵退10里为条件接受一个城市的投降，这还是划得来的，眼下济南已经在他的股掌之间，还能跑了不成?! 所以朱棣也就爽快地接受了济南城居民“投降”的请求。

第三，朱棣或许考虑到的是拿下济南，可以控制南北通道，即使未来夺不了南京，自己也可以划中原自守，至少也能作个半壁江山之主，所以他也就下令退军了。（【清】谷应泰：《明史纪事本末·燕王起兵》卷16；【明】薛应旂：《宪章录校注》，凤凰出版社，2014年9月第1版，P163）

朱棣退兵以后，按照与济南城“降民”的约定，他“率劲骑数人渡桥”，直接来到了济南城下。而“降民”还真守信用，他们打开了城门。守城的军士和城里的居民顿时全上城头，俯视着燕王千岁的到来，甚至有人高呼：“燕王千岁，欢迎您！”再看朱棣骑着高头大马，撇着嘴，趾高气扬地正往济南城里走。突然间一块大铁板从城门上重重地砸了下来，砸到了朱棣坐骑的头上，没砸到他人，但着实让朱棣大大地吃了一惊，心呼上当了，也来不及多想，急忙换上随从的马匹，调头便逃。这时埋伏在吊桥边上的济南城守军将士赶紧去拉吊桥，目的是想切断魔王朱棣的归路，谁知可能是将士们太激动也太紧张了，一片忙乱中居然未能将吊桥拉起，这样就给了魔王跨桥逃命的机会。再说朱棣一路惊魂落魄地逃回了自己的营地，内心之恨无以言表，直到两年后靖难成功了，他还对铁铉恨得咬牙切齿。（【明】李贤：《古穰杂录摘抄》；《明史·铁铉传》卷142；【明】姜清：《姜氏外史》卷2；【明】黄佐：《革除遗事》卷1；【清】谷应泰：《明史纪事本末·燕王起兵》卷16）

◉ 济南保卫战——听说过没有：死人牌位可以作战争防御工具

朱棣逃回城外的燕军营地，越想越火，下令给全体燕军将士，昼夜围城进攻。他们运来了火炮，对准济南城没命地轰。济南危在旦夕，10余万生命已经被燕军送到了地狱的大门口了。

就在这时，又是那位书生领导铁铉心生一计：你朱棣口口声声自称是你“老爸”的好儿子，百般刁难和欺凌侄儿，无端指摘建文帝什么蒙蔽于奸臣，破坏祖制，好像你就是祖制“真理”的化身。好，今天我就给你机会，让你做一回你“老爸”的好儿子。铁铉下令让人在一块块木板上写上“高皇帝神主之位”几个大字，然后叫士兵们拿了这些高皇帝的牌位，挂到朱棣炮轰的城头上。燕军将士看到后顿时傻眼了，那是高皇帝的神位，谁敢轰啊？轰了就是乱臣贼子，就是犯下“十恶不赦”的大罪！朱棣再狂妄也不至于胆大到这个地步，否则的话，不仅他“雄才大略”的皇帝梦圆不了不说，就连他“老爸”的好儿子也当不成了，甚至可能还要被毁家灭族啊！比猴子还精的朱棣当然不会犯浑了，他当即下令：停止炮轰！

铁铉见到此招甚灵，就叫手下的将士向燕军“邀战”——骂朱棣和燕军，骂得越厉害越好。朱棣听到后，人都要疯了，但还是无计可施，这大概是古人兵法的活用——以毒攻毒。此时铁铉又使出一招绝活，乘着燕军火毒攻心、精疲力竭之际，派遣济南城中的壮士出人不意地出城去骚扰和袭击燕军。朱棣狼狈不堪，但又黔驴技穷。

凶恶武夫朱棣终于碰到了人生的克星——一介书生铁铉，他死定了！不过好在他脑子还算活络，并没有一条道走到底，在济南城外转悠了整整3个月以后，惶惶不可终日的朱棣刚巧接到了两封信，一封是军事告急信：朝廷另一方面军队的猛将平安正率领200 000人大军进驻到距离北平不太远的单家桥(今河北献县南)，其意是袭击御河(即大运河)。如果平安此举成功了，朱棣燕军的运粮通道就得被切断，济南城还怎么打？平安还有更绝的一招，他挑选了5 000名习于水性的将士，渡河去进攻已经被朱棣燕军占领的德州。事态再发展下去，就连燕军回家的路都要被别人给堵了，朱棣寝食不安啊！这第二封信是军师和尚道衍派人送来的，信上说："师老矣！请暂还北平以图后举。"朱棣犹如斗败的困兽，带着无比的怨恨和无奈，下令撤军，济南战役以建文朝廷的胜利而告终。

建文二年八月十六日，朱棣带了燕军回北平。铁铉与盛庸立即率领将士乘胜追击，很快收复了德州等失地，朝廷军队声威大振。建文帝闻讯甚喜，擢升铁铉为大明兵部尚书，"赞理大将军军事，封盛庸为历城侯"(《明史·盛庸传》卷144；【明】姜清：《姜氏外史》卷2；【明】黄佐：《革除遗事》卷1；【清】谷应泰：《明史纪事本末·燕王起兵》卷16)。

○ 智者千虑必有一失——铁铉之失？

朱棣北逃时，协助铁铉与盛庸筹划防守的宋参军曾向铁铉建议："济南乃天下之中，北兵今南去，其留守北平者类老弱。且永平、保定虽叛，请郡县坚守者实多。郭布政辈书生，大参公能出奇兵，陆行抵真定，南朝诸将溃逸者稍稍收合，不数日可至北平。其间豪杰有闻义而起者，大参公便宜署部，号令招徕之，北平可破也。北平破，北兵回顾家室，必散归。徐、沛间素称骁勇，大参公檄诸守臣，倡集义勇。候北兵归，合南兵征进者昼夜蹑之，大参公馆谷北平，休养士马，迎其至击之。彼背腹受敌，大难旦夕平耳。"(【明】张燧：《千百年眼·宋参军奇谋》卷12)即提出了这样一个奇袭作战方案：立马派出一支奇兵从陆路包抄，迅速抵达真定，将先前北伐留下的残兵败将收合起来，向前推进，用不了几天的时间便可到达北平了。期间天下豪杰定会纷纷出来响应你铁公，而你铁公将他们召在一起，稍加布置一下，燕军的老窝北平便可被端掉了。到那时，燕军将士见到老窝没了，还有什么心思跟着朱棣干？而与此同时，铁公你发布公告，号召忠勇义士报效朝廷，山东、徐州一带的义士素有骁勇的美名，你把他们组织起来，乘着燕军北逃之际紧紧地追击。前头北平已经搞定，又有我们的人马在"恭候"着燕军。如此下来，燕军必将腹背受敌，当今圣

上的心腹大患定会在一夜之间全部解决了。(【明】张燧:《千百年眼·宋参军奇谋》卷 12)

可铁铉听后没采纳宋参军的谋略,他说:"军饷尽于德州,城守五月,士卒困甚,而南将皆驽材,无足恃,莫若固守济南,牵率北兵,使江、淮有备,北兵不能越淮,归必道济,吾邀而击之,以逸待劳,全胜计也。"(【清】谷应泰:《明史纪事本末·燕王起兵》卷 16;【明】黄佐:《革除遗事》卷 2)

从宋参军的奇谋来看,确实是主意不错,南北夹击,将士气已经低落到了极点的燕军予以一次性地处理,但它有两个假设条件:一个是北平周围地区的迅速"搞定";另一个是山东、徐州军士的集结。说来好像是铁铉没有全盘的考虑,应了中国一句古话,叫"智者千虑必有一失",真的是这样吗?

我看未必,其实铁铉很实在,他明白经过两次北伐以后,虽然济南战役打赢了,但整个朝廷方面的军队士气还不可能一下全部改变和提高,而且北平是朱棣的大本营,派小股部队去骚扰骚扰它可以,攻下它可不那么容易;再说山东附近的朝廷官军打仗是打赢了,但也人困马乏,而且朝廷军队方面尤其是中高级军官似乎整个都"阳痿"了,你能将他们怎么办?全部撤了换人?有人可换吗?显然是不行的。所以铁铉认为,与其这样,倒不如好好地守住山东一带,顺便休养一番,卡住燕军南下的通道。从理论上和实际上来看,铁铉的说法或许是个不错的主意。

但事实上比狐狸还要狡猾的朱棣后来南下时绕道了,不从济南走。这下铁铉可就白忙乎了,这是铁铉之失?谁也没办法说清楚了。

建文朝廷的第三次北伐与"靖难战争"的相持和胶着

◉ 盛庸主持的建文朝第三次北伐的开始

济南保卫战胜利后,铁铉和盛庸又组织兵马乘胜追击,把抱头鼠窜的燕军赶回了"老家"——北平。接着他们就在济南城内著名的风景区天心水面亭大摆宴席,"犒问辛苦,激发忠义",立誓灭燕,振作士气。

对于建文朝廷来说,自北伐以来,从来也没有过这样扬眉吐气的军事辉煌。建文帝当然高兴咯,马上给铁铉、盛庸等有功之士升官奖赏。建文二年九月初,建文帝又下诏给大将军盛庸,令其总领平燕诸军进行北伐,副将军吴杰进兵定州,都督徐凯等屯军沧州,三路军相互形成犄角,构成对北平的攻战态势。(《明太宗实录》

卷7;【清】谷应泰:《明史纪事本末·燕王起兵》卷16)

为了与耿炳文、李景隆的北伐相区分开来,我们将盛庸主持的这次北伐称为建文朝的第三次北伐。

◉ 沧州被袭,13 000名朝廷官兵被朱棣燕军坑杀

建文二年十月,朱棣听到大将军盛庸带领的北伐军进兵德州,意欲北向,他转动着那狡黠的双眼,盘算着未来的计划。

说实在的,当时朱棣的处境并不佳。济南战役打了3个多月,最后失败而归,燕军士气十分低落。为了提高将士们的士气,他给燕军将校普升一级,对曾经立有特殊功勋的将士进行特殊的升赏,同时又让燕军将士得到适当的休整。而就在燕军休整1个多月以后,有人传来消息说,建文朝廷派了盛庸为北伐的大将军,主持第三次北伐事宜。朱棣听后十分着急,因为在济南城下他已经领教过盛庸与铁铉的厉害了,这回他们自己主动找上门来,来者不善啊!以现有的燕军兵力与盛庸硬拼,即肯定是死路一条,可又不能坐以待毙,朱棣不停地转悠着他那贼溜溜的双眼,不一会儿,一个主意迸出来了。

建文二年八月十五日,又是个中秋节,朱棣突然下令征伐辽东。燕军将领们大惑不解:这盛庸的北伐军快要到家门口了,你不好好地做准备抵抗,反而拉着队伍跑到不着边际的辽东去,这是哪壶不开提哪壶。将士们牢骚归牢骚,但服从是军人的天职啊,所以他们还是跟着朱棣出发向东行军。大致走到天津直沽时,燕军就不再向辽东方向去了,朱棣突然给将士下令,抄近路直抵建文朝第三次北伐最为薄弱的"环节"——沧州城(因为那时沧州城正在修筑加固)。

经过一昼夜的急速行军,走了300多里路,大约在天亮时分,燕军到达了沧州城下,他们干掉了几个哨兵,就开始摸索进城。此时朝廷北伐军沧州方面军事首领徐凯还浑然不知,"督众运土筑城如故",一直到了燕军兵临城下时,这才发现大势不好,赶紧命令将士分守城垛,进行抵抗。可能是因为紧张,也可能是由于筑城太疲劳了,徐凯部下居然连铠甲也穿不好。燕军迅速将沧州城围得个水泄不通,朱棣立即下令进攻,并很快地拿下了沧州城。徐凯等将领几乎全当了俘虏,10 000多名朝廷将士被斩首,还有3 000多名兵士被燕将谭渊残忍地活埋了。(《明太宗实录》卷7;《奉天靖难记》卷2;【清】谷应泰:《明史纪事本末·燕王起兵》卷16;《明史·谭渊传》卷145)

◉ 东昌大捷——建文朝北伐战争中最大的一次军事胜利

朱棣偷袭沧州仅仅是为了打乱建文朝廷军队围攻北平的战略，现在取胜了，没忘捞一把，命人将沧州之战所获的全部装上船，由水路运往北平，而他自己则带了燕军直接南下，要与盛庸的北伐军决一高低。

燕军南下没多久，就走到了盛庸主力所在的德州附近。上回在济南城下，朱棣已经领教了盛庸与铁铉的厉害，这回他学乖了，自己所长的是运动战、游击战，所短的是攻城战，无论如何不能再重复济南城下"扬短避长"的故事了，于是他就想着自己的老套路——运动战。但盛庸他们待在德州城里不出来，怎么来个"运动"法？朱棣想到了引蛇出洞，派出小股部队到德州城下去引诱他。可盛庸聪明得很，一下子就识破了朱棣的诡计，他坚守德州不出，只等燕军过后，派出小股部队尾随其后，伺机袭杀。朱棣发觉不对劲，就亲自殿后，见到盛庸小股部队像尾巴似地一直跟着，乘其不备，杀了个回马枪，取得了一点小小的胜利。

建文二年十一月十二日，朱棣燕军南下走到山东临清时，德州盛庸军还是静悄悄的，碰上这样的对手，朱棣十分恼怒，他移军馆陶，派出一支轻骑上大名，焚烧了那里的朝廷军队的运粮船，以此来引诱盛庸出战，可盛庸还是不理睬他；朱棣不死心，继续在冠县、东阿一带进行挑衅式行军，派兵到济宁等地掳掠，弄得天怒人怨。

朱棣要的没得到，没曾想要的它倒来了。据一个被俘的朝廷北伐军运粮官所言：盛庸主力已经移到东昌（今山东聊城），其先锋官孙霖率领 5 000 多人驻扎在滑口（山东平阴西）。朱棣认为，盛庸主力情况不明，燕军不宜马上进攻，于是就派部将刘江、朱荣率领 3 000 人赶往滑口，袭击孙霖所部。可怜滑口守军毫无防备，要么被杀于军阵之中，要么就被俘获。

燕军这么来回折腾了一番，一晃就到了建文二年十二月二十五日，朱棣行军来到东昌，与朝廷北伐主力盛庸所部相遇，"靖难"兵起以来一场空前壮烈的大战就此拉开序幕。

盛庸与"赞理大将军军事"（相当于北伐军的总参谋长）铁铉听到朱棣也到达了东昌的消息后，马上宰牛杀羊设宴犒劳北伐将士，激励部下，誓师灭燕。与此差不多同时，他们又调兵遣将精心布置，背阵列防，严阵以待，尤其给凶残的燕军准备好了火器与带毒的弓箭。（【明】黄佐：《革除遗事》卷 1；【明】姜清：《姜氏外史》卷 3）

这时燕军正处于出征以来不断小胜的"兴奋期"，见了盛庸军队，他们就嘻嘻哈哈鼓噪向前走近。盛庸军队赶紧射放火器，燕军将士顿时死伤无数。这时正好平安带领他的部队赶到，与盛庸军合在了一起，对燕军进行两面夹击。朱棣带了燕军精骑本来是直冲盛庸军队的左翼，但不知怎么的他们居然冲入了对方的中坚。盛庸立马布置军阵，里三层外三层地将朱棣团团地围住。而此时的朱棣就好比是被关进了铁笼子里的野兽，尽管他无数次疯狂地发起了攻击，总想冲出重围，但都一次次地失败了。这时，朱棣手下的心腹猛将朱能率领了那支剽悍的蒙古骑兵奋力攻击盛庸军的东北角，盛庸赶紧将西南角的将士撤往东北角去增援，这样一来，围困朱棣的军阵圈子稍稍有所松动。见此，朱能拼死冲入了朱棣被困的军阵，奋力死战，保护着朱棣外逃。而这时的张玉尚不知主子已经被朱能救出，也率军冲入盛庸的军阵，边打边像丧家之犬一般寻找着主人。但盛庸军队的人数太多了，张玉打退了一批，又上来了一批，战斗到后来，他筋疲力尽，最终战死于军阵之中。盛庸见到燕军开始溃退，就指挥军队乘胜追击，斩杀燕军万余人。而此时的燕军早已不见昔日的凶悍了，他们纷纷丢盔卸甲，抱头鼠窜。盛庸下令对燕军进行围追堵截，斩杀燕军不计其数。（【清】谷应泰：《明史纪事本末·燕王起兵》卷16；参见【明】黄佐：《革除遗事》卷1；【明】姜清：《姜氏外史》卷3；【明】薛应旂：《宪章录》中说“杀伤万计，北平震动”）

第二天双方又打了激烈的一仗，燕军再次惨败。朱棣本来就痞子气十足，打不过就逃，这下燕军兵败如山倒。盛庸派将士拼命追杀，但始终没把朱棣杀了，这是为什么？

原来朝廷军队“诸将奉（建文）帝诏，莫敢加刃（燕王）。燕王亦知之，故挺身出，辄短兵接战。”（【清】谷应泰：《明史纪事本末·燕王起兵》卷16）换句话来说，是建文帝“救了”朱棣。建文帝不愿背负杀叔罪名的迂腐书生气此时成了北伐灭燕的最大的祸害。所以尽管北伐军将士多次将朱棣围住，但谁也不敢动手杀他，反倒让他杀了不少北伐军将士；即使兵败北逃了，朱棣还神气十足，其他燕军将士都怕被盛庸兵追杀，就朱棣不怕，因为他有侄儿皇帝“护着”。朝廷的军队这下可遭罪了，战败了要遭燕军惨杀，战胜时追赶燕军，朱棣冷不丁地杀个回马枪，又有一些北伐的勇敢追兵被杀。仗打到这个份上，人们肯定会体悟出建文帝“文弱”与“纯孝”个性的可恨之处了吧。

正因为这样，朱棣成了“打不死”的活阎王。当这个活阎王被盛庸军队追赶得快要走投无路时，痞子儿子朱高煦出现了。朱高煦听到父亲战败的消息后赶紧来救，这无赖平时不咋样，可打起仗来还真不含糊，他一上来就三下五除二地将盛庸的追兵给打败了。这下朱棣才得以安全脱险，北退到了馆陶，稍作喘息后，向着深州方向撤退。

◉ 朱棣哀求放过他，北伐军中将领说："放你就是放了蝎子！"

建文三年元旦，朱棣退到河北威县时，遭遇到从朝廷北伐的另一个据点——真定赶来的军队，人数达 20 000 人，他们拦住了朱棣的北归之路。以当时朱棣底下的残兵败将而言，无论如何也不是朝廷军队的对手，但人家已经拦住了前方的归途，燕军不能不面对啊！朱棣略作布置一番后，只带着几个骑兵装作失魂落魄的样子，前去哀求拦截在前的朝廷军队将领："自与你们的军队打上仗以来，我们经常俘虏到你们的人，但随即便放了。今天我就恳请你们也行行好，放我们过去吧，做人不要太过分！"朱棣还真能说话，"雄才大略"的政治家大概天生就有说谎不脸红的本领。不过他今天遇到的朝廷军队将领也不含糊，反斥道："放你？哼！那就是等于放了蝎子！"(《奉天靖难记》卷 3;【清】谷应泰:《明史纪事本末·燕王起兵》卷 16)

朱棣一见对方不放过自己，就假装十分窘迫和猥琐的样子往后缩。朝廷军队盯了上去。朱棣几个人且战且退，退了一段路程，估计差不多了，朱棣一声号令，埋伏在四周的燕军立即发起突然袭击，击败了追赶的朝廷官兵。

大约在建文三年正月初五日，当朱棣燕军走到了河北深州时，又击败了由真定赶过来追击的平安和吴杰的 30 000 人部队。自此以后，他们才得以平安地回到老巢北平，不过此时新年已经过了半个月了。

○ 齐泰和黄子澄官复原职

与朱棣过的凄凄惨惨的新年相对，建文帝可过上了一个自削藩以来最为舒畅与开心的新年。继济南战役以后，朝廷军队又获得了东昌大捷，"燕精锐丧失几尽，(盛)庸军声大振"。一夜之间，朝廷军队迅速转入了军事大反攻，河北地区被燕军夺占的地盘大多又回到了建文朝廷的手中。建文三年从元旦到正月十五，北方不断有捷报传入南京明皇宫。建文帝闻之，兴奋异常，立即颁诏，褒奖北伐将士，并亲自到太庙祭祀，向列祖列宗报告北伐的喜讯。(《明史·盛庸传》卷 144;【明】姜清:《姜氏外史》卷 4)

胜利的喜悦来到太迟了点，建文帝等了已经很久，等得也不耐烦了。本来么，齐尚书和黄大师就不是什么坏人，还不是那个无恶不作的燕庶人给逼得，弄得我做皇帝的面子也没了，将他们给罢了官，尽管是名义上的，但我们中国人最讲究名义和面子上的事，所谓"名不正则言不顺，言不顺则事不成"，这是孔圣人的名言啊，我必须要按照圣人的教诲去做。建文帝想到这些，马上将齐泰和黄子澄官复原职，令其依旧筹划北伐事宜。(【清】谷应泰:《明史纪事本末·燕王起兵》卷 16)

◉ 夹河大战，平分秋色

东昌之战是朱棣人生军事生涯当中遭受的最为惨重的失败，它不仅使他失去了最为亲密与能干的部将及一帮子跟随他出生入死的将士，而且也使他的造反“大业”跌到了最低谷。当时朱棣是四十出头，这个岁数应该说是人生事业最为辉煌的时刻，但万万没想到东昌之败使得自己几乎回到了事业的原点，带出去的燕军精干差不多全被歼灭，30 000 将士成了孤魂野鬼，尤其是大将张玉的战死，朱棣每每想到就会失声痛哭，他对人说：“自失张玉，吾至今寝食不安”。“艰难创业之际，失我良辅，殊可悲恨！”经过这次打击，朱棣有些心灰意冷了。但军师道衍和尚却在不断地给他鼓劲和出谋划策，以备来日再起。（《奉天靖难记》卷 3；《明太宗实录》卷 7；【清】谷应泰：《明史纪事本末·燕王起兵》卷 16）

在北平休整了一个多月以后，朱棣又带领燕军南下。这次出兵是在建文三年二月中旬，大约走了四五天的路程，燕军来到了河北的保定。这时，朝廷的北伐军已经进驻到了距离燕军不远的地方了。其中大将军盛庸统帅了 200 000 人的主力驻守在山东德州，吴杰与平安带领的偏师屯扎在耿炳文主持的第一次北伐的前沿基地真定。大战之势一触即发，双方都在密切关注对方的用兵和加紧自己的军事布置。这时，朱棣召集诸将“开会”，商议战斗策略。燕军将领邱福等人提议，先攻取由朝廷控制的定州，因为那里城池不固，容易攻破，这样就打乱了朝廷军队北伐合围燕军的步骤。但朱棣似乎格外冷静，济南之战与东昌之战，燕军两次吃了大败仗，这就充分暴露了自身军队的弱点——不善于攻城战，所以这次朱棣还是想利用自身的野战或者叫运动战的优势，摧垮朝廷的第三次北伐，于是提出了这样的作战设想：将作战的地点争取设在朝廷北伐军驻扎地真定和德州之间相距 200 里的野外，先引出真定或德州的一股朝廷部队出来与燕军作战，然后再迅速击垮它们。燕军诸将听后觉得不妥，因为在真定与德州之间一旦双方交战开来，燕军很容易腹背受敌，这太危险了。可朱棣不这么认为，他说：“百里之外，势不相及。两军相薄，胜败在呼吸之间，虽百步不能相救，况二百里哉！”（《明太宗实录》卷 7；《奉天靖难记》卷 3；【清】谷应泰：《明史纪事本末·燕王起兵》卷 16）

三月一日，朱棣命令燕军沿着滹沱河列营，并派出游骑前往真定附近地区，假装是侦察兵的模样，走走看看，又马上躲起来，让真定城里的吴杰与平安觉得燕军正在寻找机会发起进攻，这样一来，他们至少不敢轻举妄动，而燕军主力则抓紧机会对付盛庸的主力。

再说盛庸所率的主力部队因为人数较多，行动也就迟缓。他听到朱棣率军南下到了真定与德州之间的滹沱河流域，就认为这是歼灭燕军的大好机会，于是下令：将士们，向滹沱河方向进军！大约在三月二日盛庸军队才到达滹沱河流域的夹河。

这时朱棣已经侦查到了盛庸军的确切位置，马上命令燕军在距离盛庸军队 40 里的地方扎营。随后又召开了一次战前军事会议，会上朱棣提出了自己的作战思路，鉴于以前两次吃了盛庸的大亏，他认为此次作战重在击溃敌人，以燕军精锐快速摧垮敌军主力劲旅，但千万不要逆击，以免像上次东昌大战那样陷入敌军的重围。唯恐将士们不理解，朱棣抽了一支箭在地上画起了示意图。事后想想，觉得似乎做得还是不周到，万一传达命令不到位，又要重演东昌之败的悲剧，于是他将燕王府里带出来的宦官和从南京城里逃出来投奔他的宦官组成一支"元首思想宣传队"，这支队伍还真卖力，一字不差地将"元首"朱棣的思想传递到了燕军的基层。(《明太宗实录》卷 7;《奉天靖难记》卷 3)

三月三日朱棣统领燕军向夹河列阵而进，大约在中午时分与盛庸军队相遇。朱棣先派出 3 个骑兵前往盛庸军前察看虚实，这 3 个骑兵转了一圈快要回去的时候，忽然被盛庸军队的将士发现了，他们派人出来追，朱棣一直关注着前方的动态，看到有人在追赶燕军的那 3 个骑兵，他马上搭起了弓箭连射盛庸将士，并命令 10 000名骑兵和 5 000 名步兵一同冲向盛庸兵营，可猛攻几下，都未能将盛庸军营冲溃。这时朱棣开始仔细观察敌军防御的"秘密"，发现对方用一种坚韧的盾牌——楯挡住燕军的进攻。他立马明白，下令让人赶制破楯武器，在六七尺的木杆顶头钉上钉子，在钉子的末端安上有倒钩的木椤，然后命令将士们在冲上前线时，将这类制作好的新式武器直接掷向盛庸军阵。盛庸的将士们没见过这类新式武器，也不知咋的，它们能把自己手中的楯给勾掉了，顿时失去了防御工具，军心大乱。这时燕军乘机发起了疯狂的进攻，盛庸将士赶紧启用火炮，但为时已晚，燕军已经冲到了眼前，火炮也不管用了，盛庸军队乱作一团。(《明太宗实录》卷 7;《奉天靖难记》卷 3)

不过盛庸毕竟不是李靓仔李景隆，作为主帅自己千万不能乱了阵脚，于是他镇定自若地指挥着将士们继续战斗。主帅没跑，底下将士心里有底了，他们个个都表现出好样的，不顾个人安危拼死杀敌。盛庸手下有个将领叫庄得，他可是一个了不得的勇将，几次身处危境，却临危不惧，杀敌无数，就连燕军中残忍成性的凶悍将领谭渊也被庄得斩于阵前。可朱棣手下的也不含糊，那个不要命的猛将朱能，带了一拨子的燕军精锐拼死冲击盛庸的主力，将处于重重围困中的主子朱棣救出，使他乘机溜到了盛庸军队的后边，然后再从后边杀起。可怜猛将庄得不知自己已经腹背受敌，依然不要命地冲啊、杀啊，最终因精疲力竭，被燕军所杀。这次大战中盛庸手下还有一员猛将叫"皂旗张,逸其名,或曰张能力挽千斤,每战辄麾皂旗先驱,军中呼'皂旗张'。死时犹执旗不仆"(《明史·皂旗张传等》卷142;【清】谷应泰:《明史纪事本末·燕王起兵》卷16)。

正因为三月三日这天双方作战都投入了主力,且将士们也都拼命地打,所以从中午一直打到天黑,双方还没有决出个胜负来,只好各自收兵。

○ 朱棣在建文军队营地睡了一夜,居然一点没事,邪乎?

由于白天的战斗太激烈了,当夜幕降临之际,战争双方只能凭着感觉回到各自的营地。朱棣带了十几个亲兵走了一阵,实在累得走不动了,倒地而睡,这一觉睡得还真香,连一个梦都没有。

第二天早上天刚亮,有个亲兵先醒来,发现情况不好,昨夜居然他们睡在最不应该睡的地方——盛庸军营。"天明,见四面皆(盛)庸兵,左右请亟去,燕王曰:'毋恐。'日出,乃引马鸣角,穿敌营,从容去。诸将相顾,莫敢发一矢"(【清】谷应泰:《明史纪事本末·燕王起兵》卷16;薛应旂:《宪章录校注》,凤凰出版社,2014年9月第1版,P167)。

朱棣就在眼前,盛庸将士居然没有一个人搭弓射箭,不是他们反应慢,而是他们的皇上建文帝曾有令:"不要让朕背负杀叔之罪名!"又是那个文弱的书生皇帝在最关键的时刻"救"了朱棣的一条小命。(薛应旂:《宪章录校注》,凤凰出版社,2014年9月第1版,P167)

朱棣一行回到自己的营地,迅速做了布置,准备好接下来的大决战。

这第二天的大决战从上午辰时(早上7点到9点)开始,一直打到下午未时(13点到15点)还没有分出胜负来,"两军兵刃相接,彼此战疲,各坐而息,已而复起战,相持不退,飞矢交下"。这确实是历史上少有的战争场面,双方打累了,居然不约而同地坐下来歇歇,然后再接着打。(《奉天靖难记》卷3;《明太宗实录》卷7;【清】谷应泰:《明史纪事本末·燕王起兵》卷16)

○ 又是那可恶的沙尘暴惹的祸?

就在双方打得"难解难分"之际,突然从东北方向刮起一阵巨大的风暴,它卷着漫天的风沙扫向西南方向,此时燕军正好在东北方向(顺风),而盛庸的军队却在西南方向(逆风),整个战场上"尘埃涨天,沙砾击面,两军眯目,咫尺不见人。北军(燕军)乘风大呼,纵左右翼横击之,钲鼓之声振地。"盛庸军还没有搞清楚究竟是怎么一回事,只听得:"冲啊!杀啊!"将士们连冲到自己面前的敌人都没看清,就命赴黄泉了，朝廷军队由此大败。燕军乘胜追击，杀敌无数。凯旋之际，朱棣与诸将居然还不能相认，满脸都是泥土，只能凭着对方的说话声音才各自“认出”。（《奉天靖难记》卷3;《明太宗实录》卷7;【清】谷应泰:《明史纪事本末·燕王起兵》卷16）

夹河大战，朱棣得到了“天”的帮忙，终于取胜了。而对于建文朝廷来说，这一切都是那可恶的大风和沙尘暴所惹的祸？

夹河之败从表象来看，好像确实是天不帮忙建文朝廷军队，但其真正原因没那么简单，以笔者之见，盛庸兵败至少有以下四个方面的原因：

第一，夹河大败真正的“祸首”应该是南京城里那个文弱的书生皇帝朱允炆本人，他既要削藩平乱，又受儒家之教条的束缚，怕背上“杀叔”恶名，这样的傻事也只有建文帝这种书呆子才会做得出的。这就应了一句哲言：“真正的敌人是自己。”试想要是在夹河大战第二天早上，盛庸将士发现朱棣睡错了地方，当场就一箭，哪还有第二天的风中血战？事实上建文朝廷军队碰到的这样的尴尬事已不是第一次，也不是最后一次，由此而言，怎有不败之理？

第二，朝廷主帅盛庸的骄傲大意也是夹河之败的一个重要原因。东昌大捷后，建文君臣陶醉于胜利的喜悦之中，没有更多地意识到敌人的狡猾和凶险。更不应该的是，作为大将军的盛庸却滋生了骄意，对燕军并不在意，甚至还不如他自己手下将领的那般认识水准（他们把朱棣称为蝎子），“盛庸恃东昌之捷，轻敌，将士携金银扣器、锦绣衣袍，曰：‘破北平，张筵痛饮’”。仗还没打，他就准备起胜利之后的庆典，这般轻敌岂能取胜？（《奉天靖难记》卷3;《明太宗实录》卷7;【清】谷应泰:《明史纪事本末·燕王起兵》卷16）

第三，朝廷主帅盛庸军事才能有限。从《明史·盛庸传》及相关资料来看，盛庸的军事才能说不上很好，济南保卫战取胜和东昌大捷都有他的份，这没错；但理性而言，那两次似乎铁铉起的作用更大。盛庸在两次大捷中出足了风头，除了书生铁铉帮忙以外，还有就是利用自己是朝廷官方的政治优势和占据城池的自然军事优势，换句话来说，他似乎善于守城战，而不善于野外战和运动战。就此而言，盛庸可能还比不上他手下的偏将平安。

第四，建文朝廷方面军队在夹河大败还有一个因素，就是平安与吴杰的偏师没有配合盛庸一起行动。这里既有朱棣所分析的那样——在战场上两支相间200里的朝廷军队之间信息不能及时沟通方面的原因，但也不排除平安与吴杰在主观上有故意迟缓的因素。坦率而言，论才能，平安的军事才干绝对不比盛庸差，更是平庸的吴杰所望尘莫及的。白沟河之战前，朱棣就说平安是一个了不起的对手，事实也正如朱棣所说的，整个白沟河大战中，平安几次差一点要了朱棣的小命。他曾经跟随朱棣多次出击蒙古，不仅熟悉朱棣的作战特性，而且也善于野战和运动战，如果当时建文帝能将他放在大将军的位置上，以笔者的看法，很可能大明初年的那段历史要改写了。但历史的事实是，平安很郁闷，他运气不佳，白沟河大战最后朝廷方面败绩，平安几乎白忙了，后来又老当偏将，干些相当于游击队的活儿，屈才啊！即使升了点官，但也是“进步”不大，一直在跑跑龙套，给平庸的吴杰当下手。有着现存的杰出军事人才不用或者说“没发现”，这仗能打胜吗？

对于这一点，作为敌人的朱棣看得比谁都清楚，夹河之战后他曾这样说道，吴杰、平安表面上听从盛庸调遣，但内心不服啊，“今（盛）庸已败，彼必欲独成功矣”（《奉天靖难记》卷3；《明太宗实录》卷7）。

◉ 藁城大战十分惨烈，朱棣王旗千疮百孔，但他就是平安无事，神乎？

既然朱棣是这样给他的敌人把了脉，那就要“对症下药”了。打败了盛庸以后，按照朱棣先前的设想，接下来就要集中兵力收拾吴杰与平安的偏师了。而此时吴杰与平安的军队在真定，论军事力量，他们没有盛庸那么强大，但人数也不少，约有100 000人。以燕军全部“家当”加起来也不比他们强多少；更令朱棣头痛的是，他们屯兵在真定，距离燕军大本营北平太近了，危险就在眼前。所以在夹河大战以后，朱棣就急切地要解除这眼皮底下的威胁。

那么怎么才能消灭真定的朝廷北伐偏师呢？诸将认为，夹河大战中盛庸那么多的军队都吃了败仗，真定偏师肯定吓得躲在城里不敢出来了。可朱棣不这么认为，他说：我们燕军与盛庸交战时，吴杰与平安没来救援本身就是一大过错，现在他们还盘踞真定不出，“则将有劳师费财之罪矣”。更何况吴杰与平安都认为自己才能不比盛庸差，很想“露露脸”。故而只要我们“引一引”，他们肯定会出来，一旦到了野外作战起来，那可是我们燕军最为擅长的啦！

现在的问题是要将吴杰与平安的军队引出真定，怎么引？朱棣想到了一个主意，下令让一部分将士外出取粮，但不能走远；另外让一些校尉挑着担子，抱着婴儿，假装是逃难避兵乱的，“逃”往真定城里去，然后在城里放出话来，说燕军军营里快没什么人了，全都出去取粮了。

朱棣的鬼主意遇上了平庸的朝廷偏师主将吴杰可算“找对”了人。吴杰听到城里的“流言”后，马上派人出去打听，嗨！还真有这么回事，他马上感到消灭燕军的机会来了，于是立即下令出兵，沿着滹沱河东进，在距离燕军军营大致70里的地方

扎营了。(《奉天靖难记》卷3;《明太宗实录》卷7)

朱棣听到吴杰和平安他们出兵了,顿时心里大喜,当时已经是傍晚,有将领奉劝明早出发。朱棣回答说:"机不可失也。稍缓之,彼退守真定,城坚粮足,攻之难矣。"他立即率军渡河西行,大约走了20里路,与吴杰军队相遇在滹沱河边上的藁城。吴杰、平安见之,迅速退守藁城,因此双方当天夜晚并没有交上手。

建文三年闰三月十日,朱棣登高观察敌营后,命令三支队伍牵制敌阵三面,自己则率领精锐主力猛攻敌营的东北隅,由此双方大战拉开了序幕。尽管燕军凶猛狡诈,但由于平安过去是跟着朱棣"玩"的,所以朱棣与平安他们交上手以后一开始并没有占到什么便宜,只见军阵之中平安站在以木头搭起的简易木塔上来去自由地指挥着,燕军久攻不成。朱棣发现这个秘密后,率领"敢死队"从平安军队的后面,冒着雨点一般的飞箭直扑平安指挥所在的木塔。由于平安正出神地指挥着,没有注意到朱棣的强攻,只看到兵阵中忽然有一阵骚动,坏了,敌军首逆已到了眼前,平安冷不丁地堕楼,赶紧逃命,顿时军中大乱起来。

说来也正巧,偏偏这个时候又是一阵大风吹来,"发屋拔树,燕军乘之,(吴)杰等师大溃"。朱棣指挥燕军四面围歼敌军,"斩首六万余级"。吴杰、平安赶紧躲入真定城里。

藁城之战虽然是以燕军的胜利而告终,但这场大战打得也十分惨烈,燕王的帅旗被箭射得千疮百孔,"神"了,就是主帅朱棣没被射死。当然杰出政治家就是与常人不一样,朱棣特地派了一个使者将这面"伤痕累累"的帅旗送到北平去,并告诉世子朱高炽:"善藏之,使后世勿忘也。"(《奉天靖难记》卷3;《明太宗实录》卷8;【清】谷应泰:《明史纪事本末·燕王起兵》卷16)

◉ 削藩大臣齐泰、黄子澄的第二次被罢官

夹河之战、藁城之战,燕军连连取胜,朱棣领兵乘胜追击,攻下顺德、广平,"河北郡县多降"。建文帝三年四月,燕军进兵大名,大名官员不战而降。就在这时有谍报说,南京城里的建文帝又将齐泰、黄子澄窜逐,即让他们"下岗"(实为让他们外出募兵),这是建文帝第二次罢免齐、黄的官职。这次"处理"与第一次有所不同的是,"有司已簿录其家",即齐、黄被"抄家"了。懦弱的建文帝在军事上一无所为,只好拿着政敌指斥的"奸臣"齐、黄"开刀","讨好"造反首逆朱棣,以此来达到缓兵的目的。建文帝的这种拙劣与软弱的表现,除了进一步予政敌以把柄、为其起兵造反提供更为充足的理由和"合法"的外衣以外,实际上对自己的政权统治根本没有任

何积极的作用。就在齐、黄被逐以后不久，朱棣假模假样地以臣子的名义给建文帝再次上书，他说："齐、黄剪削宗藩，欲加死地，故以兵自防，诚不得已。大军之至，每自摧衅，臣不敢为喜，辄用伤悼。比闻齐泰、黄子澄皆已窜逐，臣一家喜有更生之庆。而将士皆曰：'恐非诚心，姑以饵我。不然，吴杰、平安、盛庸之众当悉召还，而今犹集境上，是奸臣虽出而其计实行。'臣思其言，恐亦人事或然也，故不敢遂释兵。惟陛下断而行之，毋为奸邪所蔽。"(【清】谷应泰：《明史纪事本末·燕王起兵》卷16；参见《奉天靖难记》卷3；《明太宗实录》卷8)

朱棣将了建文帝一军——将士们讲，你皇帝陛下和谈没有诚意，要阴谋，给我下套子，否则吴杰、平安、盛庸他们怎么还在我家边上，虎视眈眈，让我睡觉都不安宁，或许这是奸臣们出的坏点子，陛下你被蒙蔽了！

○ 建文朝廷对准北平的两把"刀剑"

朱棣这样说话的口气似乎比以前要缓和一点，他"借"了别人的嘴在说话，那么这只"蝎子"怎么一下子变得少了点"毒"？除了建文帝的软弱——窜逐齐、黄消除他造反口实以外，朱棣自身还有最为头疼的问题，起兵已经三年了，忙乎了这三年，但他现在还在北平周围"溜达"，如此下去，不仅自己的帝王之路还远着，就眼前的架势也足够使他头疼：尽管夹河、藁城两战都是建文朝廷军队战败，但盛庸还盘踞在德州；吴杰、平安还守着真定。这两个原本就是建文朝廷北伐前沿重地，现在就像两把锋利的刀剑悬在北平周围的上空，朱棣要有什么大的行动，这两把刀剑就直刺他的心头。而要想除去这两把锋利刀剑还真不容易，因为真定与德州都是建文朝廷经营多年的军事重地，以朱棣的军事实力去攻打，绝不是上策，而且攻城战也非燕军所长；再把朝廷北伐军引出来？谈何容易！这些北伐军将领哪个没被这只"蝎子"咬过。所以此时朱棣感到耗下去绝不是个办法，自己已经是四十多岁的人，何时是尽头啊？现在这个年轻皇帝罢了齐、黄，无论这事是真是假，朱棣就来个"将计就计"。要是这个软弱皇帝真的先息兵，将吴杰、平安、盛庸撤了，那他燕王就立即发兵南下，到那时，你建文皇帝想再集合将士抵抗，可就难矣；要是侄儿皇帝还是这样坚持下去，他朱棣便上书言事，"拨乱反正"，"以正视听"，也能将建文朝廷置身于被动的境地，或至少说在心理上和舆论上打击了他们。

◉ 建文帝的第三次息兵议和

朱棣的老谋深算还真没白算，朱允炆接到造反"好叔叔"的上书后，马上慌了手脚，居然不知所措，于是就将朱棣的“墨宝”交予他的高级智囊方孝孺和侍中黄观，希望他俩帮着出出主意。

要说这个方孝孺从万里之外的四川来到南京明皇宫后，主要担任建文帝的高级秘书，实与齐泰、黄子澄一样是建文帝的高级政治顾问或言谋臣。从当时的“分工”来看，齐、黄主要从事削藩事宜，而方孝孺则致力于“建文新政”的设计与推行，但这样的分工也不是绝对的，建文帝的削藩与北伐的讨逆诏书和檄文大多出自方孝孺之手，因此说，无论是齐、黄还是方孝孺，他们实际上都是建文帝的“铁杆”谋臣与政治支持者。但自建文帝第二次罢免齐、黄官职以后，朝中最令建文帝信任和重用的也就是方孝孺了，于是这个“天下读书种子”从若隐若现的政治帷幕下一下子“走到”了最为扎眼的政治舞台中心，充当起建文后期的政治高参与军师的作用。(《明史·方孝孺传》卷141；【明】黄佐：《革除遗事》卷1)

可建文帝的这个谋臣方孝孺与朱棣身边的谋臣道衍(姚广孝)还真不是一类人，方孝孺虽然博学方正，但他的前半生基本上是在书堆里度过的。因此，他对于社会的复杂与政治的凶险还真是了解不多，你要他讲讲“文治”和解决民生问题，或许他是个专家，但对政治兽场上的角斗方大学士却是个十足的外行。建文皇帝是个政治外行，碰上的这个高参也是个外行，于是一个个看似绝妙的治国平乱策略就逐渐地诞生了。

方孝孺看了朱棣的上书后，觉得建文帝把形势看得太悲观了，尽管最近朝廷北伐军打了两次败仗，但朱棣在上书中也流露出了自己想缓和双方关系的意向，这说明他的实力与能量也就如此而已，倒不如现在先答应了他的要求，派个使者北上燕地与他和谈，而朝廷方面则充分利用和谈的机会，迅速地调兵遣将，集中力量，出其不意地将燕军一举歼灭。方孝孺的原话是这么说的：“燕兵久顿大名，天暑雨，当不战自疲。急令辽东诸将入山海关攻永平，真定诸将渡卢沟捣北平，彼必归救。我以大兵蹑其后，可成擒也。今其奏事适至，宜且与报书，往返逾月，使其将士心懈。我谋定势合，进而蹴之，不难矣。”(《明史·方孝孺传》卷141)

听完方孝孺“绝妙”高招后，建文帝当时一下子就转悲为喜，马上命令方孝孺代拟了一份诏书，派大理寺少卿薛嵓驰报燕王朱棣。诏书的主要内容是：赦免燕王父子及诸将士的罪行，要朱棣罢兵归藩，仍复其燕王爵号，勿予兵政，永为藩辅。(《明史·方孝孺传》卷141；【清】谷应泰：《明史纪事本末·燕王起兵》卷16；参见《奉天靖难记》卷3；《明太宗实录》卷8)

朝廷使者大理寺少卿薛嵓临走前，方孝孺自作主张拟就了一封告谕燕军将士书，将它印在一张张小黄纸上，类似于小传单，其目的无非是想通过这种传单宣传，瓦解燕军。方孝孺嘱咐薛嵓:带上这些小传单,等到了燕军的军营后秘密散发。可薛嵓不是呆子,心想:方先生你真想得出,叫我去和谈,又让我偷偷散发瓦解燕军的传单,你把人家燕王朱棣当猴耍,那个燕王脾气可不好了,一旦他知道是我干的这事,还非得把我的皮给剥了不可。但当着方孝孺——当今皇上的重臣之面,薛嵓又不能拒绝,只好满脸堆笑,发誓一定会尽心完成朝廷的重托,不辱使命。

其实薛嵓这个人很鬼,哪像方孝孺那样"死心眼"的书呆子。他一走出南京城就盘算着怎么处理这些可能会给自己带来杀身之祸的传单,想着想着,一个主意来了,把这些传单藏起来,至于国家的命运不关我的事。遇到这样的"国家栋梁"之才也不是只有建文一朝,而且很有意思的是,这样的人在政治上还蛮吃香的,后来朱棣夺位成功,薛嵓摇身一变,与新中央朝廷保持一致,成了永乐朝的可用之臣,倒是方孝孺一类的"死心眼"才遭受了"灭十族"的厄运,这就是传统中国社会的最大政治。(《奉天靖难记》卷3;《明太宗实录》卷8)

薛嵓在处理完传单后,心安理得地来到了燕军军营。见到朱棣后,他怯生生地呈上了建文帝的诏书。朱棣接过来一看,发现诏书"辞语肆慢",顿时就冷冷地跟薛嵓说:自古以来,帝王之道,应有弘度,发号施令,要对天下人讲信用啊,怎么能以要挟和欺诈的方式来待人?这岂不是将祖宗开创的基业视为儿戏?薛嵓本身就是个"软蛋",一听到朱棣在发火,他就赶紧拼命地磕头谢罪。朱棣见到薛嵓惶惶不安的样子,就更加来劲了,大声喝问:"你临来时皇上还跟你说了什么话?"薛嵓抖抖嚯嚯地回答道:"皇上讲过,殿下早上罢兵,拜谒孝陵,朝廷晚上就撤兵。"朱棣听后冷笑道:"这话去骗三尺孩童吧!"随即就指着侍卫将士说:"这儿有大丈夫啊!"诸将大声喧闹着,争相要杀了薛嵓。薛嵓惶恐到了极点,说不出一句话来。薛嵓不说,朱棣说了:"朝中奸臣不过数人,薛嵓是天子钦命的使臣,大家不要瞎说!"此时,薛嵓全身衣服都被冷汗湿透,他的灵魂也快要出窍了。(【明】黄佐:《革除遗事》卷6;【明】姜清:《姜氏外史》卷4)

不过朱棣对待薛嵓这个建文朝廷使者的接待还很"周到",办完正事后,朱棣邀请薛嵓参观游览一下"北国风光"。"(燕)军连营百余里,戈甲旗鼓相接,而驰射其中"。一眼望去,整个燕军一副跃跃欲试、气吞山河之势。薛嵓看了心里直抖,只想早点回去。可朱棣就是"热心",留他住了好几天。直到临走时,朱棣还送了薛嵓一阵,并跟他说:"你回南京后,代老臣谢谢天子,天子与老臣是至亲,老臣的父亲是天子的大父(古代人称爷爷为大父);天子之父是老臣的哥哥。老臣为藩王,富贵已极,还有什么其他的欲望呢!天子平素厚爱老臣,只是一时为奸臣之谗言所蒙蔽,以至于到了今天的这个地步。说实在的,老臣也是不得已,是为救亡才起兵的啊!

现在可好了，承蒙天子下诏罢兵，老臣一家人不胜感激啊！但奸臣还在，朝廷北伐大军尚未南撤，老臣的将士们难免心存狐疑，所以大家也就不肯马上散去。还望皇上诛杀权奸，遣散天下之兵。老臣父子不带任何兵丁护卫就上南京，拜见天子陛下，唯天子之命是从。”(《奉天靖难记》卷3;《明太宗实录》卷8;【清】谷应泰:《明史纪事本末·燕王起兵》卷16)

薛嵓一回到南京，方孝孺就私下先去问他有关使燕的事情。薛嵓就一五一十地将听到和看到的都说给方孝孺听，并加上了自己的观点："燕王说话心直口快，意切情真，燕军将士团结一心，有雄踞天下之势；再说我军人数虽多，但懒惰成性，少智寡谋，以我之见，很难取胜啊！"方孝孺听完以后，没吭气，不一会儿就走了。薛嵓见到建文帝以后，又重复了自己跟方孝孺说过的话。建文帝随后便跟方孝孺讲："果真像薛嵓所说的那样，那我们朝廷就理亏了，齐、黄误了我的大业！"嗨，这个书生皇帝还真中计了！幸亏方孝孺还算老练，他十分恼火，指责薛嵓是在为燕军游说。(《奉天靖难记》卷3;《明太宗实录》卷8;【明】黄佐:《革除遗事》卷6;【明】姜清:《姜氏外史》卷4;【清】谷应泰:《明史纪事本末·燕王起兵》卷16)

◉ 历史上最牛的造反者朱棣责问皇帝：你们怎么烧我的粮道？

由于方孝孺的阻拦，懦弱的书生皇帝朱允炆才没有铸成大错。其实就方孝孺的"视线"而言，他是看准了的。以当时朝廷的实力根本还没有到要低三下四地向朱棣求和的地步，盛庸、平安等人率领的北伐军虽然都吃了败仗，但他们还在北伐前线死死地盯着燕军，并不时地出来搞点破坏，弄得朱棣极为头疼，也十分光火。

建文三年五月，朝廷北伐偏师将领吴杰、平安发兵，切断了从北平往大名(燕军主力当时的驻扎地)的运粮饷道，并斩杀了燕军百余名兵士。朱棣闻讯后十分恼怒，马上给建文帝上书，并派了指挥武胜直接上南京呈递。朱棣上书的大概意思是：朝廷已经许诺罢兵，但你们的将领却袭击了我们，断了我燕军之粮道，这与皇上您的诏旨精神背道而驰。他责问建文帝为何出尔反尔，言而无信？将战争的责任推给了朝廷，并再次与建文帝讨价还价地谈起了息兵的事情："德州、真定之兵朝散，我夕即敛师归国。"(《奉天靖难记》卷3;《明太宗实录》卷8)

牛！一个乱臣贼子居然以这样的口气责问皇帝，朱棣可以称得上是史上最牛的造反者了。朱棣越猖狂，他的侄儿皇帝却似乎越懦弱。建文帝接到责问上书后，就有罢兵之意了。随后，他将朱棣的上书交给了方孝孺，并这样说道："这人是朕父孝康皇帝的弟弟，朕之叔叔也。吾他日不见宗庙神灵乎！"君位快要不保了，这个书生皇帝还老惦记着自己如何向列祖列宗交代呢。这时方孝孺还是比建文帝要“讲政治”、“讲原则”，他说：“陛下果欲罢兵耶！即兵一罢散，不可复聚，彼长驱犯阙，何以御之？今军声大振，计捷书当不远，愿陛下毋惑甘言。”面对这样一个还是停留在幼稚小孩心理阶段的建文帝，方孝孺只好耐心地分析息兵的危害，并带着哄的口吻开导他，你千万不能解散北伐军队啊，他们的捷报应该已经在路上了。嗨！方孝孺这一哄还真管用，建文帝又拿定了主意，下令将燕王使者武胜逮捕起来，送到锦衣卫大牢里去。（《奉天靖难记》卷3；《明太宗实录》卷8）

朱棣听到消息后，暴跳如雷，他向燕军将领怒叫道：“我们停战了3个月，今天武胜被逮捕下狱，看来当今朝廷是无可救药了。他们劫我粮道，我们也可以其人之道还治其人之身啊！现在朝廷军队驻扎在德州，军饷供给都要从南方运来，途经徐州、沛县一带，我们派支数千人的轻骑也来个中途截取，并焚烧他们的粮饷，德州一定会告急。倘若他们再来求战，吾军严阵以待，以逸待劳，一举便可将他们歼灭了。”诸将听后都说燕王的主意好，乐意听命。

朱棣随即命令都指挥使李远等人率领6 000轻骑，去偷袭朝廷军队的粮道，他让燕军将士们穿上朝廷将士的甲胄，伪装成官军一般模样，但又怕到时相互认不出来，于是就在每人背上插根柳枝以作标记。

再说李远带领的这帮人马偷偷溜到了山东济宁、谷亭一带后，很快就找到官军的储粮地，乘人不备一把火就把它烧了个精光。邱福则率领另外一支燕军攻打济州，并很快占领了该城，接着他们又偷偷地行军到了沙河、沛县。而此时朝廷军队却浑然不知，数万艘粮船、数百万石军粮全部被燕军烧毁，军资器械也都化为灰烬，就连当地的河水也被一下子烧热，官军漕运军士四处逃散。

消息传到南京，京师大震，北伐主力军所在地德州军饷就此开始告急了。燕军将领李远偷袭成功后率兵北还，此时盛庸才反应过来，赶紧派出将领袁宇率领30 000人前去拦截李远，谁知又中了李远设下的埋伏，10 000多名朝廷军队将士丢了性命。（《奉天靖难记》卷3；《明太宗实录》卷8；【清】谷应泰：《明史纪事本末·燕王起兵》卷16）

◉ 流产的“反间计”

从建文三年正月起，朝廷北伐连连败绩，丧师失地，尤其是五月以后，德州粮道被截，河北的朝廷北伐军偏师又劳师无功。接二连三的坏消息传到南京，建文帝心急如焚，手足无措。还是辅臣方孝孺有办法，他规劝建文帝不要太着急，更不要太悲观。说着说着，方孝孺就想起了一个进攻燕王的特殊策略——反间计。

要说这个反间计的知识产权还不是方孝孺的，它是由方孝孺的门人林嘉猷最先想到的。

这个林嘉猷过去曾经在燕王府邸做过事，对燕王府里的情况比较熟悉。朱棣有3个儿子，他们分成两派，老大朱高炽人很胖，腿脚不是太利索，似乎也没什么很突出的才能，但为人还算正派，加上他是燕王的长子，所以很早就被立为了世子；老二朱高煦是个恶棍和无赖，但武艺高强，这些恐怕都遗传了他的老爸朱棣的特征；老三朱高燧似乎也没有什么特别的地方，从史料记载来看，朱高燧武艺不如老二朱高煦，人品不如老大朱高炽。老二朱高煦老瞧不起老大朱高炽，觉得继承王位的不应该是老大，而是他自己。老三似乎跟老二合得来。就这样，正在忙于自己帝王大业的朱棣自己家里的儿子们也正在暗地里忙乎着相互之间的钩心斗角。朱棣外出征战，老二朱高煦随父同行，老大朱高炽和老三朱高燧则留在北平守城。当时燕王府里有个宦官叫黄俨，为人十分阴险，与老三朱高燧臭味相投，但一些比较正直的将领则倾向于世子朱高炽，所以说燕王府其实是个不平静的是非窝、狼窝。

正因为如此，方孝孺就向建文帝建议："军事战略上的可贵之处就在于巧施离间计，燕王府父子兄弟之间有矛盾，我们要充分利用好离间计使得他们之间相互猜疑。现在世子留在北平，要是他被猜疑了，朱棣必定不会安心于前线攻打我们朝廷的军队和城池，将会马上赶回北平去。要真是这样的话，那么我们的北伐军的粮道不就很快畅通了。"建文帝听了方孝孺的分析后，觉得很有道理，就让他拟就了一封书信。信中让燕王世子朱高炽背父向着朝廷，朝廷则许诺封他为燕王。（参见《奉天靖难记》卷3；《明太宗实录》卷8）

信写好以后，建文君臣命令锦衣卫千户张安带了它直接上北平去找燕王世子。世子接到了朝廷的书信后并没有拆封，派人将信与朝廷使者张安一同送往父王朱棣的军营中。就在这个节骨眼上，有两双贼眼一直在暗中盯着世子，那就是燕王府的宦官黄俨和老三朱高燧。朝廷使者一到，他们就马上派人外出向朱棣报告说："世子与建文朝廷暗中勾结，将要谋反背叛您。"朱棣听后十分惊讶，将信将疑，就问身边的二儿子朱高煦。朱高煦不假思索地脱口而出："高燧所报不会有错。老爸你有所不知，世子本来就与皇太孙朱允炆关系不错！"朱高煦话音刚落，世子派遣的使者来到了军营，他把朝廷的书信和送信者张安一同交给了朱棣。朱棣看到未曾开封的信件，马上惊呼起来："嗨，差一点误杀了我的世子！"随后下令将张安囚禁起来。（【清】谷应泰：《明史纪事本末·燕王起兵》卷16；《明史·方孝孺传》卷141；《明史·仁宗本纪》卷8）

至此，方孝孺等人精心设计的离间计就这样阴差阳错地流产了。

从建文元年七月朱棣正式开始“靖难”造反到建文三年十二月，历时近三年，尽管燕军不断地攻城拔寨，取得了不少战役的胜利，但是朱棣却一直是以一个“搅乱者”的角色出现在北方大地上。燕军攻克的地方往往“旋得旋失”；而建文朝廷军队虽然常常吃败仗，但北伐的前线堡垒真定和德州却始终掌握在朝廷的手中，北伐大军固守堡垒，坚壁清野，成功地遏制了朱棣燕军势力的扩张，所以说朱棣忙乎了近三年，整体收效并不大，“靖难兵起三年，屡战多胜，冲突千里，罕能御之。然所过城邑，往往坚守不下，间克之，兵去，即杀守帅，复为朝廷。及壬午(建文四年)，所据者北平、永平、保定三郡而已”(【明】姜清：《姜氏秘史》卷 4；【明】郑晓：《今言》卷 1)。

朱棣“靖难”战略的改变与建文朝廷的迟缓应对

战场形势的胶着对朱棣是极为不利的。建文帝以天子之尊、天下之力对抗流窜一隅的逆贼，时日延宕，必胜无疑，这对于野心勃勃的朱棣来说，无疑是一个梦魇。朱棣必须求变，求变就是求生存。这时，乱臣贼子身上潜在的赌徒脾性爆发了。

◉ “靖难”战争的分水岭——建文三年(1401)十二月

早在建文三年七月，朱棣曾率兵进攻河南彰德，彰德的朝廷守将赵清率领官兵坚决予以抵抗，并对朱棣说：“殿下至京城日，但以二指许帖召臣，臣不敢不至，今未敢也。”(【清】谷应泰：《明史纪事本末・燕王起兵》卷 16)朱棣是极其聪明之人，赵清的话使他顿悟到自己的战略路线可能出了问题了，兵锋所至并不是一城一地的争夺，这样的争夺费时费力，因“旋得旋失”也毫无意义。必须攻占京师南京，这样才能号令天下。

也是朱棣“福星高照”，就在他试图纠错求变时，一些“不速之客”从京师南京逃出后投奔他来。这些“贵客”是谁？南京建文宫廷里的宦官，他们给朱棣带来极大的“诱惑”。有读者可能要问了，建文帝身边的宦官怎么会跑到朱棣那里去？

原来朱元璋在立国之初就对宦官制定了严格的管理制度，建文帝继位以后充分理解皇祖此等做法的一番苦心和深刻用意，继续认真执行皇爷爷制定的这一国策。好多宦官因为过失或处事不当都曾受到了建文帝的严厉处罚，由此他们心怀怨恨。靖难战争爆发后，朱棣燕军经常取胜，即使战败时也有宦官狗儿之类的拼死相救，燕王亲善宦官的传言越来越多，从北方一直传到了大明帝国的都城南京，明皇宫里的宦官本来就对朱允炆的严厉管制与处罚十分不满，现在又听到北方有个他们的庇护神，于是就一下子来劲了，他们密谋拥戴燕王。这些宦官乘着靖难战争混乱之际，纷纷逃往北方，投奔燕王，同时也带去了好多建文朝廷的内部消息和机密，他们还告诉朱棣：如今朝廷重兵在外，京师南京十分空虚，“宜乘间疾进”（【清】谷应泰：《明史纪事本末·燕王起兵》卷16）。“内官密言于文庙，直捣京师，约为内应，天下可定，文庙（指朱棣，笔者注）然之。壬午春，举兵直赴京师，不复为归计，意有所属，而朝廷不知之也”（【明】姜清：《姜氏外史》卷4）。宦官的如等贡献使得朱棣日后更加喜欢这些不男不女之人，也纵使这些奴才越发猖狂，“永乐末征胡，出塞数十日不遇虏，军士困迫，大臣谏者辄锁之。太监沐敬力争，文庙骂曰：‘反蛮敢尔！’敬乃仰首徐应曰：‘不知谁是反蛮？’文庙大怒，命曳出斩之。敬语渐不逊，文庙舍之，乃曰：‘吾家养人皆如此，何忧不治。’敬亦与谋者也”（【明】姜清：《姜氏外史》卷4）。

当然这些都是后话了。再说此时，燕王谋臣道衍和尚在综合了各方面的情况后也敦促朱棣“毋下城邑，疾趋京师。京师单弱，势必举”。道衍告诫燕王朱棣不必为一城一池一地的得失而去争个高低，应当迅速南下。京师南京军事势力单薄，正是进攻的好时候，千万不能坐失良机。（《明史·姚广孝传》卷145）

宦官的“诱惑”加上军师道衍的敦促，更使朱棣想起彰德守将赵清的“提醒”，最终坚定了他的迅速南下决心：“频年用兵，何时已乎？要当临江一决，不复返顾矣！”（《明史·成祖本纪一》卷5）

靖难战争打到了第三年的年底，朱棣为首的起兵造反军事集团终于完全意识到：在普通臣民心中，京师就是国家最高统治者皇帝的所在地，甚至有时还是皇权的代名词，因此，京师是国家之根本重地和中心，在老皇帝的皇位继承人中谁要占领了京师，谁就控制了国家的根本，就能号令天下。对此，明代人高岱就曾这样说过：“四方人心多所观望，惟视金陵成败为向背耳。若复攻城略地，广土众民，必待四方之服而后徐议根本之计，则稽延岁月，师老时变，非所谓批虚搤吭之兵也。盖其所急在京师，而不在四方。”（【明】高岱：《鸿猷录·长驱金陵》卷8）

正因为具有这样的认知，朱棣从建文三年年尾起就全面调整他的造反夺天下的进攻策略，不再为争夺几个地方而与朝廷军队打消耗战，拖延岁月，而是快速南下，直趋建文朝廷的心脏——南京。由此，建文三年十二月成为朱棣与建文帝的皇位争夺战争的分水岭。

◉ 建文朝廷对朱棣南下路线的判断失误让大舅子空等妹夫一场

朱棣在对战争策略作了调整以后，又对燕军进行了一番整顿和战争宣传，其实他也没有什么新鲜货可以"兜售"的，无非是"清君侧，诛奸臣"一类的陈词滥调。但就是有人信啊，因为在战争动员中朱棣将自己不可告人的帝王梦给掩盖起来，把"靖难战争"美化为"诛奸恶，扶社稷，安生民"的国家最大政治。而我们中国人向来就讲政治，尤其在这种"大是大非"问题上常常表现出极大的热情，随即就散发出巨大的能量。

而朱棣正因为充分地利用了这一点，加上他对战争战略的总体调整，所以从建文三年十二月初新一轮出征开始，燕军就呈现出"摧枯拉朽"之势。他们出了北平城后，迅速进军蠡县，不久又移营议河，朱棣命令部将李远的轻骑为前哨，带领燕军浩浩荡荡地杀奔南方。（《奉天靖难记》卷 3；《明太宗实录》卷 8；【清】谷应泰：《明史纪事本末·燕王起兵》卷 16）

朱棣燕军出北平城没多久，南京明皇宫里的建文帝就接到了来自北方的军事急报，他马上召集近臣商量应对措施。大家认为，从北平到南京最近的路程应该是取道山东的德州和济南一线，朱棣此次出兵南下，很可能跟以前一样，还是走这条路线。为防止朱棣故伎重演，文臣们向建文帝建议，速派大军前去增援。建文帝接受了近臣们的建议，新年（建文四年）元旦刚过就"命魏国公徐辉祖率京军往援山东"，力图钳制朱棣燕军南下。

可令建文君臣万万没有想到的是，此次朱棣南下吸取了以前的经验教训，不打德州、济南一线走了，而是取道于山东与河南交界的官军非重点防御地带。这一进攻策略的智慧性变化迅速给朱棣燕军带来了新年的"开门红"。建文四年正月初一，燕军前哨李远率领 800 人在藁城附近的滹沱河畔巧妙地打败了北伐大将军盛庸派遣前来阻截的官军 10 000 余人，为燕军赢得了新年的岁首大捷；正月初五，朱棣手下的猛将朱能在衡水打败了朝廷北伐偏师将领平安派出的拦截队伍，斩敌 700 余级，获马 500 余匹。连官军将领贾荣也被燕军俘获了。（《明太宗实录》卷 8；【清】谷应泰：《明史纪事本末·燕王起兵》卷 16）

朱棣乘着这个机会带了燕军主力迅速南下，正月十二日他们从馆陶渡过漳水，不久就来到山东境内。在东昌和德州西边，燕军接连攻破了东阿、东平、汶上等州县，很快就抵达了江苏沛县并迅速地将其拿下，直薄军事重镇徐州。这下可让建文朝廷派出的朱棣大舅子徐辉祖率领的援军在山东德州空等了一场。（《奉天靖难

记》卷 4;《明太宗实录》卷 9)

◉ 朱棣要的就是这种效果——徐州朝廷官军“放过”燕军

建文四年(1402)二月二十一日,燕军流窜到了徐州东北。徐州的朝廷守军早已耳闻燕军的狡诈与凶悍,他们固守城池,不予理睬燕军。这其实倒是一个高招,弄得燕军将士十分着急,进攻吧?徐州是座军事重镇,打下它,谈何容易;放弃了绕道而行?就怕徐州城里的朝廷方面军队出来追赶。正当将士们感到十分为难时,朱棣想到了一计,随即便如此这般地向将领们作了一番交代。

燕军马上在九里山设下伏兵,又在演武亭隐匿了 100 多名骑兵,在做好一切准备以后,朱棣叫上几个骑兵到徐州城下去诱敌。这几个燕军骑兵在徐州城下卸下了马鞍,装作十分悠闲的样子,徐州城里的将士见了,不理睬。燕军骑兵开始变换花样,谩骂挑衅。起初,徐州城里的将士还能忍受,但一连几天,燕军骑兵越骂越难听,到了后来居然将徐州城附近的居民房子也给烧了,徐州朝廷守军实在控制不住心中的怒火了,将领终于也同意守城将士出去教训教训这些混蛋燕军。当将士们出城后,那几个燕军骑兵却不慌不忙地在前面走着。官军将士怒火中烧,拼命追赶上去,过了河逐渐地进入了朱棣事先设下的埋伏圈,只听得一声炮响,燕军伏兵四处,官军赶紧后撤,但由于后撤路上的木桥年久失修,大多数官军将士不是被挤到河里去淹死就是被人踩死,跑得快的总算活着逃回到徐州城里去。

受到燕军的这般“玩弄”,徐州朝廷官军再也不敢去理睬燕军了。燕军由此大摇大摆从容不迫地路过徐州,继续向南推进。(《奉天靖难记》卷 4;《明太宗实录》卷 9;【清】谷应泰:《明史纪事本末·燕王起兵》卷 16)

◉ “靖难军”南下“流窜作案”,建文朝军队围追堵截

建文四年三月燕军南下到达宿州(今安徽宿县)一带,不久又流窜到安徽蒙城;三月初九,来到了涡河。

燕军主力南下走了整整三个月以后,建文君臣才反应过来:原来朱棣这次出兵的方略跟过去大不一样了!于是朝廷决定,将原先控制军事战略要地实行坚壁清野的策略给调整过来,采取有针对性的运动战术,在运动战中歼灭燕军。坦率地说,尽管建文朝廷的这一军事策略的调整比朱棣他们整整晚了 3 个月,但这对于身为天下之主的建文帝来说,其负面影响应该还不是太大,因为朱棣南下仅仅是孤军

深入，只要朝廷集中全国的力量，派出合适的军事将领，围歼燕军应该来说是不成问题的；但糟糕的是建文朝的军事人才本来就短缺，真定大战、北平围城之战、郑村坝之战、夹河之战，等等，不仅使得朝廷军事力量遭受了巨大的损失，而且还失去了像瞿能父子一类杰出的军事将领，加上建文君臣都是军事外行的书生，不善于及时挖掘和发现军事人才，这样就造成了建文朝的军事帅才极度匮乏。但朱棣主力的一路南下已经过了徐州等地，距离南京越来越近。救兵如救火，建文朝廷急忙将原先北伐前线的军事猛将与高层将领迅速地调往南方来，对付"流窜作案"的燕军。(《奉天靖难记》卷4；《明太宗实录》卷9)

○ 淝河之战——安徽涡阳

最先南下的朝廷猛将是英勇善战的平安将军。平心而论，平安与朱棣的军事才能不相上下，用平安来对付朱棣应该说是用对了人，所以这本身是件好事，但这好事的背后还存在着两个问题：第一，平安原先镇守真定，起到钳制、威胁朱棣老巢北平的作用，现在平安南下了，北平的威胁得到了纾解，这对于建文朝廷来说绝非是件好事；第二，平安急速南下，一路风尘仆仆地追赶燕军主力，这在军事上可犯了大忌，尤其是对手像朱棣这样的军事赌徒，他很善于用以逸待劳的方式来击溃平安的追兵。

建文四年三月，当朱棣主力进兵到涡河一带时，平安率领40 000多名追兵也由北尾随而至。朱棣马上在涡河边上的淝河布下了埋伏，并派手下将领王真率领少数将士前去"迎接"和引诱平安。平安军千里迢迢南下不就是为了追击和歼灭燕军么，所以当平安遇到王真的小股部队时就马上上去与他们交手，王真假装撤退，平安军追击，王真小股部队损伤很大，连将领王真都死在了战阵之中。令人唏嘘不已的是，平安军将士在不知不觉中进入了燕军主力的埋伏地，由此对垒两军在淝河边上展开了一场激烈的大战。

平安军将士尽管一路疲惫，但他们还是拼命杀敌，平安手下的裨将火耳灰曾是蒙古骑兵的指挥，骁勇善战，在燕军阵营中驰骋往来，杀敌无数，甚至有一次将矛刺到距离朱棣只有十步左右的地方，但因周围的燕军将士实在太多了，火耳灰的坐骑遭射杀，其本人命悬一线，就因为朱棣欣赏他的才能，命令将士们手下留情，火耳灰这才被活捉。但数千名平安追兵全部阵亡。朱棣取得了淝河之战的胜利，不过他也付出了很大的代价，连自己心爱大将王真都死在战阵中。(《奉天靖难记》卷4；《明太宗实录》卷9；【清】谷应泰：《明史纪事本末·燕王起兵》卷16)

○ 大店之战——安徽宿县

朱棣在淝河之战后，迅速进兵萧县。萧县知县郑恕十分忠诚于建文皇帝，他不愿投降燕军，最终不屈而死。郑恕的二女儿已到了出嫁的年龄，但她也因不愿降燕，最后自杀而亡。(《明史·郑恕传》卷142)

燕军攻占萧县以后，继续进兵临淮(今安徽凤阳东北)，这是一个水陆交通要道，朱棣极想控制它，这样就便于燕军南下。但他没有马上采取军事行动，因为还有一个战场上的夙敌——平安就在附近，令他寝食不安。

淝河之战失败后，平安率领他的将士退到了宿州。宿州本来就是个军事要地，朝廷在此投入了重兵把守，朱棣先前经过时是绕过宿州而南下的，但现在老对手去了宿州，他就不能不有所顾忌：“我师利在速战。敌驻宿州，为持久计，若断其粮饷，彼不攻自溃矣。”于是朱棣下令让都指挥谭清率轻骑前往徐州一带，袭击并击溃在那里转运粮饷的朝廷军队，接着又上五河，焚烧了无数的朝廷军队运粮车船。谭清搞完了破坏，正在返回时，在大店(今安徽宿县东约50里处)遭遇了官军，双方就此展开了激战。谭清率领的是小规模的破坏骚扰部队，遇上了大队官军人马，当然要吃败仗啰。正当他们退却时，燕军久违了的“劲敌”铁铉也围了上来，于是朝廷军队将谭清小股部队给团团围住，来了个关门打狗。

就在这时，巧合的事情又接连发生了，朱棣他们在远处望见了这一幕，赶紧前来大店救援，本来朝廷军队可以稳操胜券的大店之战顿时又改变了局面，双方互有胜负。最终朝廷军队在平安等人率领下向南撤离，朱棣派出小股骑兵尾随骚扰。(《奉天靖难记》卷4;《明太宗实录》卷9;【清】谷应泰:《明史纪事本末·燕王起兵》卷16)

○ 小河之战——江苏睢宁

平安军队一路南撤到小河(今江苏睢宁一带)时，朱棣率领的燕军也跟了上来。建文四年四月十四日，双方在小河摆出一副决战的架势。这时朝廷军队总兵何福来到了小河，与平安合兵一处，张开左、右翼迎击燕军。这场战斗打得十分激烈，朝廷军队表现得还是很不错的，何福将朱棣的守桥军击溃了，俘获了燕军将士数百人，并将燕军都督陈文斩于战阵之中；平安更不含糊，率领将士们奋勇斩杀燕军无数，一度还将朱棣团团包围。当时朱棣的坐骑被射杀了，罪孽深重的狗命也快要完了，幸有燕军中骁勇善战的蒙古骑兵突然闯入，总算救了朱棣的一条狗命。后来又由于燕军另一支由张武率领的生力军的杀入，小河之战才打了一个大致的平手，整个战斗死伤兵士不计其数，“尸积而(小)河水为之不流”(《奉天靖难记》卷4;《明太宗实录》卷9;【清】谷应泰:《明史纪事本末·燕王起兵》卷16)。

◉ 决定"靖难战争"最终命运的齐眉山之战和灵璧之战

小河之战一连打了好几天,都没有分出胜负来,这时位于小河北岸的燕军将士的士气开始低落。朱棣知道,如果拖延下去,这对于他这支孤军南下的燕军来说是百害而无一利,必须想办法摆脱目前这种内忧外患的窘困局面。经过反复考虑,他决定还是使用过去那套惯用的鬼把戏,留着小股燕军守桥,利用黑夜没有光亮的有利条件,自己亲率燕军主力偷偷地渡河,来到小河的南岸,并绕到何福、平安军队的背后,突然间对其发起了袭击。但何福、平安是能征善战的大将之才,朱棣的诡计没有起到多大的效果,一开始何福、平安军队有些被动,但很快他们就投入了战斗。这时,建文朝廷派出的由徐辉祖率领的援军刚巧也赶到,两面夹击,朱棣燕军顿时大败。为了避免遭受朝廷军队的围歼,朱棣带了那帮落败的燕军连滚带爬地逃亡到了安徽灵璧县西南的齐眉山。何福、平安和徐辉祖等人率领朝廷军队也迅速地"跟"上去。

建文四年四月二十二日,双方会战于齐眉山,从中午一直打到傍晚还是没有分出个胜负来。但从总体而言,这场战斗对于建文朝廷军队略微有利。当时正值农历四月底,天气湿热,阴雨连绵,对南方人为主体的朝廷军队来说,倒是没有什么不适的;而对以北方人为主的燕军来说却极为不舒服,军中疾病流行,加上前面的淝河之战、大店之战和小河之战等都打得不爽,燕军将士十分厌战。齐眉山大战的第二天,燕军诸将纷纷要求撤军北还,或移军草肥粮多的小河以东地区就食,但都被朱棣当场予以拒绝,因为他知道,此时燕军一旦后撤,朝廷军队马上予以追击,其后果不堪设想,而自己的皇帝梦也就只能成为永远的梦了。但谁知诸将还是坚持他们的移军要求,只有朱能和郑亨两将支持朱棣的主张,朱棣被逼动怒了,声色俱厉地咆哮:"凡是想渡河的,那就听其自便吧!"这下诸将领才慌了手脚,从此就不敢再提渡河还军的主意了。(《奉天靖难记》卷4;《明太宗实录》卷9;【清】谷应泰:《明史纪事本末·燕王起兵》卷16)

○ 建文朝廷又在关键时刻出错——齐眉山前线调走徐辉祖

两军相持,最终谁能取胜就在于相持双方在接下了的时间里谁先不出错。在齐眉山大战的节骨眼上朱棣果断地否决了一个个错误的军事主张,稳定了阵脚;而出人意料之外的是,本来略占点上风的朝廷军队方面却在这个关键时刻出错了。

当然确切地说不是前线的军队,而是南京的建文朝廷出错。“时廷臣有曰:‘燕且北矣,京师不可无良将。’帝因召(徐)辉祖还,何福军声遂孤”(【清】谷应泰:《明史纪事本末·燕王起兵》卷16)。

令人一头雾水的是,建文朝廷将正在前线与燕军进行鏖战的徐辉祖这支援军突然地调回了南京,理由有两个:

第一个说是“燕且北矣”,换句话讲,建文廷臣听人说,朱棣燕军将要北撤。笔者很怀疑这是朱棣使的诡计,极有可能是他故意甩出烟幕弹,其目的是让敌对方麻痹大意;更让人觉得不可思议的是,建文书生君臣对别的军事信息与情报反应似乎还不是很灵敏,唯独在这个节骨眼上却异常地发挥了他们的灵敏感觉,这或许是朱棣的谍报战起了作用。让人大有恨铁不成钢感觉的是建文君臣居然相信了这种根本还没有影子的事情,朱棣压根儿就没走,已经斗智斗勇斗了四年的老对手,建文朝廷居然还是这般不了解他的狡诈本性,这实在是不应该。

第二个说法是“京师不可无良将”,这是一句混账话。就齐眉山大战前的形势来说,朱棣军队像流窜犯一样到处作案,如果那时建文廷臣认为“京师不可无良将”,从而加强京师实力,这倒还容易让人理解。现在按照传言的说法,朱棣燕军要回去了,不再在南方流窜作案,建文廷臣反而觉得京师有可能存在着不安全的隐患,这实在是让人觉得不可思议。所以从这个层面来讲,笔者更加倾向于这样的观点:建文君臣中了朱棣的“迷魂计”。

有学者认为,建文君臣调回徐辉祖,是害怕朱棣可能捣鬼,“交通”大舅子徐辉祖。一旦这样的局面出现,那么整个形势就不可收拾,这样的说法似乎也有几分道理。

当然我们现在无法去复原600年前的历史真实状况了,但有一点史实不容忽视,徐辉祖的调走对建文朝廷军队的前线战事是极端的不利。

原本在齐眉山大战时朝廷方面有何福、平安和徐辉祖等几支队伍合力打击燕军,虽然他们略占了上风,但由于燕军南下时几次流窜到朝廷的运粮通道上进行破坏,这样就造成了在安徽前线作战的朝廷主力军队粮饷不济的尴尬局面;与燕军擅长野外战、运动战相比,朝廷军队可能更擅长守城战与持久战,因此当时齐眉山前线的朝廷军事首领作出这样的决定:由擅长运动战的猛将平安率60 000人从外边去调粮过来,屯守齐眉山,打持久战,如此下来就会使得孤军深入的燕军不战自退。于是在齐眉山前线的朝廷军队就剩下何福与徐辉祖两支,而后来徐辉祖又接到了建文朝廷的命令,迅速撤军,赶回京师。至此齐眉山前线就只剩下何福的一支队伍了。屋漏偏逢连天雨,正在孤军作战的何福军队里突然又出现了严重的“粮荒”,何福本想等到平安调粮回来,一切问题就可迎刃而解了。但他又怕眼前的“粮荒”会引起军队的恐慌，影响战斗士气，于是就下令向齐眉山附近的灵壁移军就食，以解决燃眉之急。（《奉天靖难记》卷 4；《明太宗实录》卷 9；【清】谷应泰：《明史纪事本末·燕王起兵》卷 16）

○ 建文朝廷军队 50 000 石粮饷全“送给”了朱棣燕军

建文朝廷军队不善于野外战与运动战，作为军事总指挥的何福下令移军时考虑到了这一自身的弱点，为了防止燕军来偷袭，何福命令，军队每到一处，就让士兵们挖沟筑垒为营。这个办法固然能很好地防御敌人，但缺点也随之冒了出来。将士们每天走到一个地方就开始挖筑军事防御工事，营垒刚刚筑好，第二天开拔到新地方，又不得不开挖新的防御工事。这样一来，何福的部下与兵士通宵达旦不得休息，弄得大家高度紧张，疲惫不堪。

相比之下，燕军有着野外作战的丰富经验，他们移军行营，不挖营垒，只分布队伍列阵为门，将士回营就能休息。

不久以后，侦察哨兵探来情报：建文朝廷运粮队伍可能就要到了，领头的是朱棣燕军的“夙敌”平安，运粮 50 000 石，护驾的马步兵有 60 000 人，兵士在外为方阵，运粮者居其中，这是由能征善战的平安将军亲自部署的。对此，朱棣费了一番心思后作出如下进攻安排：派遣朱荣、刘江率轻骑截取对方官军的饷道，让 10 000 多名壮士去阻击官军的援兵，无赖朱高煦带 10 000 多人马埋伏在附近的密林子里，专门等候两军疲战时再出来参战，而朱棣自已则率领两翼骑兵径直对平安的运粮队伍发起攻击。

机关算尽，岂料老对手平安早已有所防备，朱棣燕军还没有发起攻击，平安一看见燕军就马上发出进攻的命令，顿时杀声震天，矢下如雨，可就是没伤了朱棣。不过他还是感到今天棋逢对手，有些吃不住，强压住阵脚组织反击，由步兵纵向攻击平安部队，将其一分为二，这下平安军开始有些混乱了。就在这千钧一发时刻，何福率领部下从灵璧方向杀了过来，与平安军合在一起，夹击朱棣。燕军尽管像疯狗一样上蹿下跳，但无法摆脱即将惨败的命运。而这时何福、平安率领的朝廷军将士也已经十分疲惫了，就在他们不经意期间，恶赖朱高煦冷不丁地从附近的密林中杀出，何福、平安军立即大败，被杀者万余人，被夺军马 3 000 余匹，50 000 石粮饷全“送给”了燕军。面对此等格局，何福、平安无计可施，只好率领残余部队逃入灵璧城内，闭门坚守不出。（《奉天靖难记》卷 4；《明太宗实录》卷 9；【清】谷应泰：《明史纪事本末·燕王起兵》卷 16）

○ 灵璧城外该死的三声炮响

何福当初决定移军灵璧就是考虑到自身军队的特点与当时的实际，打算以灵璧为据点，深沟高垒，与燕军做长期对抗的准备，应该说何福与平安是属于同一个等量级的大将(平安的军界级别还不如何福，这是建文朝廷的用人之误)。

何福，凤阳人，与朱元璋是正宗的老乡，洪武初年就因屡立军功，官至金吾后卫指挥同知。他曾跟随傅友德远征云南，又跟随蓝玉北征"清沙漠"，远达捕鱼儿海(今贝尔湖)。洪武晚期起何福结束了他的军事生涯中跟人跑龙套的生活，开始独当一面，曾率领大明军远征云贵等地，平定那里的少数民族上层贵族之乱，取得了许多的胜利。朱元璋驾崩时，他还在云贵平乱，被新即帝位的朱允炆拜为征虏将军。建文元年回到京师，论功晋升为都督同知。建文北伐开始后，何福被擢升为左都督，练兵于德州，与盛庸、平安等会兵一处，共同伐燕。建文四年朱棣不断南下，朝廷调何福阻击"流寇"燕军。(《明史·何福传》卷144)

从何福的简历中我们可以看出，何福是个有着较为丰富军事经验的将军，但建文帝重用他似乎晚了一点，换句话来讲，在瞬息万变的军事战争中，何福走上"伐燕"舞台中心时似乎已经没有多大回旋的余地了。从齐眉山移军到灵璧，随之发生了军粮被截，何福与平安只好退居灵璧城内坚守，可令人头疼的事情还是没有解决，本来就因为军中缺粮才让平安出去运粮的，可谁曾想到发生了军粮被劫这档子事情，不说普通将士，就连大将何福和平安也按捺不住了。针对眼下严峻的形势，何福召集诸将一起商议应对策略。经过反复讨论，最终大家认为，只有突围出去才是惟一的生路。于是何福下令："明天早上，听到炮声三响就开始突围，前往淮河一带就食。"

世界上的事情有时还真那么巧，第二天早上即建文四年四月二十九日，何福他们还没有开始突围，燕军就像发了疯似地围攻灵璧城，朱棣亲自带领燕军诸将率先登城，"军士蚁附而上"。燕军登城就登城吧，不，人家朱棣是个几朝几代才有这么个大人物，他要吓吓何福官兵的魂魄，震慑敌军，于是燕军连放三声大炮，作为总攻的命令。而何福的将士们还不知道怎么回事，只以为是他们自己人约好的突围信号，听到炮声以后，何福将士打开城门，众人蜂拥而至，但因城门狭窄，一下子就给堵塞了。这城门一堵，兵士就拥作一团，阵营大乱。已经出了城门的官军将士本以为突围出去就好了，还没有弄明白究竟是怎么一回事，就被围城的燕军将士给砍死了；反应快一点的将士一看出城后的情势不对，赶紧退回城里去，谈何容易，整个城门全塞死了，他们无处可逃，就被燕军杀死在城门外的堑壕里，成批的官军将士就这样糊里糊涂地成了燕军的刀下鬼，没多久城门外的堑壕被官军的尸体填满了，这下可为燕军的攻城创造了很好的条件。燕军四面围攻，何福官军一败涂地。“指挥宋垣力战死，何福遁走，副总兵陈晖、平安，参将都督马溥、徐真，都指挥使孙晟、王贵等皆被执。”据有关资料的统计，共有 37 名朝廷军队的主要将领被俘，投降的兵士更是不计其数，还有 20 000 匹战马也归给了燕军，这些都给燕军予以了极大的补充。灵璧之战是此次燕军南下所取得的最大胜利。(《奉天靖难记》卷 4；《明太宗实录》卷 9；【清】谷应泰：《明史纪事本末·燕王起兵》卷 16)

○ 投降将军平安的归宿

灵璧之战，确实使燕军收获大大的，但最令他们激动不已的是平安的被俘。平安在建文朝廷北伐过程中出场并不算早，地位也不算太高，但他个人军事才能确实不同凡响。白沟河之战，平安崭露头角，朱棣差一点被平安刺死；朱棣兵围济南，平安谋夺燕军粮道；夹河血战，平安驰骋敌营，使燕军闻风丧胆，连朱棣的王旗也被射得破如猬毛；朱棣远征，平安窥视北平，使得朱高炽几次派人向父亲朱棣救援；淝河之战，平安又斩燕军猛将王真，其部下又差一点将朱棣刺着；小河之战，他又斩燕军将领陈文；齐眉山之战，平安与诸将列阵大战朱棣……总之，平安是一个令敌人燕军最为头疼的建文朝军队猛将，不幸的是这次灵璧之战他被俘了。

当然对于燕军来说，这是一件大快人心之事，将士们见到平安被俘，个个兴高采烈地说：“吾属自此获安矣。”就是讲我们从此以后就真的能获得平安了！甚至有很多燕军将士争相要杀了他。不过平安有一个特殊的身份，他是朱元璋的养子，按辈分与朱棣都是弟兄了，所以朱棣没有草率地处置，而是将他召来，颇为得意地质问：“淝河之战那阵，你的马也不停一停，现在凭什么来见我?”这明显是在刁蛮人家，不过平安也不赖，他毫不畏惧地回答说：“刺殿下如拉朽耳!”朱棣讨了个没趣，只好自找台阶下，装作十分感慨：“高皇帝好养壮士!”说完令“选锐卒卫送北平，命世子及郭资等善视之”。

平安后来在朱棣夺位成功以后，出任北平都指挥使。不久以后又升任后府都督佥事。但平安最终还是没得平安，永乐七年，朱棣巡视北平，将要到达时，从北平方向送来了奏折，朱棣拿了看一看，发现奏章上提到了平安，当了皇帝感觉好极了的魔鬼随口就说了一句：“平安还活着?”有人传话给平安，平安听懂了朱棣的话外之音，随即就自杀身亡。(【清】谷应泰：《明史纪事本末·燕王起兵》卷 16；《明史·平安传》卷 144)

这里有个问题值得人们深思，像平安这样优秀的忠勇军事人才为什么最终也投降了朱棣？从表面上看，朱棣爱惜人才，最后又“杀”了人才，与他“老爸”朱元璋一个德性，这是后话了。朱棣在起兵夺权过程中对军事人才极其爱惜，加上他自己又娴熟军事，所以一般战争中俘获的将领都乐为其用，这也吻合被重用人才的内在心理，哪个有才能的人不喜欢自己得到社会与人们的公认和肯定！不过平安在战败以后似乎没有马上投降给朱棣，所以朱棣才派了精锐兵士将他押送到北平去。从史料的记载来看，平安最终投降了朱棣应该是在他被押到了北平以后的事情，至于什么原因最终促使了他的投降呢？是不是平安家人被朱棣要挟？或许还有更为重要的原因，或许没那么一回事。但有一个很重要的事实不容忽视，那就是作为一流的军事人才平安在建文朝没有得到很好的赏识和重用，他出生入死但始终当个副手，我想其内心肯定很郁闷，从忠于建文到最终的“背弃”恐怕是经历了一番内心的煎熬与阵痛的抉择。

◉ 建文帝的辽东 100 000 兵马给“半个顾命大臣”杨文给“弄丢”了

灵璧战败使得建文朝廷的主力军队丧失殆尽，从而也就使其失去了抵御燕军进攻的主要有生力量。消息传到南京，建文君臣一片恐慌，黄子澄不停地捶打着胸口，大声恸哭：“大势去矣！吾辈万死不足赎误国之罪！”但光哭和喊又有什么用呢？燕军一天天地向着南京方向杀来，总该想个办法对付对付！还是齐泰、黄子澄两位削藩大臣主意多，他们提议让杨文统领的辽东 100 000 人兵民赶赴济南，与铁铉汇合在一起，断绝燕军的后路。

要说这个杨文还真不是什么人才，有意思的是，在中国不是什么人才的人往往官运亨通。杨文就是这么一个官运亨通之人，前半生他遇到了“鞋拔子脸”的赏识，甚至到了“鞋拔子脸”临终时还没忘给他一个“遗诏”，这是多大的荣耀！等于说他是“半个顾命大臣”。建文帝上台以后，对“鞋拔子脸”皇爷爷的军事人士安排基本没动，杨文依然重兵在握，镇守辽东。朱棣流窜辽东，打到他的眼鼻子底下，使了反间计，搞走了他的同僚吴高。从此，杨文就独掌辽东军事大权，他当然要乐了。不过他还算有自知之明，也可能已经得了“恐燕症”，任凭朱棣怎么折腾，就是不来华北“走一回”。这次建文皇帝调他赶赴山东，算他还忠心，当即率领了 100 000 人兵马出发了，但从根本上来讲，杨文是个庸才和草包。在走出辽东没多久，就在他经过直沽时遭到了燕军宋贵部队的截杀，杨文自己也被俘虏了。建文帝盼星星盼月亮似地盼望的那 100 000 人大军，连一兵一卒都没有到达济南，全让燕军给收拾了。

这样一来，建文帝利用辽东兵切断燕军后路的计划与希望全部成了泡影。（《奉天靖难记》卷3；【清】谷应泰：《明史纪事本末·燕王起兵》卷16）

◉ 建文朝廷第三道防线的丢失——燕军过淮河

○ 马屁功夫与祭拜明祖陵

建文朝廷丧师失地，朱棣燕军势如破竹，文弱与武力由此形成了鲜明的对照。

建文四年五月初七，朱棣进军泗州（今江苏盱眙县城北），泗州守将周景初举城投降。朱棣满心欢喜，就问他：怎么这么爽快？周景初是个"与时共进"的马屁精，其马屁功夫堪称世界一流，听到新主子的这番问话，他摇着尾巴当即应答："我们这里有个僧伽神最灵验，要是有什么未来事情不知怎么办，去问他，他定会准确无误地告诉你。小臣等曾在僧伽神前祈问：'投降与坚守孰吉孰凶？'结果昨天夜里睡梦中僧伽神告诉小臣：'兵临城下，赶紧投降才是大吉大利；坚守抵抗，实为大凶啊！'所以小臣今天一大早就起来恭候燕王殿下您的光临。"周景初是个地道的小人，他的马屁拍得实在是到位，说的又全是屁话，投降肯定能博得新主子的欢心，当然好处会大大的；他还打着神的旗号，这就更加赢得了新主子的欢悦。朱棣马上下令给降官周景初等人升官加爵。（《奉天靖难记》卷4；《明太宗实录》卷9）

而此时的朱棣也心花怒放，连神都能预报他的佳音，能不开心吗？不过开心归开心，他还有一件大事要做，那就是拜谒祖陵，既然自己是打着维护"祖制"的旗号，岂能不讲这个最大的政治！朱棣是个政治家，肯定要将这个政治做得有模有样，不妨我们来看看他在祖陵前面怎么说的："横罹残祸，几不免矣。幸赖祖宗庇佑，得今日拜陵下。尚祈终相，以清奸慝"（《明太宗实录》卷8）。说完他就"泪流满面"，弄得四周前来看热闹的乡亲们都被感动得眼泪都要掉出来了。老朱家的老四就是会讲话，自己大难不死全是祖宗的庇佑，自己"靖难"造反全是奸臣害的，最关键、最险恶的就是不说自己的狼子野心，这就是"政治家"的伟大之处。（《奉天靖难记》卷4；《明太宗实录》卷9；【清】谷应泰：《明史纪事本末·燕王起兵》卷16）

○ 盱眙城边"飞"下的燕军

就在朱棣进兵泗州祭奠明祖陵之际，建文朝廷方面将惟一一位在外可以倚重的北伐大将军盛庸给"活用"了起来。济南之战，盛庸与铁铉合力打败朱棣；东昌之战，盛庸名扬天下。但夹河战败，退回德州的盛庸十分沮丧，一反昔日的斗志，军事上毫无建树。建文四年初，朱棣南下时派军士偷袭了朝廷北伐的粮道，作为北伐大将军的盛庸却浑然不知，任由燕军折腾，这下可好，粮饷没了，盛庸更加消极，所以在后来的军事行动中人们似乎看不到他的影子。灵璧之战后，平安被俘，何福遁走，建文朝廷在外惟一能领兵打仗的军事将领似乎也只有盛庸了。为了抵御燕军的不断进逼，建文朝廷命令盛庸重新整兵南下，屯军盱眙城边上的淮河南岸。当时他汇集了骑兵与步兵总共有数万人，另外还有战船数千只。若以这样的实力好好地组织一下，与朱棣的主力军打上一仗，应该来说很难预料谁胜谁负。但这时的盛庸却萎靡不振，使得双方的战斗一开始就能预知未来的结局了。

朱棣在泗州城内城外忙碌时，盛庸早已在淮河南岸布好了对敌的列阵。等朱棣赶到淮河北岸边看到这番架势后，立马明白，硬攻肯定不行。这时他眼珠子一转，一个鬼主意迸了出来。五月九日，朱棣下令，找些小船，让人编些小筏子，扬旗鼓噪，装作燕军要强渡淮河的模样；另外暗中派邱福和朱能率少些轻骑西行 20 里，在盛庸军队见不到的地方秘密渡过淮河，然后偷偷地绕到盛庸军队的背后。突然大炮声响起，邱福等人杀入盛庸军阵。盛庸将士正在全神贯注着淮河北岸的燕军，岂料这边天上又“飞”下一支燕军，顿时军中大乱，纷纷丢盔弃甲，四处逃窜。一直无精打采的大将军盛庸居然被吓得一时马背都上不去，幸好他的部下“掖之登舟，单舸脱去”，逃得一命，但所有战船全部“奉送”给了朱棣。朱棣就用盛庸的这几千只战船将数万燕军一一运抵淮河南岸。当天下午，燕军攻下了盱眙。（《奉天靖难记》卷 4；《明太宗实录》卷 9；《明史·盛庸传》卷 144；【清】谷应泰：《明史纪事本末·燕王起兵》卷 16）

朱棣“靖难军”步步逼近，建文政权快速瓦解

◉ 走哪条路上南京？

攻下盱眙以后，朱棣召集燕军诸将，讨论进军南京的路线。有人认为应该先取凤阳，阻遏住官军的援兵，然后趋兵直抵滁州、和州，再征集船只，准备渡江，同时另外派一支队伍西捣庐州，出安庆，由此占领长江天堑；也有人认为应该以淮安、扬州为根本，先取淮安，以此南下攻取高邮、通州、泰州以及仪征和扬州，由此渡江也就无后顾之忧了。对于这两条路线，朱棣都没有采纳，他认为，攻取凤阳这条线路不可取的理由是：第一，“凤阳城守，固非尽力攻取不易下”。换言之，凤阳位居冲要之衢，城池坚固，不易攻下，这与燕军此次南下的总体策略也不吻合；第二，凤阳是明

皇陵所在地，一旦经过此地，必有厮杀，“恐震惊皇陵”，从而落下“不孝”之罪名；而攻淮安更不可取，朱棣说：“淮安‘高城深池，积粟既富，人马尚多。若攻之不下，旷日持久，力屈威挫，援兵四集，非我之利’。”(《奉天靖难记》卷4；《明太宗实录》卷9)

其实朱棣这个人十分的诡诈，他没有向诸将说真话。当然，他没有这么做，可能主要考虑到军心与士气的问题。当时真实的情况是，建文朝廷虽说屡屡败北，陷入了消极防守状态，但还是拥有相当的实力来抵御凶狠的燕军。除了刚刚吃了败仗，溃散和逃走的盛庸军以外，建文帝在南京附近地区至少还有两支可以信赖和依靠的主要军事力量，一支就是镇守凤阳的都督同知孙岳，另一支就是固守淮安的驸马都尉梅殷。这两位都是铮铮铁汉英雄，孙岳听到朱棣流窜“作案”，就很早开始了防御，“撤寺材为战舰，楼橹戈甲咸有法式”，且“列寨淮西，水路有备”(【明】郑晓：《逊国臣记·孙岳传》卷2；《明史·郑赐传》卷151。不过，姜清在《姜氏外史》说的不是孙岳，而是徐安，见姜清：《姜氏外史》卷5)。

而驻守在淮安的梅殷更是了不得，他是朱元璋女儿宁国公主的丈夫，在所有的女婿中，朱元璋最喜欢梅殷。朱元璋临终前，曾对皇太孙朱允炆嘱咐道：“燕王不可忽！”接着他又回过头来跟梅殷说：“汝老成忠信，可托幼主。”边说边颤巍巍地拿出了誓书和遗诏给了梅殷，并叮嘱道：“敢有违天者，为朕伐之！”由此而言梅殷是建文朝名正言顺的顾命大臣，但不知为什么朱允炆登基以后就没有马上重用梅殷，一直要等到建文三年十一月，北伐军连连失利，河北地区被朱棣折腾得不可收拾了，可能是从军事安全角度考虑，建文帝似乎突然想起了老成忠信的姑父梅殷，随即派他去镇守淮安。

坦率地讲，朱允炆的这个任命是很有远见的，因为从北京到南京最近的路线应该是取道山东的德州、济南和江苏的淮安一线，在德州安排了盛庸，在济南安排了铁铉，在淮安又安排上梅殷，这三个都是朱允炆的铁杆支持者，盛庸与铁铉在前已经大放光彩，惟梅殷走向历史舞台中心、成为政治关注焦点人物的时间比较晚。(【明】姜清：《姜氏外史》卷4)

◉ 大舅子朱棣南下，在淮安遇到的克星居然是自己的妹夫梅殷

建文四年初开始朱棣不断地向南流窜，官军将领大多懦弱观望，这就使得建文帝不得不下令招募淮南兵民，号称四十万，由梅殷统领，驻军于淮上，目的就在于扼制燕军的南下。灵璧之战后，朱棣曾想取道淮安，直抵南京，于是就派人送信给梅

殷。他说他想经由淮安，到南京去给高皇帝进香。梅殷回书："进香皇考有禁，不遵者为不孝。"用现代话来讲：你要去南京进香，高皇帝有禁令，不遵守者就是不孝。梅殷用高皇帝的遗诏禁令揭穿和回敬了所谓维护"祖制"而欺世盗名的政治骗子朱棣的一派谎言。朱棣接信后暴跳如雷，随即干脆就把自己的遮羞布也给扯了，带着兵痞子的匪气再次致书给梅殷，说："今兴兵除君侧恶，天命有归，非人所能阻。"梅殷毫不示弱，将朱棣信使的耳朵、鼻子都给割掉，然后跟他说："留汝口，为殿下言君臣大义！"（留着你的这张嘴巴，回去好给你们的大王讲讲君臣大义之理！）朱棣大怒，但又无可奈何。（《明史·宁国公主传》卷121；【清】谷应泰：《明史纪事本末·燕王起兵》卷16；【明】吕毖：《明朝小史·建文纪》卷3）

本想从最近的路程或最便捷的通道以最快的速度到达南京，但上述的凤阳和淮安的军事态势显然不能遂了"伟大"政治家的愿望，所以都被朱棣一一否定了，最终他打定主意，从泗州出发，渡过淮河直趋扬州。他说："今宜乘胜直趋扬州，指仪真（仪征）。两城势单弱，兵至可招之而下。既得真、扬，则淮安、凤阳人心自懈，我聚舟渡江，久则必有内变。"诸将听了朱棣的这般战略分析后没有一个不顿首称善的。于是燕军开拔，直趋扬州，同时朱棣派了手下人吴玉给扬州朝廷守将王礼送去了招降手谕。（《奉天靖难记》卷4；《明太宗实录》卷9；【清】谷应泰：《明史纪事本末·燕王起兵》卷16）

◉ 扬州城里的内奸

再说王礼原本就是扬州卫指挥，可能相当于扬州军分区的司令，但他可不是什么好东西，而是一个地地道道的吃里爬外的家伙。听说燕军将要来攻扬州，他就密谋举城投降。但他的同僚监察御史王彬和指挥崇刚则力主坚决抵抗，决不投降。王彬倚仗指挥崇刚在扬州积极练兵，修缮城壕，昼夜不解甲，严阵以待燕军的到来。

不久，王礼及其同党的投降阴谋暴露了，监察御史王彬与指挥崇刚马上下令，将王礼等人逮捕入狱。就此而言，扬州城里的投降派遭受了沉重的打击。但没有暴露出来的投降分子却加紧了他们的反叛阴谋活动，在暗中伺机加害王彬为首的坚决抵抗派。王彬身边有个大力士，能举千斤重物，他时时护卫着王彬，所以想要对王彬下手的人都不敢贸然行动。

再说朱棣派出的使者吴玉本想给王礼送劝降书的，但王彬严守扬州的举措使得吴玉连扬州城边都没有沾上，他只好用箭将劝降书射到扬州城里，劝降书中说：要是有谁能将监察御史王彬绑来投降的话，就官拜三品。大家知道以后，尽管有人想过过官瘾，但都害怕王彬身边那个力大无比的大力士，所以没有一个敢对王彬动手的。

王礼有个弟弟叫王宗的知道以后，马上想到了很狠的一招，他收买了大力士的母亲，然后叫这老母亲去把大力士儿子叫出来。刚好那时王彬已经脱去盔甲与外衣在洗澡，千户徐政、张胜乘机冲到王彬洗澡处，将他给绑了，然后再将王礼从监狱里放出来，接着又打开扬州城门，迎接燕军入城。随后王礼就将王彬和崇刚两位忠实于建文朝廷的坚决抵抗英雄献给了朱棣。不过王彬和崇刚都是好样的，他俩就是不愿意苟且偷生，最终都被朱棣杀害了。(《奉天靖难记》卷4;《明太宗实录》卷9;《明史·王彬、崇刚传》卷142;【清】谷应泰:《明史纪事本末·燕王起兵》卷16)

◉ 天下勤王与建文帝的"罪己诏"

扬州发生了这么多的事情，朱棣早已等不及了，他离开扬州，打算从安徽的天长南下。但叛徒王礼突然出来送上了一份厚礼(王彬和崇刚两位英雄)，使得走在半道上的朱棣立马改变了主意，他率领燕军赶赴扬州。

王礼的投降不仅使得燕军不费吹灰之力占领了苏北的一个战略要地，为朱棣在军事上赢得了主动权，而且还开了一个很坏的头，给那些没有骨气的苏北地方"老爷"们树立了一个卖主求荣的样板。在扬州内奸的影响下，整个苏北地方官与地方驻军迅速地倒向朱棣这一边，高邮、通州、泰州以及江都等地相继归降燕王，燕军集中兵力攻下仪真(仪征)，"立大营于高资港"，"北舟往来江上，旗鼓蔽天"。这是讲燕军集结镇江对岸，整个长江上铺天盖地都是燕军的旗帜与战鼓，形势直逼建文政权的心脏地区——南京。

在南京明皇宫里的建文帝闻听此事后极度恐惧，忧心如焚。在情绪稍稍稳定一点后，就派遣侍中许观、修撰王叔英等前往安徽广德诸郡募兵，让都御史练子宁上杭州去募兵，并号令天下勤王。

苏州知府姚善、松江同知周继瑜、宁波知府王琎、永清典史周缙、徽州知府陈彦回、乐平知县张彦方等应诏相继起兵入卫勤王。但由于路途遥远，除苏州知府姚善以外，其他的知府、知县都没能在建文帝失国之前及时赶到南京，他们在勤王途中或被燕军所逮或被地方上的变节官僚抓住了报官。姚善到了南京后，建文帝命他兼督苏州、松江、常州、镇江、嘉兴五府兵事勤王。(《明史·姚善传》卷142;《明史·张彦方传》卷142;《明史·陈彦回传》卷142;《明史·周继瑜传》卷142;【清】谷应泰:《明史纪事本末·燕王起兵》卷16)

当时建文帝还根本不知道这些忠诚的文臣在勤王途中所遭受的苦难，对于他来说，当前的形势岌岌可危，北方战事一败涂地，像发了疯似的燕军已经将整个苏北给占了，朝廷与孙岳和梅殷这两位忠实可靠的军事实力人物的联系被燕军切断，现在唯一能做的是仿效古书上所讲的先人做法，或许还能纾解国难，于是建文帝就下了“罪己诏”：

“奉天承运皇帝诏曰：朕钦奉皇祖宝命，嗣奉上下神只。燕人不道，擅动干戈，虐害万姓，屡兴大兵致讨。近者诸将失律，寇兵侵淮，意在渡江犯阙。已敕大将军率师控遏，务在扫除。尔四方都司、布政司、按察司及诸府卫文武之臣，闻国有急，各思奋其忠勇，率慕义之士，壮勇之人，赴阙勤王，以平寇难，以成大功，以扶持宗社。呜呼，朕不德而致寇，固不足言，然我臣子其肯弃朕而不顾乎？各尽乃心，以平其难，则封赏之典，论功而行，朕无所吝。故兹诏谕，其体至怀。”（吴晗辑：《朝鲜李朝实录中的中国史料》，中华书局，1980年，第1册，第175页。）

整个“罪己诏”讲了三个要点：

第一，我朱允炆是受高皇帝遗命继承大明帝国大统的，是唯一的合法皇帝。这主要是向天下臣民重申自己帝位的正统性与合法性。

第二，痛斥朱棣燕军大逆不道，擅动干戈，荼毒生灵，并指出其危害已直指京畿，号召全国臣民迅速勤王。

第三，朱允炆将燕寇入犯的原因说成是“朕不德”，这也就是“罪己”的缘由吧，希望取得臣民们的同情与支持，共同起来勤王护驾。

建文帝“罪己诏”下发后，未见着地方官府发一兵一卒赶来南京勤王，这是为什么？

第一，建文帝发出这份“罪己诏”大约是在建文四年五月下旬，这时离最终失国一个月都不到。古时候交通不发达，即使地方官僚忠于建文帝，马上出去募兵，但募兵的事情也不是一时半会儿就能办成的。

第二，建文帝发出“罪己诏”时，苏北差不多都被朱棣控制了，也就是说建文朝廷与北方之间的联系已经被切断，剩下就只能靠南方诸省份了。但由于凶悍的燕军流窜得相当厉害，南方地区官衙内意志不坚定者或没有骨气者都持观望态度：大明皇家侄儿与叔叔打起来了，但说到底都是他们老朱家里的事，外人少管为好。

第三，建文帝重用文臣，提高文臣的地位与待遇，这在无形中冷落了军界武夫，引起了他们的不满。因此大家看到，建文朝军队里的将领不是打败了逃命，就是一股脑地倒戈投降给燕军。而建文帝所倚重的偏偏是书生文臣，文臣不掌兵权，何以勤王？

第四，明初朱元璋开创的卫所制度中士兵生存条件并不好，战时打仗，和平时期从事繁重的劳役。明朝初年的军籍是世袭的，好端端的老百姓有谁乐意将自己的子孙送到军队里去当兵呐?！所以说,建文帝号召勤王只能说是一厢情愿,而不能说江南或全国臣民弃之不顾。

◉ 死马当作活马医——建文帝第四次息兵议和

"罪己诏"下了,勤王兵迟迟不来,建文帝望眼欲穿,心如乱麻,身边的亲信大臣大多已经出去招募兵士,明皇宫再也没有往日的热闹了。建文朝重臣唯有方孝孺还在,虽说方学士与建文帝是君臣关系,但他们之间实际上更像知己朋友。方孝孺十分了解建文帝,作为一介书生,自己从遥远的成都一夜之间被调入大明帝国的权力中枢,沐浴着无限的皇恩,颇有知遇之恩的感受,作为臣子尤其是深受圣上厚爱与倚重的要臣,无论如何也应该为圣上分忧,纾解"国难",想到这里,方孝孺就跟建文帝说:"陛下,现在的情势很危急,以臣之见,应该巧施计谋来缓解一下。我们朝廷不妨派人到燕军中去谈判,割地求和。这样便能拖延几天,或许前往东南省份去的大臣很快就能将募集到的兵士带到南京来了。燕军多北方兵,不娴水上交通工具,我们以长江天堑与他们决战,到底谁胜谁败都很难说。"建文帝听后,觉得自己也没有更好的办法了,哀伤嗟叹,最后说道:"那就不妨死马当作活马医吧!"于是君臣两人合计,决定派建文帝的姑姑庆城郡主前往燕军军营里去议和。(《奉天靖难记》卷4;《明太宗实录》卷9)

庆城郡主是朱元璋哥哥的女儿,与朱棣是堂姐弟关系。朱棣起兵后,除了自己的妻子徐氏和他的几个儿子支持外,还没有得到任何其他亲属的认可。但他实在是个心理战的好手,听说堂姐庆城郡主要来燕军军营,顿时就喜出望外,赶紧外出迎接。谁也说不清楚,到底是什么原因使得这个被人称为蝎子的朱棣见到堂姐庆城郡主就哭,庆城郡主跟着也哭了起来。朱棣问堂姐:"周王、齐王两人现在何处?"庆城郡主说:"周王原本被贬谪到云南,现在已经被召还,不过还没有恢复他的王爵;齐王仍然被关在牢里。"听到这里,朱棣哭得更加"伤心",几乎到了不能自已的地步了。少不了被人劝解一番,这才停止不哭。庆城郡主见到堂弟的情绪平静了,她也慢慢地控制住自己,说起一些家长里短的话题,说起了家族,也说到了当今的朝廷,然后一五一十地将侄儿建文帝的割地求和的想法说了出来。不曾想到,刚听完朱棣就恶狠狠地从牙缝挤出这样的话来:"凡所以来,为奸臣耳。皇考所分吾地且不能保,何望割也！但得奸臣之后,谒孝陵,朝天子,求复典章之旧,免诸王之罪,即还北平,只奉藩辅,岂有他望。此议盖奸臣欲缓我师,俟远方之兵至耳。我岂为其所欺哉!"(【清】谷应泰:《明史纪事本末·燕王起兵》卷16;《明太宗实录》卷9)

朱棣的这番回应简直是无懈可击，他首先讲自己起兵造反是奸臣所“逼”，没有其他的欲望和企图。至于拒绝割地，朱棣则说得更加滴水不漏：老爸分封之地尚且不能保全，还指望什么割地；接着他说出了自己即将到京城要做的事情，除去“奸臣”后，拜谒孝陵，再去朝见天子，恢复“祖制”，豁免诸王之罪，然后回归北平，永为藩辅。朱棣的这番说法一方面将自己打扮成孝子贤臣，做“鞋拔子脸”的“好儿子”；另一方面，拉近与诸兄弟的关系，通过堂姐的嘴巴去转告，比他自己做宣传效果还要好，在皇家亲族内大搞“统战工作”；同时为了麻痹建文帝，他给出了这样的“定心丸”：我朱棣没有什么其他的奢望，除奸臣，复“祖制”。最后他一针见血地指出了建文帝求和的目的就是实施缓兵之计，等待远方救兵的到来。

庆城郡主听了堂弟的这番说辞后“默然”，即沉默了，什么也没说。但她毕竟是受人重托而来的，再加上内心可能也明白建文帝与这个“好”叔叔之间的恩怨症结所在，自己回去总该要交代得过去啊，于是在临别前就跟朱棣这样说道：“此次前来，还受众弟妹之托。这三四年动军马，运粮的百姓，厮杀的军士，死了许多。都是一家人的事，军马不要过江，回去算了，不然将来天下太平了却不好说。”

庆城郡主的这番劝告还是很有水平的，概括起来就是让堂弟朱棣见好就收，做人做事不要太过头，这是典型的中国人中庸思想，吻合儒家伦理，因此无论于情于理都说得过去，但话语的倾向性还是十分明显——偏向建文帝。朱棣听完以后恼羞成怒地反驳道：“累年以来，奸臣矫诏，大发天下军马来北平杀我。我为保性命，不得已亲帅将兵与贼兵交战。仰荷天地祖宗神明有灵，怜我忠孝之心，冥加祐护，诸将士效力，故能累战而累胜。今大兵渡江，众兄弟姐妹欲来劝我回北平。况孝陵未曾祭祀，父皇之雠尚未能报，奸恶尚未能获。以尔弟妹之心度之，孝子之心果安在哉？如朝廷知我忠孝之心，能行成王故事，我当如周公辅佐，以安天下苍生。如其不然，尔众兄弟亲王、众妹妹公主及多亲戚，当速挈眷属移居守孝陵，城破之日，庶免惊恐。”（【明】王世贞：《弇山堂别集》卷88，《诏令杂考4》）

朱棣终于露出了杀机与凶恶的本性，他列举了自己将要做的四件事情：祭孝陵、除奸臣、报父仇、做第二个周公，并以武力相威胁：要是众兄弟亲王、众姐妹公主及诸多亲戚不答应的话，那我朱棣就不再顾念什么兄弟姐妹的亲情了，只能诉诸武力了。

堂兄弟的这段回话，杀气腾腾，作为堂姐的庆城郡主岂能听不出话语中的狼子野心。面对这样的求和结果，面对这样的不依不饶、得寸进尺的堂兄弟，庆城郡主只好尽早告辞。不过朱棣实在是个心理大战的老手，他估摸着，堂姐临走时，自己的那番“出拳”已经“打到位”了，回头还得揉一揉，于是便改换口气，这样说道：“好语诸弟妹，久不相见，欲得少叙天伦之乐，未知能如愿否。幸自爱”（《奉天靖难记》

卷 4);同时还嘱咐庆城郡主:“为我谢天子,吾与上至亲相爱,无他意,幸不终为奸臣所惑。”(【清】谷应泰:《明史纪事本末·燕王起兵》卷 16;《明太宗实录》卷 9)

◉ 南京江北门户——浦子口被燕军占领

庆城郡主悻悻回去后,将经过一五一十地告诉了建文帝。建文帝顿时吓得六神无主,随即找来方孝孺问计:“现在怎么办?”方孝孺说:“长江天堑可抵挡 100 000 人兵马。江北燕军的那些船只我已经派人去烧了,难道燕军能飞过来?更何况现在天气酷热,燕军易于感染流行病,用不了十天,他们就会自行退兵。如果他们渡江而来,那只能是送死了,怎么能抵挡得了我朝廷的水师呢?”(《奉天靖难记》卷 4;《明太宗实录》卷 9;【清】谷应泰:《明史纪事本末·燕王起兵》卷 16)

方孝孺的一番开导给建文帝以极大的宽慰,至于他有没有真的派人去烧燕军的船只,现在无法查证了,或许压根儿是方孝孺哄哄年轻皇帝,让他振作精神,但以方孝孺的人品似乎不会去“欺君”的;若是,那怎么朱棣的船只一只也没被烧掉?这很可能是方孝孺派出去的人无能,或者说被派之人叛变了。当然这些都是假设,我们现在无法获悉当时的真相。

建文四年六月初一,燕军进攻南京北大门——浦子口(今称浦口)。浦子口与南京城的下关隔江相对,它是南北交通要津,一旦浦口被攻占,南京的北大门敞开。对于这样重要的军事要地,即使是书生的建文君臣也不会不懂它的重要性,所以当朱棣不断流窜南下时,建文朝廷尽管已经无将可派了,但还是绞尽了脑汁,再次重用在淮河之战中落荒而逃的大将军盛庸,让他来镇守浦子口,看好南京的北大门,应该说这是个不错的主意。

盛庸与朱棣本是老对手,这次又狭路相逢。朱棣一开始就像疯狗一样猛扑盛庸的军队,盛庸虽说在淮河吃了败仗,但他毕竟也久经战场,对于燕军的猛攻,盛庸早已有所准备,与诸将一起奋勇反击,眼看就要将燕军打败了。就在这个关键时刻,又一条疯狗——无赖朱高煦冷不丁地窜了出来,他带了一些骑兵赶来解救他的父亲朱棣,朱棣顿时大喜,拍着朱高煦的背说:“儿当再战,吾力疲矣,世子多疾,天下若定,以尔为太子。”(【明】姜清:《姜氏外史》卷 5;【明】谈迁:《国榷·惠宗建文四年》卷 12;参见《明史·诸王三·朱高煦传》卷一百一十八,列传第六)就这句话,将朱高煦逗得格外的起劲,只见他发疯似地与盛庸军队将士拼杀着,渐渐地盛庸抵挡不住了,军中将士们纷纷开始溃退。不一会儿,燕军取得了战斗的胜利,浦子口随即落入了朱棣的手中,南京城完全暴露在燕军的眼皮底下。(《明史·盛庸传》卷一

百四十四，列传第三十；【清】谷应泰：《明史纪事本末·燕王起兵》卷16）

◉ 朱棣的强盗逻辑：都是高皇帝的子孙，谁强谁做皇帝

六月初一日浦子口之战胜利后，燕军的下一个进攻目标就是渡江攻打南京了。六月初二日朱棣祭祀长江神，初三日誓师渡江。在誓词中朱棣除了痛斥“群奸构乱”以外，主要是鼓励将士们为他的宏伟帝业而拼死卖命。不愧为一流的政治家，朱棣能将死的说成活的：“尔有众克协一心，奋忠鼓勇，摧坚陷阵，斩将搴旗，身当矢石，万死一生。于今数年，茂功垂集，在戮力渡江，翦除奸恶。惟虑尔众，罔畏厥终，偾厥成功耳。夫天下者，我皇考之天下；民者，皇考之赤子。顺承天休，惟在安辑。渡江入京，秋毫毋犯。违予言者，军法从事。于乎，惟命无常，克敬惟常，尔惟懋敬，乃永无咎。”（《奉天靖难记》卷4；《明太宗实录》卷9）

这段誓词没有什么新意，不过就有一点是朱棣过去从来没有表白过的，那就是“天下是我‘老爸’高皇帝的天下，百姓是高皇帝的子民”，换句话讲，就是我们都是“鞋拔子脸”高皇帝的子孙，谁强谁做皇帝！这就公开地否定了建文帝位的正统性与合法性，皇帝轮流做，你已经做了四年了，屁股也坐热了，该让我过把帝皇瘾！这就是朱棣的逻辑与思想最高的境界了。

◉ 建文朝廷第二道防线的丢失——长江天堑

○ 建文帝让叛徒掌管长江水师——都督佥事陈瑄降燕

浦子口之战失败，建文帝听到后顿时感到五雷轰顶，但方孝孺还是不断地给予他希望。经过一番考虑，建文君臣决定让掌管长江水师的都督佥事陈瑄赶紧前去援助大将军盛庸，凭借长江天堑与燕军对抗到底。说实在的，方孝孺的这般设想还是有着几分道理的。尽管朱棣叫得很凶，要渡江，但几万人的燕军都是北方来的旱鸭子，他们不熟悉水上活动，更使其头疼的是，还必须要有很多很好的船只才能渡江；而当时燕军仅有从高邮、通州、泰州诸州县带过来的一些上不了场面的小船，拿它们去捕鱼可能还差不多，要是几万大军渡江那可得有足够数量的正儿八经的好船才行，所以尽管朱棣像疯狗一样猛叫着，但真正能否渡过长江还是另一回事。可就在这个关键时刻，又是建文帝的用人不当恰恰“帮”了朱棣的大忙——掌管长江水师的都督佥事陈瑄在接到朝廷诏令后，并没有按照皇帝的谕旨去帮助盛庸，而是跑到了敌人的军营里去，投降了朱棣。（《明史·陈瑄传》卷153，列传第41）

与军队中这种没有骨气的无耻军人相反，建文时代的文臣却成了顶天立地的大英雄。都督佥事陈瑄降燕那阵子，兵部右侍郎陈植正在长江上督师监军，虽然是个手无缚鸡之力的书生文臣，但他却有着铮铮铁骨的一身正气。

陈植，元末时曾参加了地方上的科举乡试，且考取了，但他十分清高，不愿与元朝官场上的那些贪官污吏同流合污，坚决不肯出仕。直到洪武时期政治清平之际，他才出任大明吏部主事，建文二年官任兵部右侍郎。

燕军攻占扬州后，陈植加强了对长江水师的巡防。有个姓金的都督最先想背叛建文帝，投靠朱棣。陈植发觉后将他狠狠地斥责了一通，并谕之以君臣大义。但对于金都督这类无耻小人来说，这岂不是对牛弹琴么，后来这个金都督还是乘人不备，将陈植给杀了，然后带了自己的手下一起投降了朱棣。金都督满心欢喜地想在新主子面前邀功请赏，谁知朱棣脸色突然一变，大声斥责道："如此小人，厚颜无耻，君主有难，反而杀害忠良，卖主求荣，留着这等不忠不信不义之徒，还有何用？拉出去，砍了！"同时朱棣又下令将忠烈的陈植"具棺入殓"，并派手下官员将陈植护葬于白石山。（《明史·陈植传》卷142；【清】谷应泰：《明史纪事本末·燕王起兵》卷16）

同样是叛徒却有着不同的下场，朱棣这种政治家的处事风格长期以来很难使人解释得清楚，有人说主要是由于他考虑到自己队伍里将士们的忠诚教育的问题。我想问题的症结可能也就在这里，对于陈瑄等以前的降将不杀，主要是朱棣急需要这些叛徒帮忙，壮大自己的力量；而金都督投降时朱棣并不怎么稀罕这部分水军力量，更主要的是考虑到在整体大局上稳操胜券，处死无耻小人，可以很好地教育部下将士：忠于你们的主子，否则就是这个下场！

○ 600年前的渡江战役

杀了金都督，这种杀鸡给猴看的"现身说法"最具有教育意义与威慑作用，陈瑄这个"幸运"的叛徒看到朱棣来这么一手，立马明白自己应该做什么了，为了表达对新主子的一片忠心，他赶紧将手下水师集合起来，弓着腰等候朱棣的检阅和命令。

万事俱备，朱棣下达渡江命令，只见昔日空旷的长江天堑如今却是战船相接，旌旗蔽空，戈甲耀日，金鼓大震，"靖难"渡江大军浩浩荡荡地驶向长江的南岸。

再说，此时的建文朝廷虽然已经"捉襟见肘"，一蹶不振，但毕竟还没有到穷途末路的地步，尤其是由中正刚烈的方孝孺在辅政，即使朱棣的声势再大，来势再凶，建文君臣也绝不会将大明帝位拱手相让。就在朱棣组织燕军进行渡江之战时，盛庸率领的朝廷军队在长江南岸"恭候"着燕军。以当时的军事形势而言，与燕军相对的朝廷方面军事力量并不太弱，"盛庸所驻海艘，列兵沿江上下二百里"。但遗憾的是军队的战斗士气低落，看到长江里到处都是渡江的燕军，诸将士“皆大惊愕”，试想，这样的军队还怎么能打胜仗呢？所以当燕军渐渐靠近南岸时，整个盛庸军队已经不堪一击，燕军先用精锐骑兵猛冲盛庸的队伍，这下可好，整个军队一下子大乱，将士们四处逃命，燕军拼命追赶，足足追了数十里，盛庸这位近来连连走背运的大将军一口气逃得无影无踪，燕军乘胜占领了江南的高资港。(《奉天靖难记》卷4;《明太宗实录》卷9;《明史·盛庸传》卷144，列传第30;【清】谷应泰:《明史纪事本末·燕王起兵》卷16)

◉ 建文朝廷最后一道防线的丢失——镇江与南京

○“喉咙”被卡住了——燕军占领镇江

成功渡江，击溃盛庸军队以后，燕军士气又一度高涨起来，好多将士主张乘胜西进，一举攻下京城。但朱棣却不以为然，他要攻取南京东边的镇江。朱棣说:“镇江咽喉之地，若城守不下，往来非便。譬之人患疥癣，虽不致伤生，终亦为梗。先取镇江，则彼势危矣。”(《明太宗实录》卷9)

朱棣这段话大致是讲:镇江是咽喉之地，若放着它不拿下，这对于燕军军事行动来讲，是极其不便的，就好比是人得了疥癣，虽然它不会伤及人的生命，但总让人感到极其不适。倘若燕军先攻下镇江，那么京城南京的形势就会更加危急了。朱棣的这个策略应该说是相当理智和棋高一筹的，因为:

第一，燕军自身最擅长的是运动战，薄弱的是攻城战，尽管现在燕军已经扩大到几十万，但要是马上去攻打南京的话，这并不明智，因为南京毕竟是建文朝政治权力的中心，非一般的军事要塞，必须拥有绝对优势的军事兵力和把握才能把它攻下;再说建文帝毕竟是全国臣民心目中的正宗皇帝，如果现在马上去攻南京城，很可能出现城内城外上下一致坚守城池的局面，到时候燕军就会骑虎难下。

第二，先攻镇江，燕军拥有几倍于镇江城里的兵力，很容易将它打下。而镇江又是南京的咽喉，一旦镇江危急，建文朝廷必定会想到要救援，但在这个危难之际，哪个傻子会将京师的军事力量抽空了，去增援镇江？因此，先打镇江，敌人不会有援兵，容易打下;相反，如果先打南京，为了保护京城与皇上的安全，镇江守军很可能出兵西行。如此一来，燕军反而陷入了腹背受敌的危险境地。

第三，朱棣可能已得到情报，镇江守将童俊也是个吃里爬外的“软蛋”。其实童俊不是东西，这已不是什么新鲜事，建文朝有个大臣早就一眼看穿他了，那么究竟谁有这么大的本事？(《奉天靖难记》卷4;《明太宗实录》卷9)

这个人就是建文朝的进士黄钺。黄钺是江苏常熟人，从小就十分好学，经常向亲友借书阅读，博览群书。建文元年他参加了湖广乡试，一举考中；第二年又参加了在南京举行的会试，并考中了进士，被授予刑科给事中，负责检察工作。黄钺在南京当官当了一年左右，他的老爸死了，于是就回去"守制"。

建文朝重臣方孝孺是黄钺的好朋友，听说黄父死了，就上黄家去吊丧，黄钺出来迎接。方孝孺示意周围的人回避，然后就跟黄钺说："燕军不断南下，苏州、常州、镇江是京师南京周围的要害地区，你是这吴中一带人，又是皇上的近臣，现在因'丁父忧'暂时离开了朝廷，但也应该给我多出出主意啊！"黄钺听后，十分认真地讲："您所说苏州、常州、镇江三府中，只有镇江最为要害。如果派了不合适的人去镇守的话，那就等于是将镇江的城墙给拆了，让盗贼进来任意胡为。以我之见，镇守镇江的指挥童俊可不是个东西，他狡猾无比，两面三刀，每次上殿给建文皇上奏事时，那双贼溜溜的老鼠眼老是向远处东张张西望望，所谈之事全是浮躁不堪，这个人的内心深不可测啊！而苏州知府姚善倒是个忠义之士，他心直口快，有国士之风。但他对人仁爱有余而管理与驾驭部下的能力可能欠缺了点。如果倚重他来平定国难，恐怕会令人失望。还有，以我之见，京城的大势应当守住上游才是，敌兵要是到了江南，即使马上抵抗，恐怕也来不及了。"方孝孺听完后，就拿起笔写了封信，让黄钺带给苏州知府姚善。姚善接到方孝孺的书信后，与黄钺面对面地放声大哭，他们发誓要为建文皇帝尽忠，为国尽力。

黄钺回到常熟老家后没多久，就听到燕军集结长江北岸，而建文皇帝却没有采纳他的建议，依然任用童俊主持镇江的军事防务。他心灰意冷，终日无语。后来传来消息，童俊果然降燕了，黄钺万念俱灰，最终投水自尽。（《明史·黄钺传》卷143；【明】姜清：《姜氏外史》；【明】黄佐：《革除遗事》卷2）

建文帝不听忠言，错用小人童俊守镇江，最终却让这个奸佞小人"卖了"镇江。这样一下子就让朱棣不费什么力气将京师南京的喉咙给卡住了，接着燕军继续西行，南京危矣！

◉ 建文帝的第五、六次息兵求和——龙潭求和

建文四年六月初八日，朱棣率领燕军西行来到龙潭，忽然有人来报，说：前面有个自称是曹国公李景隆的人要见大王。朱棣纳闷：快要到南京了，城破也无需几日，难道他们还有什么特别重要的事情要这般急吼吼地来见我？想到这里，立即吩咐手下的人让李景隆他们进帐。不见不知道，见了李景隆，朱棣方才明白究竟是怎

么一回事了。

原来建文帝听说燕军日益逼近南京，他愈加焦虑不堪，不停地在明皇宫大殿上来回走动。昔日朝廷大臣个个能言善辩，道古论今，高谈阔论，可如今却是垂头丧气，噤若寒蝉，尤其那个一心想要使自己以"直臣"形象名垂青史的尹昌隆，早已没有与性格文弱的建文帝斗嘴时的那股驴脾气了，他的魂魄也被日益逼近的燕军行军脚步声、马蹄声给吓得出窍了。建文帝能靠谁？宽仁与文弱的性格决定了他不会与大臣们过不去，只能去找亦师亦友的重臣方孝孺了。

方孝孺最近心里也烦着呐，齐泰和黄子澄外出以后，建文帝的大小决策都要找他商量，方孝孺纵然有着浑身的锦囊妙计却也无法挽回和拯救战场上的丧师失地，更何况他本身在政治场上的"智商"天分并不算高，故而在为建文帝出谋划策时常常会作出令人啼笑皆非的决策。建文帝的败局已定，但方孝孺不甘！他忧愤生疾，卧倒在床，见到满脸忧愁与沮丧的建文帝后，他强打精神，镇定自如；因为他知道，尽管建文帝已经是二十四五岁了，但他政治生涯的年龄实际上是 4 岁还不到啊，作为建文帝现在惟一的依靠千万不能没有主见，更不能乱了阵脚。在听完一番哀怨和诉苦后，方孝孺带着安慰的口吻跟建文帝说："皇上千万不用着急，城中尚有 20 万劲兵，京城在高皇帝时就修得很特别，城高池深，全国第一，粮草充足，坚持固守应该是不成问题的。"方孝孺的宽慰与开导使得紧张透顶的建文帝稍稍平静了一些……(《奉天靖难记》卷 4;《明太宗实录》卷 9;【清】谷应泰:《明史纪事本末·燕王起兵》卷 16)

没过多久，方孝孺又应建文帝急诏问计，来到明皇宫。此时一大帮子文武大臣早已站立在奉天殿上，方孝孺一上大殿似乎感觉今天的眼睛特别亮，在一帮子文武大臣当中他一下子就瞄准上了李家大帅哥李景隆，上前一把把他抓了出来，恳请建文皇帝将这个祸国殃民的家伙给斩了。方孝孺说："坏陛下大事的，就是此贼!"此话一出，满朝大臣群情激愤，大理寺丞邹瑾等 18 个大臣不约而同地上前揪住了李景隆，顿时拳头就像雨点似地落下，李家大帅哥再也不帅了，浑身伤痕累累，眼圈好看得像只大熊猫。大臣们还不解恨，恳请建文帝迅速下令，斩了这个吃里爬外的内贼。但不知为什么建文帝就没依大臣们。

后来大殿上逐渐地恢复了正常的秩序，这时，建文帝急切地问方孝孺："燕贼日益逼近，火烧眉毛，方爱卿，您说怎么办?"方孝孺献计，坚守南京，等待各地勤王兵的到来。

他还向建文帝建议：马上下令，让在南京城里的诸王(建文帝的叔叔、朱棣同父异母的弟弟)分守南京城的各个城门；同时迅速派出议和代表前往朱棣燕军的军营所在地龙潭去谈判，争取时间。建文帝感到：方孝孺的前一个建议很好，由他的这些叔叔们守着城门，看你朱棣再狠毒总不至于一点也不顾及兄弟的面子和情分吧，想到这里，他就下令，让谷王朱橞、安王朱楹等几个藩王去守卫京城的城门；但后一个建议，建文帝感到不太好办，前不久姑姑庆城郡主就帮他这个侄儿去和谈过，但被朱棣顶了回来，如今再议和，谈何容易！但方孝孺还是坚持认为，总该试试吧，也让南京城里的守卫工作争取到更多的时间。建文帝觉得方孝孺讲的也在理，那么派谁去呢？姑姑走了一圈，碰了一鼻子的灰回来，皇家直系亲属可能谁都不太愿意去，那么……李景隆，他跟朱棣打过仗，但都是败仗，有人说李景隆是内贼，早与朱棣暗中勾结，或许正是这样的话，朱棣那厮还可能给他一个面子。建文帝想到这些，就下令让曹国公李景隆与兵部尚书茹瑺、都督王佐等一起前往龙潭，仍然以割地议和为辞，去探探燕军的虚实。(《奉天靖难记》卷 4;《明太宗实录》卷 9)

再说李景隆大帅哥自从那天在大殿上被群臣围殴以后，稍稍收敛了“官二代”习气，他也清楚：要不是建文帝心软，自己早就没命了。现在皇帝叫他去燕军军营谈判，能去吗？但李景隆实在又不能拒绝建文皇帝的诏令啊，于是只好抖抖嚯嚯地带了两个“尾巴”一同来到朱棣军营所在地龙潭。三人一见到朱棣，就立即趴在地上，像鸡啄米似地不停磕头。朱棣见了昔日手下败将李景隆一行人的这般熊样，心中顿时明白了究竟是怎么一回事，他不无嘲讽地问道：“有劳几位到此，有什么话要讲的?”李景隆三人磕头磕得头也晕了，但在隐隐约约中似乎听到朱棣在问话，于是赶紧顺着他放下的“杆子”爬啊。朱棣刚听完李景隆的话，就哈哈大笑，带着鄙薄的口吻说道：“公等说客耶！始吾未有过举，辄加之大罪，削为庶人，云：‘大义灭亲’，吾今救死不暇，何用地为！且今割地何名？皇考裂土分封，吾故有地矣。此又奸臣计也。凡所以来，欲得奸臣耳。公等归奏上，但奸臣至，吾即解甲谢罪阙下，谒孝陵，归奉北藩，永祇臣节，天地神明在上。”(《奉天靖难记》卷 4;《明太宗实录》卷 9;【清】谷应泰：《明史纪事本末·燕王起兵》卷 16)

朱棣对建文帝的这次遣使求和回答没有什么新意，还是跟上次他与庆城郡主说的一个样。若实在要说有所不同的话，那就是这次朱棣多了一个对天发誓，可这种发誓又有什么用呢！对于李景隆来说，本来自己就是朱棣的手下败将，如今人家又有问鼎京城之势，李景隆纵有一万个想不明白到底为什么，但绝不敢再问了，最后只好灰溜溜地又带上两个“尾巴”，回到了南京城里，向建文帝一五一十地汇报了自己龙潭之行的经过。

建文帝听完以后，心里明白了，“好叔叔”朱棣是铁了心要来南京夺位，但他也不甘心就这样坐以待毙了，于是就问李景隆：“你有何高招?”李景隆说：“既然燕王执意索要齐泰、黄子澄等奸臣，我们就把奸臣交给他，他就可能退兵了吧。”事情到了这般田地，这个李家大帅哥还在忽悠建文帝。而此时的建文帝确实也是上天无路、入地无门，他只好叫李景隆再上龙潭走一回，试着再向朱棣提提看议和的事情，于是他就让李景隆跟朱棣这么说：“齐泰、黄子澄等人都已经被逐斥在外，不在京师，等抓到了就将他们献给燕王。”（《奉天靖难记》卷4；《明太宗实录》卷9）

李景隆听到建文帝的这般说话，心里十分明白，这是皇帝在“忽悠”燕王朱棣，但他更清楚朱棣是何等人啊，是好忽悠的吗？于是他就表现出极度的迟缓，最终吞吞吐吐地向建文皇帝请求道：上次燕王已经拒绝了，我的面子不够。最好派几个亲王一起去，或许燕王会看在兄弟的情分上答应求和了。建文帝觉得李景隆讲的有点道理啊，于是下令让谷王朱橞、安王朱楹与李景隆一起，再上龙潭去面见燕王，说说求和的事情。

六月十一日，李景隆和谷王、安王来到了朱棣的大营。皇家兄弟多年不见，互道劳苦，寒暄问候。诸王乘着这个长兄心情好的时机，赶紧将侄儿皇帝派他们来的目的与使命说了一下，核心话题无非是割地求和。朱棣听完后立即脸就一板，说道：“诸弟试谓斯言当乎？否乎？诚乎？伪乎？果出于君乎？抑奸臣之谋乎？”（《奉天靖难记》卷4；《明太宗实录》卷9）

朱棣既是个心理大战的常胜将军，又是个巧舌如簧的诡辩高手。他明明知道这是建文帝派来的议和特使，却硬是装作自己对这事的疑惑，说着说着引向了他的造反“大旗”“清君侧”上，而且用上“诸弟试谓斯言当乎”这样的话语来提醒诸王，你们曾经也是建文皇帝削藩打击的对象啊，这样一来朱棣就能将自己的“统一战线”给建起来了。

南京沦陷，建文失国

议和不成，燕军步步紧逼，使得早已失魂落魄的建文帝更加惶惶不安，甚至当着大臣们的面，一个堂堂的大明天子竟然失声痛哭起来。这时，有大臣出来劝慰建文帝，让他到浙江一带去避难，也有的说，不如上湖湘地区去，但建文重臣方孝孺则主张坚守京师，等待各地勤王兵前来支援。万一不利，再去四川等地，收集兵马，以此为后举。

建文帝最终采纳了方孝孺的建议，坚守南京，一边派魏国公徐辉祖和开国公常遇春之次子常升分头率军抵御燕军的进攻，一边命人带上蜡丸裹着的诏书偷偷地出城去，敦促各地赶紧派兵上京师来勤王救驾。可惜的是，为时已晚，南京周围已

经掌控在朱棣燕军的手中，这些救驾的诏书一份也没有成功发出去，全给燕军截获了。（《奉天靖难记》卷4;《明太宗实录》卷9）

时至六月十二日，燕军进一步逼近南京城，明皇宫里一片慌乱，有些大臣在为自已的未来准备着，更有一些大臣本来就是脚踩两只船者，甚至可以说是内贼，他们忘乎所以明目张胆地干起吃里爬外的事情来。徐达的小儿子徐增寿就是这么一个无耻之徒，他身居左都督，级别可能相当于国防部的部长，与哥哥徐辉祖完全两个样，他吃着建文朝的饭，暗地里却为朱棣办着事。徐增寿多次“忽悠”建文帝，竭力为朱棣掩盖罪行。“靖难”战争爆发后，他“数以京师虚实输于燕”，就是说徐增寿有好多次将明皇宫和南京城里的机密偷偷地告诉给朱棣。现在燕军日益逼近，这个徐增寿更加肆无忌惮，准备着如何响应燕军入城。监察御史魏冕发现了他的阴谋，马上上奏给建文帝，要求立即处斩徐增寿。但建文帝还不怎么相信徐增寿是个内贼，于是就亲自去诘问他有没有干过无耻之事？徐增寿理屈词穷，无言以对。一生性格文弱温和的建文帝此时再也无法抑制住内心的怒火，他手握利剑将徐增寿刺死在殿庑下。这大概是文弱的书生皇帝在他的政治生涯中发过的惟一一次大火了。（《明太宗实录》卷9;《明史·徐增寿传》卷125;【明】谈迁:《国榷·惠宗建文四年》卷12;【明】薛应旂:《宪章录》中说建文帝“手诛徐增寿於左顺门”）

杀了徐增寿，建文帝只是发泄了一下内心的愤怒而已，其实他也清楚，在建文朝宽和的政治环境下，这种吃里爬外的无耻小人又岂止徐增寿一人啊！时至今日，又能怎么办？建文帝长吁短叹，一筹莫展。（《奉天靖难记》卷4;《明太宗实录》卷9）

◉ 金川门之变

六月十三日，朱棣发出了向京师南京挺进的总命令。其实他比谁都明白，南京城在他“老爸”手里修得相当牢固，其军事防御能力绝不能低估，为此他先派了先锋官刘保到南京城下转了一圈。刘保发现南京城的朝阳门一带防守极为空虚，几乎没有什么军事防备。但奇怪的是朱棣没有下令从朝阳门进军，这到底是为什么？历史上没有给我们留下现存的答案。笔者认为，朝阳门一带是个非常敏感的地方，朝阳门就相当于今天南京城中山门，它稍稍入内一点就是明皇宫的东安门。据刘保的侦察说，这里没有防备，那么从这里进入南京城肯定是最近、最方便，但是朝阳门出外就是明孝陵，我们现在在南京城东所看到的明孝陵与中山门还有好一段距离，但在明代这里都属于孝陵陵园禁区。朱棣口口声声说自己是“老爸”朱元璋的“好儿子”，因而他总不至于笨到了在他“老爸”安睡的地方行军打仗；若是，这不仅是等于自己掮自己的耳光，而且还在舆论上将自己陷于不忠不孝的被动境地，朱棣那般狡诈的家伙才不会那么傻，所以最终他放弃了从朝阳门入城的念头。

朱棣的狡猾之处还不仅仅于此，因为他知道南京城里还有实力，贸然进攻，对方拼死抵抗，那就得不偿失了，自己不是没有吃过这样的亏，济南城打了三个月还是没打下来。所以朱棣进攻南京，不仅要靠军事武力，也要通过心理战和宣传战，起到“不战而屈人之兵”的目的，于是他就写了一份书信给在南京城里的弟弟妹妹们，告诉大家：我朱棣不图别的，就是为了除奸臣，恢复“祖制”，实际上也就是说，我不会对侄儿皇帝怎么样的，这种欺世盗名的手段有时还真能“忽悠”不少人。（《奉天靖难记》卷 4;《明太宗实录》卷 9）

再说此时南京城里的建文朝廷已经分崩离析了，大臣们不是准备投降就是打算亡命天涯。但对于建文帝来说，事到今日，尽管回天乏术，但也不能不作最后的一搏。他听从了方孝孺的建议，让亲王叔叔们去守卫南京城的各个城门，表面上看这似乎是个“绝妙”的主意，可他哪里知道这个主意本身就是冒着极大的风险。就当时朱棣进攻而言，如果南京城里那 200 000 守军好好坚守的话，朱棣很难一时半会儿就打进来了。但意外就发生在这个时候，受命镇守南京北部金川门的是谷王朱橞与曹国公李景隆，这两个坏蛋先前为建文帝去办皇差没办好，现在倒是“利用职务之便”办起自己的事来了，两人琢磨着，建文帝完了，燕王就是未来的主子啊，赶紧在新皇帝、新领导那里“挂个号”，先立个功，将来就是元老了。

六月十三日谷王朱橞与曹国公李景隆在金川门城楼上巡视时，远远望见了朱棣髦盖，立即打开金川门，迎接朱棣燕军的入城。朱棣听说后，真是乐坏了，这天上还真的掉下了个大馅饼了，为什么不吃啊！于是下令给燕军，迅速进城。燕军进入金川门时，魏国公徐辉祖这个建文帝的忠实大将尽管知道大势已去，但还是组织力量进行抵抗，不久就被打败了。由此以后，燕军几乎没费什么周折就控制住了京城，南京沦陷了！（《奉天靖难记》卷 4;《明太宗实录》卷 9;【清】谷应泰:《明史纪事本末·燕王起兵》卷 16）

燕军攻占南京，标志着四年的“靖难战争”以朱棣的胜利与建文帝的失败而告终。

◉ 建文最终失国

朱棣进入金川门后，迅速派兵进驻和把控明皇宫与南京城的要害之处。就在这时，建文帝不停地在明皇宫里徘徊，嘴里止不住地念着：“完了，完了，一切都完了！”后妃宫女们纷纷逃到后宫里边，聚集在皇帝朱允炆的周围，她们全都吓坏了，不停地在颤抖，并时不时地抬起那哭丧的脸望着建文帝。建文帝发话了："燕贼凶残，他们已经入城了，你们还是各自想办法吧！"众宫人四处乱跑，建文帝下令放火焚烧后宫。

乘着火起混乱之际，建文帝带了他的三儿子换了一套便服打算出逃，仓皇之中竟将自己的三儿子撂在了宫门口，这个建文三儿子后来就被燕军俘获了，而建文帝自己从此就从大明帝国的政坛上消逝而去。（【明】高岱：《鸿猷录·长驱金陵》卷8；【清】谷应泰：《明史纪事本末·燕王起兵》卷16）

第二章
建文悲歌与建文情结

金川门之变以后，朱棣迅速派出燕军，控制住南京城的局势，到处寻找政敌建文皇帝，同时又以最快的速度接管大明帝国的中央政权。但令他意想不到的是，整个建文朝投降的却只有20多号人，这实在是让他感到极其郁闷的，不，应该说是极其恼怒的。这些该死的顽固的“奸党分子”也太不与时俱进，死心眼，不懂变通，我让你们见识见识本燕王、即刻就任大明新主子的厉害，我要让你们明白是你们的脖子硬还是燕军将士的刀口硬！于是，大明开国以来又一场惨绝人寰的大规模屠杀从南京开始，史称“壬午殉难”。

建文帝走了，许许多多的建文忠臣殉难了，但建文帝及其所执政的那段大明历史却使人久久无法忘怀，由此形成了“建文情结”。中国传统儒家的“民本论”派曾说：“得人心者得天下。”但明初从“建文”转向“永乐”的那段历史却偏偏无情地背离了这个千年的“定理”，那么“得人心”的建文帝为什么会“失天下”呐？

壬午殉难

◉ 建文朝御史“欢迎”朱棣的特殊形式——金川门行刺

六月十三日，这原本是极为普通的一天，但对于600年前的南京城来说，那可是个非同寻常的日子，因为那天惊恐万分的“南京人”都知道，大明皇室老朱家里的那个居心叵测、起兵造反已经四年的燕王朱棣，带了他的那些如狼似虎的燕军将士不仅闯到了皇城根下，而且还将它给团团地围住了，他们耀武扬威，大有吞食南京之势。顿时，京城的局势更为紧张，就连南京城上空的滚滚乌云也几乎要被肃杀和危险的军事形势所凝固，黑云压城城欲摧。

就在此时，明皇宫里一片混乱，文弱的建文皇帝已经走到了他的政治生命的尽头。既然连老皇帝朱元璋亲自选定的接班人都面临着国破家亡的悲惨命运，那就更不用说其底下的大臣与普通百姓了。人们惊慌着，忙乱着，争相逃命。

不过与此相反，在南京城北的金川门周围却是另外一番景象，只见那金川门外里三层外三层的都是人。不过这些人都不是什么善主，他们个个手握兵器，虎视眈眈地盯着前方的金川门。在这人山人海的人群中，竖着两面特别大又醒目的旗帜：一面旗帜上写着大大的“靖难”两字，人们一看便知，这是燕王朱棣的军队，因为他们打着“靖难”的旗帜，人称燕军为“靖难军”；在“靖难军”中还有根大旗竿上挂着另一面特大的旗帜，上写斗大一般的“燕”字，不用说，那就是燕王朱棣的王旗。王旗下，坐在高头大马上的燕王朱棣脸上露出了狰狞的奸笑。四年了，日思夜想的不就是今天这么一个结果，而今真的来了，朱棣岂会不乐？！他踌躇满志地整合兵马，开赴南京城去，恨不得马上就能坐上那奉天殿上的九龙宝座。

就在朱棣心里甜美无比的那一刻，他屁股底下的坐骑已经穿过了金川门，进入了南京城。朱棣得意洋洋地回过头去，挥动着手，时不时地与城楼上为他打开稳如磐石的金川门的那两条哈巴狗——谷王朱橞、曹国公李景隆打着招呼。(《明太宗实录》卷 9;《奉天靖难记》卷 4)

突然间，从旁边道路上飞驰过来一匹快马，马背上坐着一个文臣装束的人，他手里拿了一把匕首，直奔朱棣这边。得意忘形的朱棣哪儿会料到今天会遇上这等事情，说时迟，那时快，只见马背上的刺客已将匕首刺到了朱棣的跟前。可刺客水平太臭，没把朱棣刺着，倒是给机警万分的燕王警卫亲兵给发现了，他们飞也似地举起兵器，轻轻地一拨，就将刺客给撂倒在地。惊恐不安的朱棣马上勒住了马缰绳，叫着亲兵们押住刺客，问个究竟。这不问不要紧，一问差点把朱棣给弄晕过去。

原来这个刺客压根儿不是什么正宗的科班出身，而是业余的，并且还是个文人，确切地说是建文朝的监察御史。他叫连楹，襄垣人，国子监生出身，洪武时曾任赞善。朱元璋十分欣赏连楹，多次赞美他刚正的品格，后来将他调任监察御史，总算是人尽其才。建文帝当政以后，尽管没有特别重用连楹，可人家连楹是个坦荡荡的君子，他不在乎自身官位的高低，而是将国家社稷利益放在第一位。“建文新政”他衷心拥护，建文削藩他献计献策，但建文北伐他心有余而力不足。“靖难战争”打了四年，一个堂堂的大明天子居然最后落到这步田地，连楹实在是看不下去了，他痛心疾首，但又无能为力。作为忠臣惟一能做的就是以身殉国，报效君恩，而现在就是为国为君尽忠的时候了。

建文四年六月十三日，连楹巡视京城，当走到城北金川门时，他听到人们惊讶地议论着："曹国公李景隆太不像话，人家皇帝对他那么好，可他倒好，不仅打了败仗，将建文帝500 000大军的家底全给葬送了，今天他还打开金川门，将朱棣的燕军给放了进来，这人太无耻了！"连楹听着，肺都要气炸了，马上找人，搞到了一把匕首，然后直奔金川门。迎面远远而来的还是燕王朱棣，只见他得意洋洋地坐在马背上正往城内赶。连楹跃马上背，飞驰向前，直刺朱棣……

连楹被捕后，惊恐未定的朱棣做梦也没有想到，建文朝的那些手无缚鸡之力的文臣学士却以这样的形式来"欢迎"他们老朱家的"最为优秀的皇位继承人"，他顿时兽性大发，下令将连楹乱刀砍死。可奇怪的事情发生了，从刚刚死去的连楹身上冒出一股白气直往上冲，连壮士的尸体直直地站在金川门内侧，久久不倒。(【明】谈迁：《国榷·惠宗建文四年》卷12；《明史·连楹传》卷141)

◉ 朱棣大为光火：建文朝不少于600号大臣却只有25个"识时务"者来降

金川门行刺后，朱棣花了好长时间才缓过神来，稳定住情绪，下令给燕军将领，迅速控制住南京城的局势，寻找政敌建文皇帝的下落。可令朱棣万万没想到的事情又发生了。

就在燕军进入京城之际，南京城东南方的明皇宫顿时燃起了熊熊大火，25个"识时务"的建文朝大臣在兵部尚书茹瑺的带领下，手举降表出来迎降燕王朱棣。他们是吏部右侍郎蹇义，户部右侍郎夏原吉，兵部左侍郎刘儁、右侍郎古朴，刑部侍郎刘季篪，大理寺少卿薛嵓，翰林学士董伦，翰林侍讲王景，翰林修撰胡靖、李贯，翰林编修吴溥、杨荣、杨溥，翰林侍书黄淮、芮善，翰林待诏解缙，给事中金幼孜、胡濙，吏部郎中陈洽、兵部郎中方宾，礼部员外宋礼，国子助教王达、郑(邹)缉，吴府审理副杨士奇，桐城知县胡俨。(【明】谈迁：《国榷·惠宗建文四年》卷12；【清】谷应泰：《明史纪事本末·燕王起兵》卷16；【明】薛应旂：《宪章录》卷14)

朱棣恼怒不已，整个建文朝不少于600号大臣却只有20多号人来降，这四年来牙根一直咬得咯咯响发誓要捉拿的"奸臣"却没见踪影，朱棣心头堵得慌，他首先开列了29个左班文臣为"奸党"分子，命人迅速缉拿。

○ 第一榜"奸党分子"(29人)

朱棣第一次开列与揭榜的"奸党"分子有：太常寺卿黄子澄，兵部尚书齐泰，礼部尚书陈迪，文学博士方孝孺，都察院左副都御史练子宁，礼部侍郎黄观，大理寺少卿胡闰，大理寺丞邹瑾，户部尚书王纯，户部侍郎郭任，户部侍郎卢迥，刑部尚书侯泰，刑部尚书暴昭，工部尚书郑赐，工部右侍郎黄福，吏部尚书张纨，吏部左侍郎毛太亨（毛泰），户科给事中陈继之，监察御史董镛，监察御史曾凤韶，监察御史王度，监察御史高翔，监察御史魏冕，兵部郎中谢升，前监察御史尹昌隆，宗人府经历宋征，户部侍郎卓敬，翰林修撰王叔英，户部主事巨敬。

朱棣还发话：对于检举与捉拿"奸党"者要予以奖赏，"凡文武官员军民人等，绑缚'奸臣'，为首者升官 3 级，为从者升 2 级；绑缚官吏，为首者升 2 级，为从者升 1 级"。相关部门奉旨张贴告示，一场检举与捉拿"奸党"的群众运动在大明首都南京首先开展起来了。在这场运动中，大明帝国的臣民们表现出高度的"政治觉悟"和"参政"的热情，"自是擒获得官甚众，乘机报私仇，劫掠财物者纷纷，虽禁不能止也"。（【明】谈迁：《国榷·惠宗建文四年》卷 12；【清】谷应泰：《明史纪事本末·燕王起兵》卷 16）

○ 4 个"被冤枉的奸党分子"

朱棣"钦定"的第一批"奸党分子"名单一张榜，那 29 个"奸党分子"中就有 4 个大臣赶紧出来迎驾归附；他们是建文朝工部尚书郑赐、户部尚书王纯、工部右侍郎黄福和前监察御史尹昌隆。这 4 人纷纷表示，自己被列入"奸党分子"行列实在是太冤枉了，他们全是"为奸臣所累，乞宥罪"。朱棣问左右及已经投降的那些"与时俱进"的大臣，这时那两只断了脊梁的"政治导盲犬"李景隆和茹瑺赶紧出来为这 4 个"被冤枉的奸党分子"说话了。朱棣一发"善心"，觉得能争取还是争取一部分吧，于是同意解除对这 4 人"奸党罪"的"指控"，官复原职，这下可将李景隆和茹瑺这两条哈巴狗给神气坏了。明眼人一看就明白，李景隆和茹瑺在新主子朱棣心目中有多重的分量啊。狗的嗅觉是极其灵敏的，李景隆和茹瑺也不例外，他们可要好好地表现一番了，当好"政治导盲犬"，于是两人又继续讲，将建文朝吏部尚书张纨列为"奸党"行列也不妥。

大家千万别以为李景隆和茹瑺这两只没了脊梁的哈巴狗在做好事，他们之所以这么做是为了求得自己内心的一片安宁，李景隆——建文朝北伐大业全坏在他的手里，茹瑺带领 25 个建文朝"识时务"的大臣首先出降。作为降臣和变节者自古以来就要遭受道德、良心的谴责和正直史学家的诟病，而他俩又是"首席"归降者，对新主子有功，同时意味着对旧主有着永远也偿还不了的良心债，他们不想给自己留下太多的骂名，积点德也为以后在新朝廷中拥有较好的人脉关系先铺垫铺垫；再说李景隆和茹瑺这两条没了脊梁的哈巴狗的政治觉悟也特别高，朱棣起兵打的什么旗子？“清君侧，复祖制”，他们估摸着朱棣行将建立的新朝廷的最大的政治——恢复朱元璋时代的一切规制，而被列入“奸党”行列的建文朝的工部尚书郑赐、户部尚书王纯等原本都是洪武朝的大臣，老皇帝在时这几人就已经是封疆大吏了，高皇帝肯定他们呀，否则怎么会给他们那么大的官做？你燕王总不敢否定你“老爸”的政治吧，否则你怎么能当你“老爸”的“好儿子”呢？所以李景隆和茹瑺在这个充满杀气的关键时刻敢为别人“直言”。

而朱棣还真给面子，下令给张紞官复原职（另有书中说张紞最终殉难了）。但朱棣是什么人？是比狐狸还要狡猾的政治场上的野兽，敏感的嗅觉使他闻到了一种特殊的味道，这两条没有脊梁的哈巴狗好像在“救人”结党，这可不是好事啊，于是赶紧发话，到此为止，其余的都不宽宥了。（【清】谷应泰：《明史纪事本末·燕王起兵》卷16；【明】谈迁：《国榷·惠宗建文四年》卷12）

○ 第二榜“奸党分子”（33人）

不仅不能再宽宥，朱棣还要追加开列“奸党”分子，于是就有了第二批“奸党”名单，他们是礼部侍郎黄魁，左拾遗戴德彝，兵科给事中韩永，燕府左长史葛诚，衡府纪善周是修，护卫指挥卢振，沛县知县颜伯纬，北平左布政使张昺，兵部尚书铁铉，兵科给事中龚泰，副都御史茅大芳，徽州知府陈彦回，萧县知县郑恕，锦衣卫都指挥使总兵官都事宋忠，苏州知府姚善，刑部侍郎胡子昭，左佥都御史周璿，南昌知府叶仲惠，参军高巍，德庆侯廖镛，魏国公徐增寿，太常寺少卿卢原质，监察御史郑公智，编修林嘉猷，河南参政郑居贞，辽王府纪善程通，监察御史牛景先，谷王府长史参军刘璟，宾州知州蔡运，太常少卿王艮，御史甘霖、叶希贤、黄希范等共计33人。（【明】谈迁：《国榷·惠宗建文四年》卷12；【清】谷应泰：《明史纪事本末·燕王起兵》卷16；《明史》卷141—143）

◉“壬午殉难”

如果我们将朱棣前后两次开列的“奸党”名录人数合起来算的话，总计被指认为“奸党”的人数为58人。在这58人当中文臣学士占了95%以上，难怪有人说“靖难之役”是文人学士集团与军人武夫集团之间的一场政治较量与斗争。我们姑且不去讨论“靖难之役”的性质，但就这50来号“奸党”分子与20来号的“投降变节分子”相比而言，实在是让朱棣感到极其郁闷的，不，应该说是极其恼怒的。这些该死的死顽固的“奸党分子”也太不识时务，死心眼，不懂变通，我让你们见识见识本燕王、即刻就任大明新主子的厉害，我要让你们明白是你们的脖子硬还是燕军将士的刀口硬！于是，大明开国以来又一场惨绝人寰的大规模屠杀从南京开始了，因为建文四年(1402)为旧历的壬午年，人们就将建文帝忠实追随者、支持者及其亲族和乡邻所遭受的杀戮和迫害称为“壬午蒙难”，或称“壬午殉难”。

“壬午殉难”的发生使得原本祥和的大明帝国(至少说南方是如此)笼罩在血色的恐怖之中，都城南京顿时成了人间地狱。朱棣的爪牙们像疯狗一般地追查“奸党”分子，他们上房揭瓦，挖地三尺，宁可错杀一千，不可使一个漏网，于是被指认为“奸党”分子的建文朝文臣学士及其亲友和乡邻都一个个地成了朱棣登上大明帝国君主宝座的祭品，上演了无数的令人触目惊心、扼腕叹息的人间悲剧。

○ 原来他不仅是只毒嘴乌鸦而且还是个内贼——尹昌隆

但在这一出出可歌可泣的“壬午殉难”悲剧中，还夹杂着一幕小丑闹剧，让人看了以后感觉是一头雾水，甚至是大跌眼镜。这出小丑闹剧的主人公就是我们在前面的“建文新政”与“建文削藩”两章中已经提到的一个人，即老与建文皇帝过不去的御史尹昌隆。

建文帝得了感冒临朝晚了一点，这个尹昌隆就对建文帝横挑鼻子竖挑眼，张开他的乌鸦嘴就咋呼，什么太阳几尺高了，你还安于枕上之乐，这样“旷职废业，上下懈弛”，岂不让四邻邦属知道了见笑。我在怀疑尹昌隆的性心理是否正常？人家建文皇帝才二十出头，不是说：“二十的男人是‘奔腾’，三十岁的男人是‘日立’，四十岁的男人是‘微软’……”人家建文皇帝 20 岁刚出头，即使“奔腾”一下也没有什么不是的；且从历史的实际来看，建文帝很可能是明朝十七帝中最为节欲的一位吧。而就是这个心术不正的尹昌隆逮住了一点不是什么瑕疵的瑕疵就大放厥词，肆意诋毁，给人的印象是好像他尹昌隆才是敢于“犯颜”的“直臣”，也幸亏当政的是文弱的书生皇帝，建文帝不仅没有与“乌鸦”尹昌隆过不去，反而赞扬他的“直言”。

其实尹昌隆的小人嘴脸在建文朝不是没有暴露过，只不过当时的人们都没有引起足够的重视。朱棣谋反起兵后，建文朝的大臣对于如何处置朱棣这个有着蛇蝎一般心肠的皇叔有着很大的争议。有人认为坚决征讨，有人主张议和了再说。就在这时，一向披着“直臣”外衣的“乌鸦”尹昌隆却“标新立异”地向朝廷提出了自己的“高见”，他说：“今事势日去，而北来奏章有周公辅成王之语，不若罢兵息战，许其入朝。彼既欲伸大义于天下，毋使相违戾。设有蹉跌，便须举位让之，犹不失藩王也。若沈吟不断，祸至无日，进退失据，虽欲求为丹徒布衣，不可得矣。”(【明】姜

清:《姜氏外史》卷1;【清】谷应泰:《明史纪事本末·燕王起兵》卷16)

这哪像是个臣子为皇帝出点子,为国家解难,简直就是在为造反者壮势来恐吓本身就文弱的建文皇帝;但让尹昌隆根本没想到的是,看似文弱的建文帝没吃他这一套,也没把他的话当回事。说实在的,当政的要不是朱允炆这样的文弱之主,那么尹昌隆这只居心叵测的“乌鸦”早就要到朱元璋的阴曹地府里去报到了,因为当时建文帝朱允炆完全可以以“混淆视听,破坏朝纲”的罪名修理一下这个为“蝎子”张目的“乌鸦”。但没想到建文帝又一次出奇的大度,却为这只毒嘴乌鸦在后来临难之际找到了救命的稻草。

金川门之变后,朱棣发布“奸党”名录,以“直臣”闻名的尹昌隆也“榜上有名”。朱棣令人按照名录搜捕“奸党”分子。与其他视死如归慷慨就义的“奸党分子”形成截然相反的情形是,尹昌隆这位在建文朝以“刚正不阿”形象出现的“直臣”,却在面对燕军的屠刀时大呼冤枉。朱棣觉得十分好奇,就问他冤从何来?尹昌隆说:“臣曾经上过奏章,规劝建文帝将皇帝的位置让给陛下您啊。您要是不信,奏章档案还在,可以马上去查一下。”朱棣可不是昏庸之主啊,马上下令停止用刑,让人去大明帝国的档案处查阅一下尹昌隆上过的奏章。还真查到了,朱棣拿过从档案室里取来的奏章,认真地读着,一不留神他激动地哭了出来,当即跟尹昌隆说:“火烧头,若早从此言,则南北生灵受祸未至若是之酷,朕亦无此劳苦也。”(【明】姜清:《姜氏外史》卷1;【清】谷应泰:《明史纪事本末·燕王起兵》卷16)

朱棣这样的政治家就是与众不同,明明是谋逆造反,他还觉得反得有理,一反到底。错的不在于他这个非法暴乱的制造者,而是合法的国家之主建文帝;朱棣会激动,让他激动的是建文朝臣几百号人中还有这么一个端着建文朝的饭碗却在暗中偷偷地为自己“打工”的“直臣”,直到把建文朝廷“忽悠”够了,这个“直臣”的庐山真面目才露出来,原来他不仅是只有着一张毒嘴的“乌鸦”,而且还是一个吃里爬外的内贼和一条断了脊梁的哈巴狗。

对于这样的意外“发现”,朱棣当然要喜极而泣了。由“乌鸦”瞬时间又变成了“哈巴狗”,尹昌隆自然也就不会再被处死了,相反他在永乐朝开启时还受到了重用。

○“壬午殉难”的第一篇章——15个血性文臣壮士

虽然从建文四年六月十三日起大明之主还是姓朱,但此朱非彼朱,大明建文朝的大臣可分得清了。于是分化成两个阵营:要么迅速归降给这个从北平来的新主子、做新王朝的顺民;要么守望建文朝的精神家园,魂系理想之天国,舍生取义。这不，六月十三日朱棣进入南京城的当天，就有15个建文朝的文臣忠君殉难，他们是御史府署佥都御史程本立，兵部侍郎边升，太常寺少卿廖升，翰林院修撰王艮，编修陈忠，户科都给事中龚泰，刑科给事中叶福，监察御史连楹、魏冕，大理寺丞邹瑾、丁志方，工部郎中张安国、韩节，刑部主事刘原弼，参赞军务前军都督府断事高巍。(【明】谈迁：《国榷·惠宗建文四年》卷12)

◉ 壬午殉难到底有多少建文朝大臣？

自明代以来，有关“壬午殉难”的历史记载很多，但有关“壬午殉难”的研究目前还很不够，人们的目光往往停留在那些殉难大臣对建文帝的“愚忠”这一传统的“定性”问题上。其实“壬午殉难”很奇怪，也很复杂。有人说建文帝与他的政敌朱棣相比，算不上是一个好皇帝。如真是这样的话，令人不解的问题又来了，从建文到永乐怎么会有那么多的人自愿“殉难”或至死不愿做“贰臣”而被迫“殉难”或被株连，不管哪一种情形，如此之多的人们去“殉难”了，这似乎在历史上是不常见的景象。明代学者就曾这样说道：“自古国家易姓，莫甚于宋、元，盖以夷易华也。然考之传纪，一时死义之臣，如文信国、谢叠山、张、陆数公之外，指不多屈。我国朝革除，虽南北交兵，原叔侄相代，乃当时死难不屈之臣，上自宰辅，下逮儒绅不具论，而深山穷谷中往往有佣贩自活、禅寂自居者。异哉，此亘古所无也！”(【明】张燧：《千百年眼》卷12)

大凡在中国历史改朝换代时，总会出现了一些至死不愿做贰臣的“节烈之士”或称为愚忠之臣，但数量不多，一般不会超过几十个，绝对不像建文朝居然有100多号大臣(有名可考)不愿与同是朱元璋的“子孙”的朱棣合作，甚至不愿做他的臣民，这实在是不可思议。

在我们试着揭开谜底之前，不妨先将“壬午殉难”的建文朝大臣总体上做个梳理。详见笔者制作的下表。

建文朝“壬午殉难”著名大臣简表

序号	殉难大臣姓名	籍贯	大臣官职	殉难事迹简介
1	陈性善	山阴	副都御史	灵璧战败，与彭与明等皆被执，后自尽
2	黄墀	余姚	不明	灵璧战败，与陈性善等皆被执，后自尽
3	陈子方	余姚	不明	灵璧战败，与陈性善等皆被执，后自尽
4	彭与明	万安	大理丞	灵璧战败被执，亡去，不知所终

续表

序号	殉难大臣姓名	籍贯	大臣官职	殉难事迹简介
5	刘伯完	不明	钦天监副	灵璧战败被执,亡去,不知所终
6	陈植	庐江	兵部右侍郎	被叛将所杀
7	王彬	东平	监察御史	被叛将所害
8	樊士信	应城	兵部主事	守淮,力拒燕兵,不胜,死之
9	廖升	襄阳	太常寺少卿	闻茹瑺到龙潭议和,失败,自缢而亡
10	刘原弼	扶沟	刑部主事	金川门之变后,巷战献身
11	边升	荥泽	兵部左侍郎	抵抗燕军失败,被俘不屈而死
12	程本立	崇德	佥都御史	惊闻金川门之变,自尽而死
13	陈忠	宁波	翰林编修	燕兵入金川门,死之
14	叶福	闽县	刑科给事中	燕兵入金川门,死之
15	王艮	吉水	翰林院修撰	与解缙等想约共殉难,唯他服鸩卒
16	龚泰	义乌	户科给事中	明皇宫救火途中被俘,投城下摔死
17	连楹	襄垣	监察御史	金川门行刺朱棣未成,被燕军乱刀砍死
18	魏冕	永丰	监察御史	厉声斥责投降派,为建文帝殉节
19	邹瑾	永丰	大理寺丞	自杀,后被夷族,共448人
20	邹朴	永丰	秦王府长史	闻偶像邹瑾死,愤激,不食而卒
21	张安国	定海	工部郎中	泛舟太湖,闻建文亡,凿舟沉死
22	丁志方	聊城	工部郎中?	以死报君恩
23	韩节	扬州	工部郎中?	金川门之变后,为燕军所杀
24	高巍	辽州	都督府断事	闻京师被燕军攻陷,自缢于驿舍
25	徐垕	黄岩	兵部右侍郎	在外募兵,京师家毁,被逮至南京而死
26	谭翼	不明	兵部郎中	金川门之变后,赴火而死,妻儿自缢
27	高逊志	萧县	太常寺少卿	金川门之变后,不知所终
28	顾硕	仙居	吏部主事	弃官而去,为富家牧牛
29	陈周	无锡	不明	逃离南京,归隐无锡老家
30	丰寅初	宁波	德化教谕	弃官躬耕于老
31	韩郁	铅山	监察御史	离开京师,不知所终
32	李贞	海宁	监察御史	遁入临平山中

续表

序号	殉难大臣姓名	籍贯	大臣官职	殉难事迹简介
33	周是修	泰和	衡府纪善	自尽于应天府学
34	陈彦回	莆田	平江知县	为建文募兵被抓,不屈而死,妻子给配
35	张彦方	龙泉	乐平知县	募兵勤王,被执逮到乐平枭首
36	郑华	临海	东平吏目	不愿做贰臣,绝食而死
37	郑恕	仙居	萧县知县	燕军破萧,不屈而死。二女当配,亦死之
38	王良	祥符	浙江按察使	自焚于公署,妻投河,亲族徙边
39	黄观	贵池	礼部右侍郎	投水自尽,姻党戍边者百余人
40	齐泰	溧水	兵部尚书	不屈被杀,族诛,女家眷送教坊司
41	黄子澄	分宜	太常寺卿	被杀,族诛 65 人,姻党 400 余人戍边,女家眷送教坊司。诛十族
42	方孝孺	宁海	翰林侍讲学士	诛灭“十族”,其一狱就有 873 人被害
43	林嘉猷	宁海	陕西佥事	坐方孝孺案,不屈而死,族诛
44	卢原质	宁海	太常寺少卿	坐方孝孺案,不屈而死,族诛
45	郑公智	宁海	监察御史	坐方孝孺案,不屈而死,族诛
46	郑居贞	闽县	礼部郎中	坐方孝孺案,不屈而死,族诛
47	刘政	苏州	不明	闻方孝孺蒙难,吐血而死
48	廖镛	南京	德庆侯后人	坐方孝孺案,不屈而死
49	廖铭	南京	德庆侯后人	坐方孝孺案,不屈而死
50	陈迪	宣城	礼部尚书	父子 6 人被凌迟处死,宗亲 180 人戍边
51	暴昭	潞州	刑部尚书	被朱棣去光牙齿,断手足,折颈而死
52	毛太亨	浙江	吏部左侍郎	被抓后,不肯向朱棣屈服,被杀
53	卓敬	瑞安	户部左侍郎	被杀,夷三族,余下亲族流配武康
54	郭任	丹徒	左户部	不屈就义,长子连坐,少子戍广西
55	卢迥	仙居	户部侍郎	唱着歌英勇就义
56	黄魁	吉安	礼部侍郎	不屈而死,亲族死难 63 人
57	卢植	不明	不明	不屈而死?
58	练子宁	新淦	左副都御史	不屈惨死,族诛,姻戚死 151 人,谪戍数百人。瓜蔓抄

续表

序号	殉难大臣姓名	籍贯	大臣官职	殉难事迹简介
59	胡闰	鄱阳	大理寺少卿	被剥皮，族诛，长子连坐死，幼子充军交趾，小女儿给配功臣家，瓜蔓抄，戍边数百人，连累而死者数千人
60	司中	不明	佥都御史	被铁帚刷肉刷死，姻党同死 80 余人
61	董镛	不明	监察御史	被杀，女发教坊司，姻亲死戍 230 人
62	戴德彝	奉化	监察御史左拾遗	与两弟德信、德祐在南京被害，妻子焚毁家谱，二子得以保存
63	陈继之	莆田	户科给事中	不屈磔死，夷三族
64	韩永	西安	不明	朱棣要他出来继续当官，但他不屈而死
65	甘霖	怀宁	监察御史	从容就义，子孙相戒不复做官
66	高翔	朝邑	监察御史	被杀，瓜蔓抄，毁先墓，亲党 300 人编戍
67	巨敬	平凉	户部主事	被责问，不屈而死，夷族
68	杨任	嘉兴	原袁州知州	不屈磔死，族诛 93 人，戍边百余家
69	刘端	不明	大理寺丞	被朱棣割鼻、捶杀，家族被戍边
70	王高	不明	刑部郎中	被朱棣割鼻、捶杀，家族被戍边？
71	王叔英	黄岩	翰林修撰	自尽于广德
72	林英	古田	监察御史	与王叔英募兵广德，力曲自尽，妻下狱
73	张纨	富平	吏部尚书	自尽于京师吏部大堂后堂
74	侯泰	南和	刑部尚书	督饷在外，高邮被执，本人就戮。弟敬祖、子玘寻坐死
75	姚善	安陆	苏州知府	不屈磔死，儿子被罚作燕军将领奴仆
76	黄钺	常熟	礼科给事中	闻好友姚善死，哭祭后投河自尽
77	景清	真宁	左佥都御史	打光牙齿，被剥皮，夷族，瓜蔓抄
78	曾凤韶	庐陵	都察院御史	不仕朱棣，血书绝命词而自尽
79	茅大芳	泰兴	右副都御史	他与 3 个儿子被害，妻子送教坊司
80	周璿	武昌	佥都御史	被执不屈而死，妻儿下大狱
81	胡子昭	庐陵	刑部左侍郎	被押 5 个月，不服，磔于西市，女入宫，戍边姻亲 58 家

续表

序号	殉难大臣姓名	籍贯	大臣官职	殉难事迹简介
82	铁铉	邓州	兵部尚书	受尽酷刑，还被油炸，父母与儿子被戍边，妻女送教坊司
83	刘璟	青田	谷王府长史	不仕朱棣，不屈对抗，下狱，辫发自尽
84	高不危	不明	不详	家属被逮至京，弟宣戍海南卫，审发习匠
85	陈思贤	茂名	漳州府学教授	被人执送京师，不屈而死
86	伍性原	漳州	漳州府学学生	被人执送京师，不屈而死
87	陈应宗	漳州	漳州府学学生	被人执送京师，不屈而死
88	林钲	漳州	漳州府学学生	被人执送京师，不屈而死
89	邹君默	漳州	漳州府学学生	被人执送京师，不屈而死
90	曾廷瑞	漳州	漳州府学学生	被人执送京师，不屈而死
91	吕贤	漳州	漳州府学学生	被人执送京师，不屈而死
92	王度	归善	监察御史	坐方孝孺党，先戍后论死，灭族
93	龙镡	不明	晋王府长史	被燕军所抓，不屈而死
94	宋征	不明	宗人府经历	责问不屈，被磔杀，亲族被诛灭
95	程通	绩溪	辽王府长史	被械送京师，家人戍辽，籍其家
96	黄希范	不明	徽州知府	坐程通党，论死，籍其家
97	蔡运	南康	宾州知州	有善政，后论死，百姓怜而思之
98	何申	不明	中书舍人	奉使四川，闻京变，恸哭吐血而死
99	汤宗	不明	北平按察佥事	上告领导陈瑛受贿，被陈瑛报复治死
100	卢振	不明	不明	与徐辉祖伐燕，后被杀灭族
101	牛景先	不明	监察御史	被治齐黄党人，本人出亡，妻送教坊司
102	黄彦清	歙县	国子监博士	在梅殷军中私谥建文帝，论死
103	金兰	不明	贵池典史	坐黄彦清案，下狱
104	方法	桐城	四川都司断事	不与同僚共署祝贺朱棣上台，自尽续表
105	张安	不明	指挥	被执，中途逃走，隐于乐清，后投水死
106	叶惠仲	临海	南昌知府	修《明太祖实录》斥朱棣为逆，论死，没家
107	徐子权	不明	刑部主事	闻直臣练子宁被杀，自尽而死
108	周继瑜	不明	松江同知	被执不屈，后被磔杀于市

续表

序号	殉难大臣姓名	籍贯	大臣官职	殉难事迹简介
109	梅殷	夏邑	驸马都尉	被朱棣手下谋杀于南京笪桥
110	耿璿	南京	驸马都尉	建文帝的姐夫，被朱棣所杀害
111	耿瓛	南京	都督	被朱棣所杀害
112	楼琏	金华	侍读	不愿为朱棣起草登基诏书而自杀
113	王琎	日照	宁波知府	造舟舰谋勤王，为卫卒缚至京，归乡里
114	石允常	宁海	常州同知	入狱二年，免死戍边
115	高贤宁	济阳	太学生	不屈，但与朱棣宠臣纪纲同学，得归隐
116	储福	常熟	燕山卫小卒	绝食死，朱棣等叫人强奸其妻，人不愿

（上表史料来源：《明史》卷141—卷144；【明】谈迁：《国榷·惠宗建文四年》卷12，P836—866；【明】姜清：《姜氏外史》卷1—5；【明】黄佐：《革除遗事》卷1—6；【清】谷应泰：《明史纪事本末·壬午殉难》卷18，P291—308）

从表中我们可以看出，“壬午殉难”中有名考的建文朝文臣学士共计在107位左右（上表中的储福等不属于朝臣，故而不计入内），综合建文朝殉难的大臣学士的情况，笔者发现有以下几个特点：

第一，“壬午殉难”中的建文朝文臣学士以南方籍贯的居多，有70多个（籍贯不明者未计算入内），占殉难文臣学士总数的80%以上。

第二，“壬午殉难”中的建文朝文臣学士大多死得很惨，牵连的亲族很广。甚至连未成年的儿孙都被处死，这既与《大明律》加重对“政治异己分子”的处罚力度有关，又是朱棣魔鬼兽性恶性张扬的必然结果。

第三，“壬午殉难”中的建文朝文臣学士的家眷几乎个个都表现出令人可歌可泣的刚烈与忠贞，这在中国历史上也是不曾多见的。

第四，“壬午殉难”中的建文朝文臣学士中好多蒙难的女家眷都被朱棣送到了官办的妓院——教坊司，任人践踏，实在令人发指。

第五，建文朝壬午殉难者中不仅有一大批文臣学士，而且还有底层的平民、学生和小卒，他们个个都是好样的。譬如燕山卫小卒储福就是这样的人。储福殉难后，他的那个貌如天仙的妻子年仅20岁就开始守寡，还要赡养婆婆。朱棣叫无赖去糟蹋储福妻子，但那无赖却也被储福一家的忠烈事迹感动得不忍下手。（【清】谷应泰：《明史纪事本末·壬午殉难》卷18）

第六，“壬午殉难”中的建文朝文臣学士大约是107个，但实际株连被杀的可能有数万人，戍边与充军就不计其数。《明史》中有这样一段记载：“都御史陈瑛灭建

文朝忠臣数十族，亲属被戮者数万人。”(《明史·佞幸·纪纲传》卷307)

建文悲歌

尽管朱棣发足了魔鬼般的兽性，将一个个建文朝的忠臣孝子与烈妇贞女加以摧残和蹂躏，并把他们推入了万劫不复的苦难深渊，但建文朝的文臣学士及其家眷们却没有被朱棣的淫威所吓倒，他们唱出了威武不屈、忠君报恩、视死如归和舍生取义等一曲曲的建文悲歌。

◉ 至死仍然抗辩不屈的建文帝老师——黄子澄

太常寺卿黄子澄应该说是建文朝的“罪臣”。凭着从书本上学来点兵法知识，黄子澄就在建文帝面前推荐一个膏粱子弟“官二代”李景隆为北伐的主帅，500 000人大军就此葬送，建文朝的家底可以说至少有一半败在黄子澄的手里，所以说黄子澄应该对建文帝的败亡负有不可推卸的重大责任。每当人们谈到这段历史时，老觉得黄子澄是一个可恨的人物，这是历史一面，历史的另一面是黄子澄还有许多令人可怜甚至可敬之处，这主要体现在他生命的最后时刻。

当朱棣燕军不断南下，朝廷军队连连败绩之时，建文帝为掩人耳目，自动“除去”朱棣进逼的口实，对外宣布贬黜了黄子澄与齐泰，将他们“谪外”，而实际上密令他们募兵。

黄子澄微服出行，从南京出发经水路太湖到苏州。苏州知府姚善是建文朝廷的铁杆支持者，对于危难之际朝廷要臣的到来，没等黄子澄开口他就知道是怎么一回事。姚黄两人对于风雨飘摇的建文政权表示出极度的担忧，说着说着，说到了皇帝募兵勤王的事情。姚善认为，勤王这等事情尽管十分重要，也是我们做臣子应该做的，但像黄子澄这样重要的大臣应该留在南京明皇宫里的，怎么能叫他到外面来？于是姚善就给建文帝上书说：“子澄才足捍难，不宜弃闲远以快敌人。”建文帝接到姚善的上书后，觉得可能是自己的做法不妥，于是就下令将黄子澄召回，但黄子澄还没来得及赶回南京，朱棣燕军已经占领了京师。黄子澄只好又折回苏州，到姚善那儿去，秘密地住下了，并与姚善商议，一起出海向人借兵。但姚善不同意黄子澄的不切实际的想法，他说：“黄公，您是朝廷要臣，理当收集将士图谋复兴，姚善我呢，应该是守城，与苏州城共存亡，不能舍本求末、异想天开啊！”(【明】姜清：《姜

氏外史》卷 5;《明史·黄子澄传》卷 141)

由于与姚善观点不一致,黄子澄只好离开了苏州,前往浙江嘉兴去,找一个叫杨任的退休官员。要说这个杨任也是一个不错的地方父母官,曾在江西任过袁州知府。他忠于建文帝,所以黄子澄去找他,应该来说政治上是不成问题的。但杨任原本也是文官,且已经退休,要举兵勤王谈何容易,于是黄子澄只得在杨任家中住下了。可没有多久,被人告发,杨任与黄子澄一同被逮到了京师南京,杨任被磔死,他的两个儿子杨礼和杨益都被处斩,杨家亲属戍边。(《明史·杨任传》卷 141)

黄子澄因为是通缉的"首恶"奸臣,押到南京以后,由魔头朱棣亲自审问,但黄子澄"抗辩不屈"。朱棣气急败坏地下令,将黄子澄凌迟处死。黄子澄族人不分老小共计 65 口全部被处斩,姻亲 400 多人戍边。(【明】姜清:《姜氏外史》卷 5;《明史·黄子澄传》卷 141)

◉"黑马"走急了出汗变成白马,顾命大臣悲壮地走到了人生的尽头——齐泰

建文朝兵部尚书齐泰,是朱棣起兵造反借口中的另外一只替罪羊。坦率地说,齐泰在建文朝重臣中可能是最为建文帝所看轻的一个,可滑稽的是建文朝大事谋划时往往是齐泰的观点比较客观,基本上抓住了问题的要害,但似乎是建文帝更信任黄子澄与方孝孺。据谈迁的《国榷》记载,齐泰还是朱元璋临终前的顾命大臣。如果真是如此的话,那么齐泰主张削藩要死,不主张削藩也要死,因为朱棣说朱元璋临终时问:"四子来了吗?"言下之意要传位于皇家老四,这其实全是朱棣想做皇帝想疯了的胡言乱语。齐泰若是听到老皇帝要改主意传位于朱棣,可想而知他必定不会那样死命地护着建文帝了。而历史上的齐泰恰恰是建文帝的"死党",一切都明了:只要朱棣打入南京城,齐泰必死无疑。(【明】谈迁:《国榷·太祖洪武三十一年》卷 10,中华书局 1958 年 12 月第 1 版,P783;【明】赵士喆:《建文年谱》卷上,P27)

朱棣进军南下,齐泰与黄子澄曾被建文帝"谪外",而实际上是在外秘密募兵,但募兵没募到。燕军进逼南京时,建文帝下诏将齐泰与黄子澄召回,可齐泰还没来得及赶回,京师就沦陷了,他只好逃亡外地,图谋复兴。朱棣下令重金悬赏捉拿"齐、黄"奸党,风声相当紧,齐泰四处躲藏,但没多久,齐泰在安徽广德被人发现了。为了逃避追捕,他乔装改扮,甚至将自己骑的白马也用墨汁涂成黑马。由于当时是夏天,追兵追得急,齐泰拼命地驱赶着"黑马",哪知这"黑马"一走急就开始大出汗,

“黑马”顿时又变成了白马，有人熟悉齐泰的白马，当场就认了出来，“这不是齐尚书的马吗?!”齐泰就此被捕，后被押往南京。面对朱棣的淫威与兽行，他与黄子澄、方孝孺等建文重臣都表现出大义凛然、视死如归的英雄气概，最终被朱棣以极刑处死。

齐泰全家遭到了诛灭，连堂兄弟齐敬宗等人也被朱棣连坐杀害，齐泰的叔叔齐时永、齐阳彦等被谪戍荒边。齐泰有个儿子当时刚刚满6岁，没被处死，但被配作奴仆，一直到了朱棣儿子朱高炽当政时才被赦免，放回老家南京溧水，此时这个齐泰惟一尚存的血脉大约已经30岁了。(《明史·齐泰传》卷141;【明】姜清:《姜氏外史》卷1)

◉“自分一腔热血少，尽将赤族报君王”——方孝孺

金川门之变后，燕军开入南京城，大肆搜捕忠于建文帝的文臣学士，方孝孺这个“建文新政”的核心人物就是此时被捕下狱的。

朱棣在北平发兵准备南下时，他的军师道衍和尚即姚广孝一路送出，到了北平郊外时，道衍和尚突然下跪。朱棣是个狂徒，什么人都不放在他眼里，唯独对这个道衍和尚特别尊重，因为他的起兵是道衍一手教出来的，每当危难之际都是由道衍给他指点迷津。朱棣外出打仗，他的老巢北平城里总能安然无恙，这都有道衍和尚的功劳。所以说，朱棣看到道衍给他下跪，自然惊诧不已，赶紧将他扶起，并问他有何指教？道衍说:“贫僧有一事相求，恳请大王恩准。”朱棣说:“先生有何高见赶紧说来，本王照做就是了!”道衍说:“南有方孝孺者，素有学行，武成之日，必不降附，请勿杀之，杀之则天下读书种子绝矣!”(【明】姜清:《姜氏外史》卷1;【明】李贤:《古穰杂录摘抄》;【清】谷应泰:《明史纪事本末·壬午殉难》卷18)

朱棣是一只极其狡猾的政治野兽，跟朱元璋一样，十分残忍，但道衍和尚的话他还是当回事的。因为他深知，欲论当今大明读书人中的道德文章，方孝孺当为天下第一，要是让这样的天下第一号文化名人给自己登基起草诏书，还愁普天之下那么多的文臣学士不肯归附吗?! 所以进入南京城以后，朱棣就急着召见方孝孺，但召了几次，都被拒绝了，他只好另想办法。

大明开国功臣廖永忠的两个孙子廖镛和廖铭曾受业于方孝孺，且听说他们师生关系还不错;虽然自己是一介武夫，但朱棣也知道，对待这些读书人要给他们找“知音”。“知音”一到，话就多，臭味相投么，沟通起来就容易了。朱棣拿定主意后，就叫人喊来廖镛和廖铭兄弟俩，让他们去劝降老师方孝孺。

廖镛和廖铭不敢违抗魔王的命令，就来到了方孝孺的牢房，兄弟俩刚开口说明来意，方孝孺就发怒了："你们跟我读书已经好几年了，难道还不知人世间的义理吗？"廖镛和廖铭受到老师的斥责后，悻悻退出牢房，去向朱棣复命。（《明史·廖永忠附传》卷129，列传第17）

黔驴技穷的朱棣，只得使用武力，他命令锦衣卫镇抚伍云将方孝孺强押上了明皇宫的大殿。

只见方孝孺披麻戴孝全身丧服，一边被人拖着，一边放声大哭，悲恸之声响彻明皇宫的殿堂。朱棣看见方孝孺已被押到，他马上从自己的御座上走了下来，暂时控制住了他的兽性，假惺惺地装作慰问似地说道："先生不要太痛苦，我只不过是想效法周公辅佐成王罢了。"

方孝孺立马尖锐地反问："如今成王在哪里？"

朱棣装出十分惋惜的样子回答道："他自己烧死了。"

方孝孺继续问道："那为什么不立成王的儿子为国君？"

朱棣回答说："成王的儿子太小了，国家需要年长的国君啊。"

方孝孺继续追击："为什么不立成王的弟弟？"

这时魔王已经被追逼到了理屈词穷的地步，他几乎控制不住了，向方孝孺走了过去，强作亲切但略带几分愠怒，回答道："这是我们的家事，先生就不必操心过多了！"说完他转过头去，吩咐左右伺候好笔墨，然后稍带几分温和地跟方孝孺说："我即将登基，昭告天下的诏书还非得先生起草不可！"（【明】黄佐：《革除遗事》卷1；《明史·方孝孺传》卷141；【明】薛应旂：《宪章录》卷14）

方孝孺气愤之极，将笔纸掷在地上，边哭边骂："死就死罢，诏书绝不起草！"（【明】李贤：《古穰杂录摘抄》；【明】薛应旂：《宪章录》卷14）

朱棣露出了狰狞的奸笑，说道："你想死？没那么容易！你固然能舍生取义，但你难道就一点也不顾念你的妻儿、亲戚和宗族吗？你不会不知诛灭九族之刑吧！"

方孝孺大义凛然地回敬道："别说是灭九族，就是灭十族，你又能把我怎么样！"（【明】祝允明：《九朝野记》卷2）

此时朱棣特别恨方孝孺的这张嘴，他气急败坏地下令，给方孝孺用刑。只见刽子手们死命地按住方孝孺的全身，用刀将他的嘴皮给割开，从嘴角一直割到左右两只耳朵旁，接着就将浑身血淋淋的方孝孺重新投到大狱里去。

残忍的兽性终于暴露出来了，杀人是朱棣的拿手好戏，方家及周围的人开始遭殃了。朱棣下令将方孝孺的亲戚宗族和朋友门生一一关到牢里去。每逮一个就将他带到方孝孺的面前，想以此来击垮方孝孺的心理防线。可方孝孺的内心固若金汤，连头也不回一下。

朱棣仍不死心，还想强迫方孝孺为他起草即位诏书。方孝孺忍着全身心的疼痛，用尽全身的力气，愤怒地抓起了笔，在纸上“刷刷”地写下了四个大字“燕贼篡位”。这下可触到了朱棣内心的隐痛之处，也“诱发”了他精神病的发作。事实上朱棣是一个间歇性的精神病人（这不在本书讨论的范围内），精神病人处于病发期他是什么样的事情都能干得出来的。朱棣歇斯底里地开始对方氏宗族、母族、妻族一一下手诛灭。建文四年六月下旬，从南京到浙江宁海，一出出的人间惨剧在上演着。

方孝孺的妻子郑氏和儿子方中宪、方中愈闻听惊噩，都自悬而死；方孝孺有两个女儿尚未成年，在被押往南京的途中，当走到秦淮河边时，她们听到了朱棣的龌龊与下贱（朱棣常将“罪臣”的妻女送到教坊司去当妓女，让士兵们昼夜轮奸），两个少女不愿受辱，双双投入秦淮河中，顿时秦淮河水波骤起，好像是在为受难的方家人哭泣。（【明】黄佐：《革除遗事》卷 4）

据有关资料来看，方孝孺蒙难前，朱棣还曾进行了最后的威逼，谁知方孝孺越骂越勇，朱棣命人残忍地将方孝孺的嘴巴撬开，然后将他的舌头给割了，顿时血流如注。方孝孺强忍疼痛，将一口鲜血喷洒在朱棣这头野兽身上。朱棣实在是怒不可遏，下令要对方孝孺处以极刑。但在处以极刑之前，朱棣还想在精神上进一步折磨和施虐，于是就将与方孝孺感情最为深厚的弟弟方孝友放在同一天处决。（【明】黄佐：《革除遗事》卷 1；【明】姜清：《姜氏外史》卷 1）

方孝孺上面有个哥哥叫方孝闻，他力学笃行，对弟弟方孝孺影响甚大。方孝孺曾这样说道：“我所以粗知斯道者，非特父师之教，抑亦吾兄之训饬也。”有“幸”的是方孝闻早亡，他没有受尽人间的这等活罪；方孝孺下面有个弟弟叫方孝友，早年方家受苦之际，方孝孺与这个弟弟相依为命，因此说，兄弟间的感情甚笃。朱棣兽性大发，方孝友也被带到了南京来。方孝孺见到弟弟将要受戮，他心如刀绞，寸肠欲断，多少往事，涌上心头，眼泪止不住潸潸而下。方孝友见到哥哥此等情形，赋诗一首，以明心志，兼作宽慰兄长：

阿兄何必泪潸潸，取义成仁在此间。

华表柱头千载后，旅魂依旧到家山。

当时的人们闻讯后莫不悲叹，方孝友真不愧为方孝孺的好弟弟啊。

○ 方孝孺殉难·南京午朝门“血迹石”·雨花台方孝孺墓

朱棣杀了方孝友后，就开始对方孝孺动手了。六月二十五日，方孝孺从容地作了绝命词：

天降丧乱兮，莫知其由。

奸臣得计兮，谋国用猷。

忠臣发愤兮，血泪交流。

以死殉君兮，抑又何求？

呜呼哀哉兮，庶不我尤！

(【明】姜清：《姜氏外史》卷1；【明】黄佐：《革除遗事》卷1；【明】吕毖：《明朝小史·遜文纪》卷3；《明史·方孝孺传》卷141；【清】谷应泰：《明史纪事本末·壬午殉难》卷18，诸书略异)

方孝孺最终是被朱棣磔杀的，即人们常说的千刀万剐，他受难时46岁，受难的地方就在今天南京午朝门公园的午门处。读者朋友要是有机会的话，可以到那里去看一块"血迹石"。据说那石头上红色"隐迹"就是方孝孺受难时的鲜血喷洒出来溅在上面的，历时600年了，还依稀可辨，真是忠贞之魂与石俱存。

方孝孺被杀，亲族被诛灭绝了，其可怜到了无人收尸的地步。当时方孝孺的学生廖镛和廖铭冒着被杀头的危险，偷偷地为他们的老师方孝孺收尸，将其遗骸安葬在南京城外的聚宝山(今雨花台)上。明代万历年间，大戏剧家汤显祖寓居南京时，曾为这位建文朝的忠臣名士修墓，并立碑建祠，以示纪念。其祠中对联为：

起儒廉隅，一夕秋风生木末；

成仁取义，千年春草在长干。

这就是现在人们在南京雨花台上所能见到的方孝孺墓。(《明史·方孝孺传》卷141)

方孝孺走了，他实现了他的人生处世原则，君子处世，生死贵贱，当以"义"为权衡，"义宜死也，虽假之以百龄之寿，不苟生也"。不过方孝孺走得太惨烈了，太悲壮了，代价也太大了，就方孝孺宗族连坐而死者达847人，至于谪戍荒徼而死的，那就更不计其数了(【明】黄佐：《革除遗事》卷1)。对此，后人有诗云："自分一腔热血少，尽将赤族报君王。"

有关方孝孺惨案，我们大致讲完了，但600年来每当人们谈起方孝孺或"壬午殉难"时往往要说及一个令人毛骨悚然的名词——"诛灭十族"，它到底是怎么一回事？

◉ 惨绝人寰的"诛灭十族"

在中国传统社会里，统治者对政治异己和反抗者的镇压可谓是穷凶极恶、不遗余力，残酷的刑罚就是其中的一种，它贯彻于中国社会几千年，甚至到了近代时，中国还保留了野蛮的刑罚制度，以至于西方国家在与中国发生冲突时，常常以刑罚太残酷为理由而不愿与中国进行司法“合作”，最终他们在“租借地”或“势力范围”内自行一套“领事裁判权”（我们毫不否认这是对中国主权的侵犯）。撇开政治因素，理性而言，中国传统社会的刑罚确实是相当残酷与野蛮的，譬如凌迟刑就是一个典型。据有关资料说，一个合格的刽子手在对罪犯施刑时要割上 3 000 来刀，割到 3 000来刀的最后一刀时，该罪犯应该“气息尚存”，否则这个刽子手就要“下岗”；还有“诛灭九族”，不仅要将政治异己和反抗者自身残忍地处死，而且还将没有多大关联的一大批亲族都一一处死或发配到边荒地带，这是何等残忍的野蛮行径！但读者朋友千万别忘了，在建文转向永乐的那个特殊的岁月里，还有比这诛灭“九族”更残酷的——那就是朱棣首创的“诛灭十族”酷刑。

历史上的“诛灭九族”的“九族”概念至今已经模糊了，有的说“九族”应该是指“罪犯”自身三族，母三族，妻三族；也有说是指“罪犯”往上推 4 代，往下推 4 代。尽管说法不同，但无论怎么算“九族”，一般来说，摊上“诛灭九族”这一档子事就倒了大霉了，罪犯自身家族及其周边的亲族全要遭受灭顶之灾。这已经是处罚中最为严厉的一种了。但朱棣在对待他的政治异己和敌对势力——强硬的“奸党分子”方孝孺时更是使出了魔鬼般的罪恶——灭十族。可能是“遗传”了他“老爸”朱元璋的残忍秉性和“聪明”基因，朱棣在屠杀方孝孺的“九族”时，又挖空心思地将方孝孺的朋友、学生凑足了“一族”，由此也就创造了封建法西斯暴行的最高纪录——灭十族。

廖镛和廖铭是明朝开国功勋德庆侯廖永忠的孙子，曾受业于方孝孺，或言之是方孝孺的学生，但他们本身没犯什么罪，相反他们还曾受朱棣的委托去劝降过自己的老师，这是我们前面讲过的。但后来廖镛和廖铭兄弟两人也被杀了，缘由是他俩为老师方孝孺的尸首入殓并将之葬于聚宝门（今雨花台）外的聚宝山。有人告发了，朱棣下令将廖氏兄弟诛杀。（《明史·方孝孺传》卷 141；《明史·廖永忠附传》卷 129，列传第 17）

卢原质是方孝孺姑姑的儿子，即为方孝孺的表弟。最初他参加科举考试，中了进士，被授予翰林编修，后来升任为太常寺少卿，即为黄子澄的副手。卢原质很有才能，曾几次向建文帝提出了自己的政治建议。金川门之变后，他被捕了，因为与方孝孺有着那么一层亲戚关系而被连坐诛杀，同时被杀的还有他的弟弟卢原朴等。（《明史·卢原质传》卷 141；【明】黄佐：《革除遗事》卷 1）

监察御史郑公智和陕西按察司佥事林嘉猷是方孝孺的老乡兼弟子，平时与方孝孺过从甚密，方孝孺对他俩也很欣赏，曾这样说道：“能够匡正我过失的也只有你们两位了。”这两人就因为是方孝孺的同乡兼弟子的缘故而被杀。（《明史·郑公智传》卷141）

刑部左侍郎四川乐山人胡子昭曾经是方孝孺在汉中当老师时的学生，后来他被蜀王推荐为县学里的老师。建文初年，由方孝孺的举荐，胡子昭参与了《明太祖实录》的撰修。就因为这个原因，胡子昭也被视为方孝孺的同党而被处死，临刑前他作诗云：“两间正气归泉壤，一点丹心在帝乡。”（《明史·胡子昭传》卷141；【明】姜清：《姜氏外史》卷2；【明】黄佐：《革除遗事》卷3）

郑居贞，福建人，科举明经出身，出任过河南等地的地方官，所到之处很有政绩，是一位很有影响的好官，就因为他与方孝孺是好朋友而被朱棣所杀。（《明史·郑居贞传》卷141；【明】姜清：《姜氏外史》卷1；【明】黄佐：《革除遗事》卷4）

方孝孺曾经主持过应天乡试，录取了苏州人刘政、桐城人方法等人。刘政曾经起草了《平燕策》，但因事没能呈给建文帝。他听到方孝孺被害的消息后，竟然吐血而死。方法当时任四川断事官，当地各衙门知道南京城里换皇帝了，他们联合上表，对朱棣的登基表示祝贺，但方法就是不肯署名，且把笔也扔了，就此遭到逮捕。他走到望江，瞻拜乡里，然后跳江自尽。（《明史·刘政、方法传》卷141）

朱棣杀了方孝孺的“十族”，这“十族”人多多少少都与方孝孺有点“关系”。但令人惊奇的是，还有一些人与方孝孺什么边也沾不上，可他们也“莫名其妙”地死了，譬如建文朝翰林侍读楼琏就是这些人中的一个，那么翰林院侍读楼琏是怎么死的？

朱棣杀了方孝孺，登基诏书由谁来起草的事情还是没有落实，他就叫来翰林侍读楼琏。楼琏，浙江金华人，曾经拜大学者宋濂为师，有学问，虽说他的名望没有方孝孺那么大，但在当时的文人圈子里边也小有名气，朱棣看中的也就是这一点，于是他就要楼琏为他篡位登基起草一份颂词。楼琏不敢推辞，回家后对妻子说：“我本来就想以死报答贤君之恩的，但老想着那样做会连累你们啊，现在我想好了……”第二天天不亮，楼琏在家自缢身亡。朱棣登基诏书的起草绕了一大圈，最后还是在最初归降他的25个“与时俱进”的贰臣中找到了起草人——翰林侍讲王景。（【明】姜清：《姜氏外史》卷2；【明】黄佐：《革除遗事》卷4；【清】夏燮：《明通鉴·建文四年丁丑》卷13；《明史·楼琏传》卷141）

○ 方孝孺的遗作

方孝孺气节可嘉，而他的诗文更是广为人们所传诵，史书载：“孝孺工文章，醇深雄迈。每一篇出，海内争相传诵。”对此，朱棣可不干了。杀了方孝孺的“十族”尚不解恨，朱棣还要将方孝孺从人们的心目中永久地抹去，于是就下令“藏方孝孺诗文者，罪至死”。此道恶毒的诏令下达以后，一时间人们纷纷将手头保存的方孝孺书信诗文全部上交焚毁，因而造成了“天下读书种子”留存于世的著作甚少。幸亏当时方孝孺有个门人叫王稌的，他偷偷地将方孝孺诗文抄录了下来，为躲避政府的追查与迫害，他将该诗文集子取名为《缑城集》，后来才刊刻于世。不过在当时人们都是偷偷地收藏，要是给官府知道了，那就要杀头了。(《明史·方孝孺传》卷141)

永乐三年曾发生了这样的一件事情，有个文人叫章朴，他家就藏有方孝孺的诗文。章家有一个邻居叫杨善，他知道了章家的这个“秘密”后顿生歹念，名义上说自己想拜读一下方孝孺的诗文，问章朴能不能借他一读？章朴也没有多想，就把书借给了他。谁知这个叫杨善的内心一点也不善，相反，十分歹毒，从章朴家借到书以后，他马上就报官。朱棣闻讯后大发雷霆，逮捕并处死了章朴，而杨善由此得到了升迁。(《明史·杨善传》卷171)

朱棣不仅禁止方孝孺诗文留存于世，甚至还规定人们连方孝孺的名字都不能提及，要是以往的书籍中有关涉及方孝孺的，那就得“清除”掉——用墨涂掉或进行删除。譬如方孝孺的老师宋濂曾有诗“送方生还宁海”，这里边的方生就是指方孝孺，朱棣下令也要将它涂掉。朱棣的专制不亚于“乃父”，他诛灭了方孝孺的“十族”，还挖了方家的祖坟(【明】姜清《姜氏秘史》卷1)，清洗方氏的一切“残存”，只当这人世上没来过。(【清】陈田:《明诗纪事》卷7)

◉ 人杰“鬼”厉与南京雨花台的景公祠——景清

景清本姓耿，后来讹传为“景”，甘肃真宁人。景清从小就卓越豪迈，有大志与节行，人也十分聪明，读书常常过目不忘。洪武年间他考中了进士，被授予翰林院编修，后来出任监察御史。洪武三十年春，景清受到皇帝朱元璋的召见，升任为左佥都御史(可能类似于监察部的副部长)。但不久景清在给皇帝的奏疏中写错了字，被人参劾入狱，老皇帝朱元璋因为十分欣赏景清的气节与为人品格，所以很快地宽宥了他。出狱后的景清被朱元璋外派巡察四川、山西，后出任宁波知府。景清为官清节廉明，十分讲究气节，是一位了不起的君子风范官僚。(《明史·景清传》卷141)

建文初年景清被建文帝委以重任——调任为北平参议(可能类似于北京市的副市长)，他曾往朱棣燕王府侦察动情。当时朱棣还没有完全做好造反的准备，所以对朝廷的官员十分客气，设宴款待了景清。景清言语清晰，声音洪亮，很得朱棣喜欢。但有人不喜欢，谁？朱棣身边的一个相面大师袁忠彻。有一次，朱棣在燕王府里举行盛大的宴会，邀请了在北平的朝廷命官，如张昺、谢贵、宋忠和景清等人，其实这是朱棣暗中叫袁忠彻帮他看看建文朝廷派来北平监视他的官员的能力与智慧。古时候的人很相信相面算命，袁大师相到景清时，说他"身短声雄"，即讲景清虽然人长得矮小，但声音十分洪亮，言下之意是，这样的人会忤逆上级领导，他要朱棣尽早将景清除了。当时朱棣姑且听之，根本也没把这当回事。（《明史·景清传》卷141；《明史·袁忠彻传》卷299）

不久以后，建文帝将景清召回南京，升他为左都御史（"建文新政"时改名为御史大夫）。朱棣南下日益逼近南京时，景清与方孝孺、练子宁等人秘密结盟起誓，力保建文皇帝。但古话说得好：秀才造反，十年不成。无论是方孝孺还是练子宁或景清，他们本身都是手无寸铁的书生，纵然有满腔的热血，但终不敌朱棣燕军的屠刀。

朱棣进入南京城以后，肆意暴虐，方孝孺、练子宁等人直节抗争，但都被惨无人道地杀害了。这一切不但使得当初的三人盟誓无法兑现，而且也提醒了景清：应该更加注意与魔鬼朱棣的斗争策略，于是他假装归顺。朱棣闻讯后真是喜出望外，因为建文朝文臣投降他的实在是太少了，因而他对景清投降的真实性根本没在意。而景清假意归降以后，就与其他的降臣们一起上朝、退朝，"循规蹈矩"，让人感觉一切都是那么的自然而然。

就在新朝廷的日常活动中，景清很快"捕捉"到了一个信息：建文皇帝可能并不像朱棣对外公开所宣称的那样——烧死了，而是没死，出亡在外。于是他在表面上对朱棣更加的恭顺，在暗地里却寻思着如何找准机会除掉这个恶魔。

主意拿定后，景清就把一把利剑藏在自己的衣服里，每次上朝都十分小心地夹着、掖着，时刻寻找下手的机会。

建文四年八月的一天，新天子朱棣一如既往地来到了明皇宫奉天殿临朝，看到满朝的官员都穿着"标准化"的官袍，唯独景清却穿着一件红色的衣服，魔鬼皇帝开始犯嘀咕。几天前钦天监官员向他奏报说：最近天象很怪，一颗红色的文曲星急速侵犯了帝座。朱棣想：国家天文台奏报的天文怪事会不会与朝廷中的什么事相关联？因为当时是上朝，容不得他多想下去。

退朝以后，大家都走出了御门。景清突然间冲到朱棣面前，想拔出利剑准备行刺，但文臣不擅长这活，还没等景清将利剑拔出，朱棣四周侍卫已经三下五除二地将景清给押住了，从他身上搜出了那把利剑。景清知道自己的愿望已经无法实现了，干脆站直起来，大骂朱棣，怒斥道："我是为故主来报仇的！天下居然有这样的叔叔，不择手段地抢夺侄儿的皇位，这跟父亲去强奸自己儿媳妇有何两样！”说实在的，这话骂得确实是有分量，将朱棣给羞死了，气坏了。暴怒不已的朱棣命令身边的武士们赶紧动手撬断景清的牙齿。但景清毫无畏惧，武士们在撬牙齿时，他还在不断地大骂朱棣。朱棣越来越火，下令将景清的舌头给割了。顿时景清满嘴都是血，但他还是拼命地抗争押着他的武士，并使足了劲将一口鲜血喷到了朱棣那件刚刚穿上没几天的龙袍上。这下朱棣“疯”极了，命令刽子手们将景清活剥人皮。（【清】谷应泰：《明史纪事本末·壬午殉难》卷18；【明】姜清：《姜氏外史》卷3；【明】黄佐：《革除遗事》卷4）

惨！惨！惨！

○ 伟大政治家、军事家朱棣的“伟大杰作”——“瓜蔓抄”

景清的人皮被剥下后，朱棣尚不解恨，命人用稻草之类的东西填了进去，然后将“稻草人”景清用绳索绑在长安门（大约在今天南京光华门附近），接着又将景清自身的骨头与肉体一一予以磔碎。这一天夜里，南京城里好多人都看见景清的魂灵，当然这是传说。

后来有一天朱棣有事路过长安门，巧了，那根拴住“稻草人”景清的绳索突然断了，“稻草人”景清朝着朱棣直倒了过来，直把混世魔王朱棣吓得魂飞魄散，大呼救命！卫士们赶紧过去“逮住”“稻草人”景清，这下永乐帝才算安静下来，最后他恶狠狠地下令将“稻草人”景清给烧了。

景清的英雄气节将恶魔朱棣吓得可谓不轻，弄得这个“伟大的政治家”大白天都噩梦连连。据说有一天午休时，朱棣就梦到，景清手持利剑在明皇宫大殿上追杀他，他拼命地逃，景清围着御座不停地追……梦醒以后恶魔朱棣不由自主地说道：“景清还这样厉害！”于是下令“赤其族，籍其乡，转相攀染”，这就是说，朱棣将景清老家（甘肃真宁，今正宁县）的九族全部灭绝，然后再像循藤寻瓜似地将与景清有关的人全部给杀了。景清老家的那个村子就此被杀戮殆尽，整个村庄顿时变为废墟，史称“瓜蔓抄”。（【清】谷应泰：《明史纪事本末·壬午殉难》卷18；《明史·景清传》卷141；【明】谈迁：《国榷·惠宗建文四年》卷12）

事情至此还没完，景清家乡的“瓜蔓抄”后来进一步地恶化，朱棣手下杀光了景清故里所有的人后，刽子手们又将魔爪伸向了景清故里所在的那乡——甘肃真宁县辛庄里，到最后整个辛庄里全乡杀得只剩下5户人家（【明】谈迁：《国榷·惠宗建文四年》卷12）。这就是有些人常常称颂的伟大政治家、军事家所创造的“伟大杰作”！

尽管朱棣对景清进行了“瓜蔓抄”，妄想毁灭景清及其周边的一切存在，但景清的忠勇精神却一直为后人所敬佩与怀念。在南京雨花台方孝孺墓的旁边，明末一些士大夫为纪念景清而建起了景公祠。十分可惜，它在饱受了近300年的风雨后不幸毁于近代战火之中。

◉ 被朱棣剥了人皮的大理寺少卿——胡闰

胡闰是江西鄱阳（今九江）人。朱元璋西征陈友谅，路过吴芮（西汉初年被刘邦分封为长沙王）祠时，曾看见该祠内墙壁上有人题写了一首诗，十分好奇，细细读来，大声叫好，连忙派人四处打听这吴芮祠墙上的诗是谁写的。后来终于得知，那是九江地区的一个文人叫胡闰题写的，朱元璋立即将胡闰召到军中帐前，与他好好攀谈一番。这事很快就过去了。到了洪武四年时，大明已经基本安定下来，但科举尚未完全正规化和成式化，于是朱元璋向各地官员发出诏谕，要求地方上推荐人才，作为官僚队伍的后补梯队，胡闰被人举荐到大明朝中，接受皇帝的召见。当朱元璋一见到胡闰时，就感觉似曾相识，随即问道：“这个书生是不是当年我在吴芮祠里看到的在墙壁上题诗的那个？”底下有人肯定地回答：“是。”朱皇帝很高兴，就叫他到都督府去任都事之职。因为胡闰工作认真，品行端庄，后来逐渐升官到都督府的经历（可能类似于“军委”的司局长）。

建文初年胡闰被调到大理寺（相当于全国司法委员会）去工作，出任大理寺少卿（类似于全国司法委员会的副主任）。他曾与齐泰、黄子澄等人一起为“建文新政”和建文削藩出谋划策，是一位很受建文帝信任的、有影响的君子学者型的高官。（《明史·胡闰传》卷141；【明】姜清：《姜氏外史》卷2；【明】黄佐：《革除遗事》卷3）

朱棣谋反起兵后，胡闰的官职尽管还是大理寺少卿，但他很大一部分精力是用在军事谋划方面。胡闰品学端正，为人忠厚可信，不过军事方面天赋似乎不咋样，史书说他“与齐、黄辈昼夜画军事”，但结果呢，众所周知，他们“三人军事小组”确实不咋的，否则忙乎了三年，最终忙来了这么一个结果，即反叛者朱棣取胜，胡闰所忠诚的君主失国而去。

但作为臣子，胡闰的气节还是十分可嘉的。朱棣掌控南京后，先是叫方孝孺为他起草登基诏书，遭到拒绝以后，他又令人将建文朝大理寺少卿胡闰和御史高翔带上大殿来。早先胡闰和高翔听人说，建文皇帝已经自焚而亡，而作为臣子理应为自己的君主服丧，所以他俩与方孝孺一样都是披麻戴孝被朱棣手下带到奉天殿的，而且还放声大哭，“哭声响彻殿陛”。

朱棣命令先将胡闰带上来，当看见一身丧服的胡闰，他心中顿时不快，自己马上要登基了，这是普天下最大的喜事，也是最大的政治，你胡闰穿了丧服来见新君主，岂不是“诅咒”新主吗？朱棣尽管火，但他要有人为他起草登基诏书，最好是这些建文帝的铁杆支持者动笔，那影响可就大了，至今为止建文朝还有好多没来投降的大臣就会有“想法”，这样自己造反的“非法”就会逐渐地被人们视为“合法”，所以尽管被方孝孺一口拒绝了，但朱棣还是耐着性子，争取胡闰这个曾经与“齐、黄”一起谋划军事的建文重臣，因此当初见胡闰时还是稍稍收起了点他的匪气与野兽性子，“好声”地跟胡闰说：“赶紧把这衣服给换了。”

哪知胡闰也是一个刚烈的文臣铁汉，当即回应朱棣：“死就死，没什么了不得的，但为先主服丧之服万万不可换！”

朱棣恐吓道：“不换？你就不怕我灭你的九族?!”

胡闰还是没有屈服，对着朱棣谩骂不已。朱棣被激疯了，他命令大力士将胡闰的牙齿给打掉，看他嘴还硬不硬。走狗大力士一起动手，按住胡闰，用一种叫“金瓜”的凶器将胡闰的牙齿全部给搞没了，胡闰满口鲜血，但还是骂声不绝。朱棣更是暴跳如雷，下令用铁链将胡闰给活活勒死，再用贝壳盛水，将木灰放在里边，然后以之来浸脱、剥落胡闰的人皮，填上草料。一切完工后，叫人将“胡闰”挂在武功坊，大概是让“痛恨”胡闰及建文“奸党”的燕军将士练练拳击吧。（【清】谷应泰：《明史纪事本末·壬午殉难》卷18；《明史·胡闰传》卷141；【明】姜清：《姜氏外史》卷2；【明】黄佐：《革除遗事》卷3）

○ 朱棣的“瓜蔓抄”使得胡闰的故乡成了鬼魅出没的地方

胡闰的一个儿子叫胡传庆，与胡闰同一天被朱棣杀害，小儿子胡传福当时只有6岁，被朱棣戍边云南。胡闰家族被抄，实际共有270人蒙难。胡闰有个女儿叫郡奴，当时才4岁，被她妈妈王氏抱着，在王氏被斩时，这4岁的小孩突然间从妈妈怀里跳到了地上，被一个兵卒提送到功臣（武夫将领）家里去做了奴婢。稍稍大了一点，她晓得了自己苦难的家世，时刻记住人世间的大义，作为一个女孩她从不让自己的头发长到一寸长，长了就剪掉，每天用灰炭涂脏自己的脸，弄得像个“赖子”似的，长达20多年。那个功臣家的人从来不把她当作人来看待，视之如畜生，忠臣之女受尽了凌辱和苦难。直到洪熙年间这个叫郡奴的女孩快30岁了，终于“赶上”朝廷推行“宽松”政策，“赦诸死事者苗裔”，她得以被释，随同乞丐一路行乞回了老家鄱阳。胡家全给朱棣毁了，郡奴一无生计，乡亲们都同情地说：“此忠臣之女也！”人们争相给她生活所用。郡奴终身未嫁，后来就老死在家乡，终年56岁。乡人给了

她谥号："忠胤贞姑"。(【清】谷应泰:《明史纪事本末・壬午殉难》卷 18;《明史・胡闰传》卷 141)

朱棣不仅诛灭了胡闰的宗亲,而且还抄没了他的好多乡亲。过了好多年,胡闰的家乡还是一片凄惨的景象:"文皇(即朱棣)既抄没其一族,男女二百一十七人。所居之地,在府城西隅硕铺坊,一路无人烟。雨夜闻哀号声,时见光怪。尝有一猿,独哀鸣彻晓。东西皆污池,黄茅白苇,稍夜,人不敢行。"(【明】吕毖:《明朝小史・永乐纪・孤猿夜泣》卷 4,《明史・胡闰传》卷 141 少略)

要说令魔鬼朱棣恼怒不已的建文朝文臣铁汉除了上述方孝孺、景清、胡闰等人外,还有好多好多,建文朝兵部尚书铁铉可称得上是生死都让魔鬼朱棣不寒而栗的大英雄了。

◉ 被油炸成焦炭还不肯跪拜的文臣铁汉——铁铉

建文朝兵部尚书铁铉是朱棣在战场上最为强硬的对手和敌人。济南之战,朱棣花了 3 个月的时间都未能将小小的济南城给打下来,两人的冤仇就此结下了。"靖难"成功以后,朱棣可神气了,天下之人都臣服于自己,可偏偏这个铁铉像他的姓氏一样,就是不肯弯屈,他率军在淮南一带继续抵抗燕军。朱棣召了几次都没成功,后来设计将他擒获并押到了京师南京来。

铁铉一到南京,朱棣亲自上阵,审问这个强硬的死敌,本以为这下铁铉可要"乖"多了,谁知他在被带到明皇宫大殿以后,背朝朱棣坐在殿廷当中,"正言不屈",谩骂不歇。朱棣命令他回过头来看一眼,可铁铉就是不肯,只当什么也没听到似的。气急败坏的朱棣兽性大发,下令将他的耳朵、鼻子全割了,可铁铉还是不愿回头看一眼。这下朱棣快要疯了,令人从铁铉身上割下一块肉,将它煮熟了,然后硬塞到他的嘴里,叫他吃下,并问道:"这肉的味道是否甘美?"铁铉怒目而视,厉声回应:"孝子忠臣之肉为什么不甘美?"对待这样的忠臣铁汉,野兽一般的朱棣实在没辙,惟一能表示他胜利的也只有将不屈的忠臣给磔杀了。(【明】李贤:《古穰杂录摘抄》;【明】姜清:《姜氏外史》卷 2;【明】黄佐:《革除遗事》卷 1;【清】谷应泰:《明史纪事本末・壬午殉难》卷 18)

但令人意想不到的是,铁铉至死嘴里还在喃喃地骂着朱棣,直到他断气。这下可把朱棣给气疯了,当即命令手下人,搬来一口大锅,倒了好多的油在大锅里,然后在油锅下不断地添加柴火,将油锅烧得沸腾沸腾的,再令人将铁铉扔到油锅里油炸。顷刻间,那尸体成了"煤炭",朱棣又叫人将已经油炸成"煤炭"的铁铉骷髅面北朝着自己，可弄了几次都没有成功。已处于癫狂状况下的朱棣叫上太监们用十几根铁棒在油锅里夹住铁铉的骷髅，然后把他竖起来，面朝自己了。这时的朱棣得意透顶，说道："这下你总算是面朝我了！"话音未落，沸腾的油锅里溅起了一丈多高的沸腾之油，落在油锅边上的太监手上，顿时把太监们的手都给烫烂了，这些不男不女的家伙们再也顾不上给主子效力了，纷纷扔掉手中的铁棒逃跑了。而此时的铁铉的骷髅又奇迹般地反过来，背朝朱棣，直把魔鬼朱棣吓得半天都说不出话来。实在无计可施，最后他只好下令葬了铁铉的"骷髅"。（【明】宋端仪《立斋闲录》卷 2 中抄录了南京锦衣卫镇抚司监簿记载；【清】谷应泰：《明史纪事本末·壬午殉难》卷 18）

铁铉殉难时，年 37，他有两个儿子，长子福安，12 岁，被谪戍河池（今广西境内）；次子康安，年 7 岁，最初被发往鞍辔局，当奴役工匠，不久被戮死；铁铉的父母亲虽然都已经 80 多岁了，但还是被毫无人性的朱棣发配到荒芜的海南。（《明史·铁铉传》卷 142；【明】姜清：《姜氏外史》卷 2；【明】黄佐：《革除遗事》卷 1）

◉ 忠臣女家眷被送去当妓女，每天被 20 个汉子轮奸

齐泰、黄子澄、方孝孺、铁铉……这一个个手无缚鸡之力的建文朝文臣学士在面对死亡的威胁与魔鬼的折磨时表现出了铮铮铁汉的英雄气概，他们反复地吟唱着历代中华民族精英们所谱写的正气歌：威武不能屈、视死如归和舍生取义。

他们走了，但走得相当之无奈，因为他们的亲人还在被魔鬼朱棣折磨着，尤其是那些女家眷们。

好多所谓的历史学家都十分喜欢朱棣，说他是个伟大的政治家、军事家，将明朝推向了全盛的顶峰。所以一般有着政治背景的"学者"和"名家"都不大谈朱棣的暴行与兽性，甚至有时将之忽略不计，这是极不公允和缺乏良知的。作为政治家和军事家最起码的一条那就是做人，如果他不是一个合格的人、健康的人而是一只野兽的话，那么我认为有这样的政治家和军事家又要他干吗？一个真正的英主不说是真的做到"爱民如子"，最起码也要将他的臣民当作人来看待，包括对他的政敌与不同政见者。而明代第三位皇帝恰恰是一头政治野兽。我们不妨来看看朱棣在惨无人道地虐杀他的政治敌人之后，又是如何矫枉过正和如何惩治那些"奸党"、"罪臣"的女家眷们：

齐泰的一个姐姐，历史上没有记载她有多大岁数，据笔者的推测，齐家遭难时，她的最小年龄也在 40 来岁。在古时候，40 来岁女人已经是个小老太婆了，但兽性大发的朱棣下令，将她与齐泰的两个外甥媳妇发配到了教坊司（官办妓院机构）去

接客。

还有黄子澄的妻子和妹妹也遭受了同样的悲惨命运，黄妻年龄估计与齐泰姐姐差不了多少，也是一个小老太太，但落入了朱棣这个魔鬼的手中以后受尽了苦难。有资料记载：

“永乐十一年正月十一日，本司（即教坊司）右韶舞邓诚等于右顺门口奏，有奸恶齐泰的姐并两个外甥媳妇，又有黄子澄妹，四个妇人，每一日一夜二十条汉子守着。年小的都怀身，节除（夕）夜生了个小龟子，又有个三岁的女儿。

奉钦。依由他。小的长到大，便是摇钱的树儿。

又奏，黄子澄的妻生一个小厮，如今十岁也。又有史家，有铁铉家个小妮子。

奉钦：依都由他。”（【明】懒生袁子：《奉天刑赏录》，据《教坊录》；【明】宋端仪《立斋闲录》卷 2；【明】王世贞：《弇州史料后集》卷 31）

这些原本的大家闺秀和良家妇女脸上先被刺字，与当年的林冲一般，在教坊司每一个昼夜要“接待”20 个汉子，黄子澄的妻子甚至被轮奸后怀孕生了一个小男孩……

铁铉的妻子杨氏与 2 个女儿也被发配到教坊司，杨氏到那里没多久，可能接受不了那种折磨，就“病死”了。铁铉的 2 个女儿可能遗传了老爸铁一般的意志和品格，无论教坊司的坏蛋们怎样折磨她们，但铁氏姐妹守身如玉，誓死不从。时间久了，消息传出，铁铉过去官场上的同事出面向魔鬼朱棣求情。朱棣这次好像没疯，处于正常状态，竟然破天荒地同意了铁氏姐妹免罪，退出教坊司。姐妹俩后来嫁给了士大夫，总算有了较好的结局。（【明】宋端仪《立斋闲录》卷 2 中抄录了南京锦衣卫镇抚司监簿记载；【清】谷应泰：《明史纪事本末·壬午殉难》卷 18）

朱棣不仅将建文帝提拔与重用的近臣、直臣及其家眷肆意蹂躏和残杀，而且连他“老爸”“遗留”下来的忠介“老臣”只要是忠于建文帝的，一个都不放过。下面讲到的建文朝礼部尚书陈迪与御史大夫练子宁等人就是比较典型的例子。

◉ 父子六人都被处以凌迟刑的礼部尚书陈迪

陈迪，字景道，安徽宣城人。祖父宥贤曾经跟随朱元璋打天下，立有战功，受命出任过地方官。因此从这一点上来说，陈迪应该算作是老干部家庭出身的子弟，但与自家的“尚武”祖上有所不同，他很好文，年轻的时候胸怀大志，潇洒倜傥，又有端庄的品行。皇帝朱元璋听说后亲自召见了他，并授予他地方府学训导的官职，即为明朝地方府学的校长。陈迪不负皇恩，把府学工作干得有声有色。大明初年出任地方上“父母官”的好多都是武夫出身，平时没有什么大的政治活动也就罢了，但碰到大明皇家有什么大的喜庆之事，这些武夫“父母官”就犯难了，那时还不时兴配个“小秘”，所以这些“父母官”只好在自己管辖范围内寻找既有学问又能把握住政策的文化人——那就只有在当地的州府县学里找那些朝廷派出来的学官，陈迪就是这么一个“捉刀手”。据说，陈迪十分有才，为郡守草拟了一份给皇帝的贺寿表。朱元璋看到后，十分赏识陈迪的才华，但没有马上提拔他，而是让他在地方上又锻炼了好一阵子。

后来有人出面推荐陈迪，朱元璋就让他来南京担任翰林院侍讲。干了一段时间后，朱皇帝又将他“外放”为山东左参政，可能类似于山东省的省长助理。陈迪在山东广施“仁政”，轻徭薄赋，深得民心。

由于在山东任上名声很好，又有政绩，后来陈迪被升迁为云南右布政使(类似于云南省的副省长)。可能是遗传的因素吧，陈迪不仅文才很好，而且还会率兵打仗。那时，云南收复不久，普定、曲靖、乌撒、乌蒙等好多地方都发生了叛乱，陈迪亲自率领官兵前去平乱，并取得了军事胜利。为此，他受到了朝廷的嘉奖，皇帝朱元璋赐给他好多的金帛。

陈迪好官名声流传已久，又有能耐，精通儒家经学，建文帝即位后没多久，就将他从边疆大吏的位置上调到了大明的中枢，出任礼部尚书，这算得上是发挥了人才之长处。陈迪上任时，正值建文帝推行“新政”之际，针对洪武朝留下来的不合理的规章制度，陈迪提出了许多具有建设性的整改建议。每逢建文帝接到地方上官员上呈有关自然灾害的奏报时，陈迪总是提醒皇上实施宽政，赈灾扶贫，招抚流民，清理刑狱。据载，陈迪前后总共提了不少于20条的建议，悉数被建文帝采纳。由此，他后来被建文帝加封为太子少保。(【明】黄佐:《革除遗事》卷3;《明史·陈迪传》卷141)

从以上政治简历来看，陈迪在建文朝可算得上是一位资历很老的重臣，与其他几个建文朝尚书有所不同的是，陈迪还是“建文新政”与“建文削藩”的铁杆支持者，他曾好几次主动地给建文帝出谋划策。第二次北伐李景隆大败，建文帝君臣震惊，陈迪给建文帝条陈了许多北伐大计，并积极参与和组织了第三次北伐，受命督运军储，即做好盛庸主持的第三次北伐战争的后勤军务工作，干得还是相当之出色。

朱棣兵围南京，驻守金川门的李景隆开门揖盗，陈迪在外闻及此讯，急忙赶赴京师，但为时已晚，整个南京城全部给燕军控制了。朱棣即位以后，将陈迪召入明皇宫，责问他为什么屡屡与自己过不去而要为建文帝那么尽心出力？陈迪根本不予理睬，反而大骂朱棣起兵造反实属大逆不道之恶行。恼怒至极的朱棣命令手下将陈迪及其儿子陈凤山、陈丹山等 6 人磔杀于市。

陈迪死得很惨，但也很壮烈。当刽子手将要行刑时，陈迪的长子凤山大呼："父亲你连累我们了！"陈迪赶紧呵斥儿子凤山勿言，继续谩骂朱棣不歇，朱棣癫疯病开始发作，命令刽子手将凤山等人的鼻子、舌头割下，塞到了陈迪的嘴里。陈迪继续大骂朱棣不是东西。朱棣更加恼羞成怒，下令对陈迪父子等 6 人实行惨绝人寰的凌迟刑，陈氏宗戚被戍边的就有 180 多人。陈迪蒙难以后，人们在收尸时，发现他的衣带中有遗诗一首：

三受天皇顾命新，山河带砺此丝纶。

千秋公论明于日，照彻区区不二心。

还有《五噫歌》，更是"辞意悲烈"。陈迪的妻子管氏自缢而亡，倒也免受了朱棣畜生的凌辱。

忠臣陈迪家差一点断了香火，所幸的是，当时他有一幼子陈珠，刚刚 6 个月，没引起人们多大的注意，乳母将他藏到了水沟里，才得幸免。陈珠 8 岁时被冤家告发，朱棣宽宥了这个 8 岁孩子的死罪，但活罪没饶，将他发戍到登州。洪熙年间他被赦返回家乡，政府给还田产。成化时期，宁国知府涂观为陈迪建祠。弘治时，陈迪的后裔子孙陈鼎参加科举考试，中了进士，出任应天府府尹（相当于南京市市长），史载陈鼎颇有祖宗遗风，刚鲠有声。子孙的嘉行多少可以宽慰一下一代忠臣陈迪的在天之灵了。（【明】黄佐：《革除遗事》卷 3；《明史・陈迪传》卷 141；【明】朱国桢：《皇明逊国臣传・礼部尚书陈公》卷 2；【清】谷应泰：《明史纪事本末・壬午殉难》卷 18）

◉ 被车裂碎尸和诛灭九族的御史大夫——练子宁

练子宁，江西新淦人，父亲练伯尚，擅长诗词。洪武年间，他出任朝廷起居注，这个官职是专门为皇帝写工作与生活"日记"的，按理说这是美差，经常接触到皇帝，很容易跟"第一人"沟通，说些最高领导喜欢听的话，就能飞黄腾达了。但这个练家出来的人就是没有阿谀奉承的遗传基因，相反他们经常说些皇帝不爱听的言语，练子宁的父亲练伯尚就是因为直截了当地说了些不该说的话，被皇帝朱元璋贬谪外放，出任镇宣通判，最终老死在任上。

练子宁年轻的时候英明有远见，卓尔不群，极有才识。洪武十八年他来南京参加会试，一举考中，成了贡士。在同年的殿试中，练子宁是这样对策的："天下杰出的人才本来就不多，陛下您怎么忍心因小小的过失而大加杀戮，这样下去还能凭什么来达到天下大治呢?”皇帝朱元璋看到练子宁的卷子后不仅没有发怒,反而十分欣赏他的观点与大胆直言,录他为一甲第二,并授予翰林修撰。后来又见他政绩不错,将他提升为工部侍郎(相当于建设部副部长)。

建文初年,练子宁与方孝孺等一同受到建文帝的信任和重用,当时他被调到吏部去担任吏部左侍郎(即组织部副部长)。在此期间,他坚持以人的学行好坏作为任用或黜斥官员的一项基本原则,工作上成绩十分突出,很有创建。没多久就被建文帝提升为御史大夫,主持大明帝国的监察工作。(《明史·练子宁传》卷141;【明】姜清:《姜氏外史》卷1;【明】黄佐:《革除遗事》卷3)

“靖难”战争期间,建文帝曾派李景隆为大将军,接替老将耿炳文,主持第二次北伐,但“官二代”李景隆却在北伐过程中屡屡败绩,丧师失地。最后迫于无奈,建文帝下令将李家大帅哥给召回南京。针对李景隆的战败罪行,当时执掌大明官场的纪律检查与监察的练子宁怀着满腔的激愤向朝廷上奏,历数李景隆所犯下的罪行,恳请建文帝将李景隆严以正典,以儆效尤,可建文帝没采纳他的意见。练子宁感忿不已,不停地叩首并大声疾呼:“坏陛下大事的,正是此贼也。皇帝叫我负责大明的监察与执法,而我却不能为朝廷除去奸贼,正是死有余辜啊!如果陛下赦免了李景隆,那么就一定不要再宽宥小臣了!”说完他就在大殿上放声痛哭起来,只求以死报效朝廷。建文帝只好中途罢朝。

练子宁对李景隆的指控,引起了朝中一些正直大臣的共鸣,宗人府经历宋征、御史叶希贤等纷纷抗疏,要求建文帝将胸怀二心、丧师失地的李景隆按照大明律典处以极刑。但建文帝还是没有接受大臣们的意见,对李景隆的罪行不闻不问。

燕军攻到淮河一带时,靖江府长史萧用道、衡府纪善周是修上书给建文帝,提出了纾解国难之大计,但被朝廷用事者羞辱了一通。见此情景,练子宁实在是忍无可忍了,痛斥道:“国家已经被弄得这个样子了,还不能让大臣们说几句话吗?”直把朝廷用事者羞愧死了。

燕军进入南京后,练子宁出亡南行,到了杭州,被临安卫指挥刘杰抓住,绑缚到南京来邀功请赏。此时练子宁心里清楚,事到今日,复兴无望,只求一死。他满脸的激愤,口中不停地谩骂。

朱棣见到练子宁的那般模样,脸上露出狰狞的奸笑,问道:“练子宁!你想好了没有?还敢骂朕吗?”

练子宁怒目而视,大声斥责道:“高皇帝尸骨未寒,遗嘱墨迹还未干,你这个奸贼竟敢起兵造反,杀侄夺位,实乃千夫所指,遗臭万年!”

这下可把朱棣的“疯癫病”给“激”起来了,他恶狠狠地说:“给我将他的舌头割下!"话音刚落,几个刽子手一起上前,按住了练子宁的身体,一个撬开他的嘴巴,还有一个拿起了刀子,猛地将练子宁的舌头给割了下来。

见到此景,朱棣十分神气地走下了他的九龙椅,凑近了练子宁,不无得意地说:"我啊,只不过是仿效周公辅成王吧! 你们太小题大做了。"

练子宁强忍着剧烈的疼痛,将手指伸到嘴上,蘸着口中的鲜血,满腔悲愤就地写下了四个大字:成王安在?

气急败坏的朱棣狂吠:"给我将他车裂碎尸,诛灭九族!"

练子宁的"宗族弃市者151人,又九族亲家之亲被抄没,戍边远方者又数百人"(【明】姜清:《姜氏外史》卷1;【明】黄佐:《革除遗事》卷3;【清】谷应泰:《明史纪事本末·壬午殉难》卷18)。

练子宁的侄儿练大亨,当时出任嘉定知县,听到京师传来的噩耗,就与妻子一起投刘家河(今嘉定与太仓之间的浏河)自尽。

练子宁的"中节浩然"品质不仅震撼和"连动"了自己的亲族,而且还深深地影响了家乡同仁。练子宁的同乡徐子权,科举进士出身,出任大明刑部主事,当听到练子宁悲壮而去的消息后,他大哭一场,并写诗纪念,最后自缢而亡。(《明史·练子宁传》卷141)

面对朱棣的恶行与兽性,建文朝廷重臣个个都表现出视死如归的英雄气概,这实在是令人可敬可叹,而说及建文朝的地方官来,他们可也不赖,不信,请看下面的史实。

◉ 明知不可为而为之的苏州知府——姚善

建文四年四五月间,燕军不断地南下,逼近南京。建文皇帝下诏,号召各地勤王,当时任苏州知府的姚善积极响应,受命会合镇江、常州、嘉兴和松江四府的知府练兵勤王。但随后不久,南京沦陷,勤王之事不了了之。朱棣掌控京师后,严厉搜捕"奸党首恶"齐泰、黄子澄。当时风声很紧,黄子澄逃到苏州姚善处,相约一起到海上借兵举事,但姚善没有同意黄子澄这等天方夜谭的遐想,坚持自己与苏州城共存亡,黄子澄只好前往嘉兴找杨任谋事。

当时朱棣通缉和追剿"奸党分子"的"群众运动"开展得如火如荼,不仅到处张贴告示,而且还悬赏告密者和擒拿者。每当政治运动来临时,我们民族中总有一些人表现出异常的"政治觉悟"和积极的"热情",他们擦亮了眼睛,将一个又一个隐藏在人民内部的"坏分子"给揪了出来。黄子澄、齐泰就是这样被人告发揪出来的,我们现在讲的苏州知府姚善也是这样落入朱棣撒下的魔鬼专制“法网”的。

当时姚善手下有个许千户一夜之间政治觉悟“提高”了，发现他们的领导姚善就是现在新统治者所要缉拿的要犯，这可是升官发财的好机会。许千户乘着姚善不注意，将他绑了起来，送到南京来向新皇帝朱棣邀功请赏。

朱棣当然十分高兴，因为姚善不仅是京师近畿要地的地方父母官，而且还是他切齿痛恨的“奸党首恶”黄子澄的好友，这样的政治要犯被捕，篡位皇帝心里自然是乐开了花，他要亲自审问一下这个不自量力的书生，于是就命人将姚善带上大殿来，诘问道：“奸恶朋党姚善，我想问你，以你一个苏州府的实力就敢举兵与我对抗？”姚善厉声斥责道：“做臣子的各为其主，尽心尽力！”并开始大骂燕贼，“语多不逊”。恶魔朱棣没有想到一个小小的知府也敢向他说“不”，顿时就怒火冲天，歇斯底里地咆哮一番后，下令磔杀姚善。（【明】姜清：《姜氏秘史》卷5；【明】黄佐：《革除遗事》卷1；【清】谷应泰：《明史纪事本末·壬午殉难》卷18；《明史·姚善传》卷142；【明】刘昌：《悬笥琐探》）

◉ 南京淮清桥下一块石头上的影子会说话——黄观及其家人

黄观，安徽贵池人，父亲入赘许家，改姓许。黄观年少时曾跟随贵池当地有名文臣学习，并初露才华。洪武年间被选拔到南京国子监学习。不幸的是黄观父母早亡，他的这段经历倒是很像少年朱元璋。在南京读书时，黄观将父母的坟墓画在纸上，经常流泪跪拜。洪武二十四年，他参加科举考试，在礼部主持的会试中得了第一名，即“会元”。不久在殿试中他又得了头名，即洪武二十四年的状元。以后他就出现在大明帝国的官场上，做官一直做到了礼部右侍郎，相当于民政部的副部长，也就是说用了6年的时间黄观由一介书生成为了一个副部级领导干部。由此可见洪武末年，大明文官制已经确立差不多了。也就在这一年，黄观奏请皇帝批准，改回了自己的姓氏——黄。建文初年，更定官制，黄观的官职被改为右侍中，他与方孝孺等人深受建文皇帝的信任和重用。

黄观本来就是一个文臣，与武夫朱棣并无什么搭界，但身为建文朝的重臣，他时常要为建文帝草拟诏书、表制等一类文书。朱棣起兵造反后，黄观曾为建文帝起草了一份官方文告，奉劝朱棣赶紧解散他的军队，回到自己的藩邸北平，然后再上南京来向建文帝谢罪。由于他用词极富嘲讽挖苦的味道，充满了对造反作孽者的蔑视和贬斥，朱棣就对他怀恨在心。

建文四年黄观奉命到长江上游安徽的南部地区去募兵，这本是他的家乡，但为了建文帝的大业，黄观连自己的老家也顾不上回了。经过他的不懈努力，还真的招募到了一些兵丁，然后急忙带了募兵赶赴京师南京，大概走到安庆时，就听到消息：京师沦陷了，朱棣张榜通缉“齐、黄”为首的“奸党”分子，发狠要缉拿和处置建文朝的左班文臣。黄观早已做好了为国殉难的准备，但随后传来的消息却让他寸肠欲断。（【明】姜清：《姜氏秘史》卷3；【明】黄佐：《革除遗事》卷2）

原来，攻入南京城后，朱棣一心想要取得他“老爸”朱元璋传下来的皇帝“宝玺”，因为只有这样，他的即位才会“名正言顺”。可找遍了皇宫的每一个角落就是找不到那“宝玺”。有人说，建文帝老早就把宝玺给了黄观，让他带上外出募兵时用的。朱棣听说后，命令有关部门火速追查到黄观在南京的家中，逮捕了黄观的妻子翁氏和他的两个女儿。

此时行进在长江安庆一带的黄观闻听京师事变，就跟人说：“我家夫人平日里最讲气节，如今形势恶化，她一定不肯受辱！”说完他就在长江上为他的妻子招魂，并葬之于江上。第二天，黄观南京家中的家人赶到安庆来报：“京师家中已被朱棣查抄了，夫人和两位小姐被配给了象奴。象奴是个无赖成性的狗东西，见了夫人和小姐，就要她们头上的金银首饰。夫人就全给了他，可把这狗东西给乐坏了，他拿了夫人的金银首饰后去换酒喝。夫人急忙带了两个小姐及10多个家人跑到淮清桥上，投河自尽。”黄观听完后，大哭一场。（【明】姜清：《姜氏秘史》卷3；【明】黄佐：《革除遗事》卷2；【清】谷应泰：《明史纪事本末·壬午殉难》卷18；《明史·黄观传》卷143）

船只行驶到了李阳河一带，又从京师传来消息：建文皇帝已经“驾崩”。此时的黄观万念俱灰，他整了整身上的朝服，朝着东边南京方向拜了又拜，然后跳入湍急的水流之中。船上人急忙去钩他，但为时已晚，仅钩得珠丝官帽。

黄观的弟弟黄觏，看到哥哥家罹难了，赶紧带了黄观的一个小儿子逃亡他乡。但也有人说，黄觏的妻子毕氏回母亲家守寡时就已经怀上黄觏的骨肉，所以黄氏忠烈在贵池有后裔。这事现在一下子也很难说清楚了。

但有一件事很怪，当初黄观妻子在南京淮清桥投河时，曾吐血在一块石头上，形成了一个小影子，这个小影子一到阴雨天气，人们就可以看得出来，大家称之为“翁夫人血影石”。有个和尚将这块石头移到了庙里，翁氏托梦说：“我就是黄状元黄观之妻啊！”第二天，那和尚用水浇在那奇怪的石头上，顿时石头上的影子更加清晰了：这个血影子呈人形，有愁惨状。这块石头在清朝前期还在南京城里，真是英烈之魂与英雄之城共存。（《明史·黄观传》卷143；【清】谷应泰：《明史纪事本末·壬午殉难》卷18）

就在黄观夫妇忠君殉难过后不久，他的安徽老乡、自言要“不愧文天祥”的建文朝监察御史曾凤韶及其妻子也因为不愿背叛建文帝而先后一一自尽殉难。

◉ 建文朝的“文天祥”——曾凤韶

曾凤韶，安徽庐陵人，洪武末年进士出身。建文初年，曾凤韶出任监察御史。建文削藩与北伐时他曾提出过好多的建议，但都没被采纳。金川门之变时，曾凤韶曾向建文帝请求，让他一起随从出亡。建文帝没同意，示意他赶紧离开，曾凤韶哭着说：“小臣不久就要以死来报陛下之大恩！”(【清】谷应泰：《明史纪事本末·壬午殉难》卷18)

朱棣在南京称帝以后，以原官召曾凤韶，曾凤韶没去；朱棣给曾凤韶升官为侍郎(副部级干部)，曾凤韶还是没去。他之所以这样做，关键就在于他不愿背叛建文帝，但同时曾凤韶也知道朱棣是个无恶不作的魔鬼，绝不会对他的拒绝善罢甘休，于是他就刺破手指，用鲜血在自己的衣襟上写下：“予生庐陵忠节之邦，素负立朝刚鲠之肠。读书而登进士第，仕宦至绣衣郎。慨一死之得宜，可以含笑于地下，而不愧吾文天祥。”曾凤韶还嘱咐他的妻子李氏和儿子：“我死之后，不要给我换衣服，就以身上这件入殓！”说完他就自杀了，时年29岁，后来曾凤韶的妻子也以死守节。(《明史·曾凤韶传》卷143；【明】姜清：《姜氏秘史》卷1；【明】黄佐：《革除遗事》卷2)

在“建文”转向“永乐”的那个苦难岁月里，像上述曾凤韶夫妇与黄观一家的最后殉难自尽算是最好的结局了，最为惨苦的就要数前面讲过的方孝孺被灭“十族”、景清和胡闰被“瓜蔓抄”、铁铉被油炸以及下面要讲的暴昭被残害成“人猪”。

◉ 魔王朱棣又创造了一个“人猪”——刑部尚书暴昭与副手侯泰

暴昭，潞州人。洪武初期，科举尚未成式，朱元璋选拔官僚多次启用“历事监生制”，即在大明帝国的最高学府国子监中挑选优秀的毕业生，“分配”到大明官衙去实习几个月，发现品行端正、工作能力等各方面都不错的“实习生”，就将他们留在衙门中为官。暴昭就是当时“历事监生”当中的一员，后直接被授予大理寺司务(可能相当于司法部的一个科长)之职。

暴昭为人正直、有气节，做事认真、负责，个人生活极其朴素，常常穿着与普通百姓一样的衣服和鞋子，以清正、节俭的好官名声而著称。正因为如此，他深受老皇帝朱元璋的喜爱。洪武三十年被擢升为刑部右侍郎(相当于司法部副部长)。

洪武三十一年老皇帝朱元璋死后不久,新主朱允炆将暴昭由刑部侍郎提升为刑部尚书。建文初年,暴昭被建文帝调任北平采访使,名义上是收集北平民情状况,实为刺察燕王朱棣在北平的阴谋活动。他不负建文帝的厚望,出色地完成了新皇帝指派的使命,将燕王的种种阴谋不法之事秘密地上报了上去,嘱咐建文帝做好准备。(《明史·暴昭传》卷142)

燕王朱棣起兵造反后不久,建文帝设立平燕布政司,由暴昭主持那里的工作。北伐战争开始后,暴昭就与铁铉一起悉心策划北伐事宜。

建文四年朱棣南下攻到淮河流域时,朝廷军队在灵璧遭受了燕军毁灭性的打击,从此就一蹶不振。与此同时,暴昭被建文帝召回到南京。

金川门之变后,暴昭出亡在外被抓,但他"抗骂不屈"。朱棣大为光火,命令手下人先打掉暴昭的牙齿,再砍掉他的手和脚,创造出继西汉"毒妇"吕后"发明"之后的又一个惨不忍睹的"人猪"。但暴昭还是不停地怒骂朱棣。朱棣"疯癫"到了极点,居然下令将暴昭的脖子折断。一代忠烈就此被折磨而死。(《明史·暴昭传》卷142;【明】黄佐:《革除遗事》卷3;【清】谷应泰:《明史纪事本末·壬午殉难》卷18)

暴昭在建文初年调任为北平采访使,后又主持平燕布政司的工作,这样建文朝廷的司法工作就由侯泰来接任。要说这个侯泰可也是个正人君子,他忠于建文帝和大明帝国。朱棣在北平起兵造反后,侯泰提出了许多抗御策略,可惜都没被采纳。但由此侯泰受到了建文帝的关注,盛庸主持北伐战争那阵子,侯泰受命负责济宁和淮安一带的粮饷督运工作,他克勤职守,及时保证了盛庸军队的后方供给。京师被攻陷时,侯泰正往南京赶,打算回去设法救援,但走到苏北高邮时就被燕军抓住,投入大牢。朱棣十分痛恨这些建文朝北伐的铁杆支持者,他杀了侯泰不解恨,还将侯泰的弟弟侯敬祖与侯泰的儿子侯玘也给杀了。据说侯家子弟临刑时无所畏惧,视死如归,实在是令人敬佩。(《明史·侯泰传》卷142;【明】姜清:《姜氏秘史》卷5;【明】黄佐:《革除遗事》卷3)

建文帝的重臣刑部尚书(司法部长)暴昭和侯泰先后英雄地"走"了,可建文朝的户部侍郎(财政部副部长)卓敬、郭任、卢迥等人也不"示弱",他们个个都是好样的。

◉ 这个大帅哥可是个硬汉子——建文朝的财政部副部长卓敬

卓敬就是我们给大家在前面讲过的给建文帝上了一个奏折,将懦弱的书生皇帝吓出一身冷汗的那个大明财政部副部长,他极力主张将朱棣迁徙到南昌,这是极为聪明的一招，很可惜建文帝没有采纳他的建议，但卓敬与朱棣的仇就这样结下了。

朱棣登基即位以后，命人将卓敬带上来问话："你为什么要向建文帝上奏，将朕迁徙到南昌，这是离间我们皇家骨肉！难道你卓侍郎这样聪明的人会不懂这个理吗？"朱棣说话时很得意，以为已是阶下之囚的卓敬会乖乖地臣服，谁知话音刚落，卓敬马上厉声说道："可惜啊，先帝没有听取我卓敬的主张！"朱棣听后十分恼怒，但他又相当喜欢卓敬的才能与智慧，所以没有马上下令杀害他，而是将他关到了大牢里去，再叫人到牢里去探望，并以历史上的管仲与魏征作为例子来劝导卓敬。卓敬哭着说："既然当了先帝的臣子，怎么能背叛他呢？只有以死相报；况且先帝也没什么大的过失，现在被人横刀夺位了，我做臣子的恨不能马上就死去，到地下去见先帝，更别提叫我做贰臣了！"朱棣听后怅然，但他还不死心失去这样的人才，故而一直没有下令处死卓敬。

朱棣身边的谋士道衍和尚过去与卓敬有过过节，他乘机进谗："卓敬的建议当初要是被建文帝采纳的话，皇上你还有今天吗？"经过这么一挑拨，朱棣终于痛下决心，杀掉卓敬。卓敬临刑时神色自如，从容叹道："祸乱始起于萧墙，谋略又无经画，卓敬死有余罪啊！"

卓敬最终被杀害了，他的三族也被诛灭。卓家被查抄时，查抄到的家产仅有图书数卷。对此，朱棣极为痛惜地说道："国家养士三十余年，卓敬可谓不负君矣。"（【明】姜清：《姜氏秘史》卷2；【明】黄佐：《革除遗事》卷3）

卓敬为官做人坦荡无偏，胸襟开阔，极为健谈，人又长得帅，属于高个美男子。不过卓敬这个美男子与那个李家大帅哥不一样，那是一个绣花枕头，而卓敬是内秀外美，史书说他"凡天官、舆地、律历、兵刑诸家无不博究"，想必这是真的，否则魔鬼的天才皇帝朱棣为什么一再惋惜卓敬不为他所用呢？（《明史·卓敬传》卷141；【明】姜清：《姜氏秘史》卷2；【明】黄佐：《革除遗事》卷3；【清】谷应泰：《明史纪事本末·壬午殉难》卷18）

在"壬午殉难"中唱响建文悲歌的建文朝文臣，有不少人原本出身就是平民百姓，如上述的卓敬等人，他们通过科举之途而跻身于大明帝国的政治舞台，或许真的是要报答建文帝的知遇之恩而勇于献身殉难。但在"壬午殉难"中还有个事实实在是耐人寻味，在大明高官甚至可以说公侯级的巨卿后代中似乎也有不少人在响亮地唱着建文悲歌，他们忠君刚烈，至死不做"永乐"之臣，如诚意伯刘伯温的二儿子刘璟和魏国公徐达的长子徐辉祖就是这样的典型例子。

◉ 刘基儿子刘璟跟朱棣说："殿下百世之后，总逃不出一个'篡'字"

刘璟，前面我们已经讲过他，在北平燕王府下棋时，朱棣曾旁敲侧击地发问："你能否让着我一点？"刘璟一语双关地回答道："该让的地方就让，不该让的地方不让！"实际上是给了朱棣一个软钉子，双方之间的芥蒂就这样结下了。有人说，那是因为当时还是朱允炆当皇帝，而朱棣仅是一个地方藩王，刘璟没必要去巴结他，所以才这么"讲原则"。如果这样看待的话，那么实在是将刘璟给看扁了。人家老刘家可是一门忠烈，想当年刘基就是因为不肯向权贵胡惟庸低头而被毒死，没过多少年，老刘家的第二代同样是因为耿直的秉性和坚贞不屈的精神最终将自己送上了不归路。

建文帝派遣李景隆为大将军进行北伐时，刘璟是将军参事，换成现在话来说就是军事参谋一类的角色。李景隆不听忠言，刚愎自用，终使 500 000 人北伐军全军覆没。当时刘璟处境极为不佳，他冒着严寒星夜急渡卢沟河。谁知渡河到河中时冰块断裂，刘璟连人带马淹入水中，后经过奋力自救，总算上了堤岸，在那前不靠村、后不着店的冰天雪地里，本是南方人的刘璟以常人无法想象的毅力，冒着风雪步行了 30 多里，终于在良乡遇上了自己的儿子，随后父子两人同归南京。不久刘璟就回了浙江老家青田。(《明史·刘璟传》卷 128)

朱棣即位以后，几次派人去请刘璟出来做官，但每一次都被刘璟以身体不佳为由而拒绝。不仅如此，刘璟还提醒和告诫朱棣："殿下百世之后，总逃不出一个'篡'字！"这话触到了朱棣的痛处，他马上报复，以当年刘璟同谷王朱橞一起南逃作为深究的借口，说他犯了叛逃罪。欲加之罪，何患无辞？刘璟被逮捕以后，依然不肯屈服，连对已经称帝的朱棣之称呼也不改，仍旧称其为"殿下"，而不是"陛下"。

朱棣当然无法容下这样的"忤逆"之臣，但因为刘璟的父亲刘基是大明重要的开国功臣，所以他一下子不敢轻易对刘璟下毒手。而刘璟在牢里待了一段时间以后，仍不肯屈服，最终他将自己的头发辫成一线，上吊自尽。(《明史·刘璟传》卷 128)

◉ 尴尬的大明第一大将军后代——徐辉祖与南京的建文忠臣庙

徐辉祖，原名徐允恭，大明第一大将军徐达的长子，长八尺五寸，这是明清的尺码，可能相当现代人的一米七八左右，"以勋卫署左军都督府事"，就是说他年纪轻轻就在“朝廷中央军委”担任领导工作，这是因为他有着显赫的家庭背景的缘故。虽然徐辉祖属于“官二代”，但他是“官二代”的另类，可能是因为从小受到父亲徐达的严厉管教，他个人天资又不错，史书说他相当“有才气”，因此在同辈中徐辉祖的个人威望还是比较高的。

徐达病逝后，作为徐家长子的徐辉祖就继承了父亲的爵位。洪武晚年，朱允炆被立为皇太孙，为了与皇太孙朱允炆相避讳，皇帝朱元璋赐名，将原名徐允恭改为徐辉祖。在此前后，徐辉祖在陕西、北平、山东、河南等地练兵，发现燕王下属的元朝降将阿鲁帖木儿图谋不轨，遂将之捕杀。后来他回到南京，在相当于“中央军委”的中军都督府里主持工作。建文初年，徐辉祖被晋升为太子太傅，这是相当高的一种荣誉职位。(《明史·徐达传附徐辉祖》卷125)

从以上我们对徐辉祖个人经历来看，他出身于大明第一大将军之家，又有军队历练背景，相比于“官二代”典型代表李景隆来说，其军事能力与大局观念都是后者不能望其项背的。但明初这段历史很奇特，朱元璋将自己的儿女与功臣们的儿女结合，虽然稳定了大明帝国的统治根基，但也造成“朱元璋后”时代的尴尬局面，一旦“有事”，大明君臣之间、藩王与功臣之间都变成了断了骨头连着皮的关系，而特殊家庭出身的徐辉祖就是处在大明特殊关系下的一个重要的尴尬人物。

徐辉祖的大妹妹嫁给了燕王朱棣，二妹嫁给了代王朱桂，三妹嫁给了安王朱楹。(《明史·徐达传》卷125)据说他还有一个妹妹后来出家当了尼姑，我们将在《大明帝国》系列之《破解大明第一谜案》里详讲。徐辉祖与大妹夫燕王朱棣之间原本没有很大的政治意义关系，但在建文初年朱棣加快了谋反步伐后，徐辉祖的政治倾向就显得格外扎眼了。从政治方面来说，徐辉祖与建文皇帝是名正言顺的君臣关系，这是那个时代“三纲”中的“第一大纲”，换句话来说，就是那个时代最大的政治；从亲缘方面来讲，徐辉祖是建文帝政敌燕王朱棣的大舅子，中国有句古话说得好，叫“亲不亲，自家人”，在建文朝位居高官的徐辉祖要是偏向一点妹夫也可以使人理解。徐辉祖的弟弟徐增寿就是这么一个不讲国家政治专讲亲缘的“人脉百事通”。可徐辉祖不是这样的人，可能受父亲的影响比较大，他认为，在合法皇帝与将要谋反篡位的燕王朱棣之间，自己应该极力维护的是国家与社会的“正统”。所以当朱棣谋反的小道消息传得沸沸扬扬时，徐辉祖就赶到明皇宫里向建文帝作了“友情”提醒；朱元璋“小祥”纪念活动时，朱棣三个儿子在南京参与了祭祀，徐辉祖又不失时机地向建文帝作了汇报，以流氓成性的二外甥朱高煦来说事，再度提醒建文帝不可轻视和大意他的政敌；李景隆兵败以后，徐辉祖两度受命率领朝廷军队援助前线，尤其是齐眉山大战时，他与盛庸等人合力大败燕军，不久又被建文帝调回南京。(《明史·徐辉祖传》卷125)

从徐辉祖在建文朝的作用来看，他的军事才能并没有发挥好，至于是不是建文帝对他这个特殊的“尴尬”人物不信任，目前还没有确切的史料依据。不过无论怎么说，徐辉祖与他的弟弟徐增寿绝对是两类人物，他对建文帝是赤胆忠心。燕军进逼南京时，包括徐辉祖的弟弟徐增寿在内的少数建文朝臣见到建文帝大势已去，为了自己拥有“美好”的未来，他们干起了令人不齿的勾当；而徐辉祖则组织手下将士抵抗燕军的入城，终因寡不敌众，退回到南京城南的魏国公府邸内，独守在自己父亲徐达的祠堂里。

徐辉祖的种种“不识时务”和忤逆燕王的举动，使得朱棣恼怒不已，新皇帝下令缉拿和审讯徐辉祖。徐辉祖一言不发，拿起笔在纸上写着“家父是开国功勋”、“我家有高皇帝颁发的免死券”等字样。审讯官吏拿了徐辉祖的“墨宝”送给朱棣看，朱棣气得咬牙切齿，但他又不敢明目张胆地破坏“父亲”所立的“祖制”，否则怎么向全国臣民大吹自己是“鞋拔子脸”老皇帝的“好儿子”？所以他只好忍一忍，不过最后还是恶毒地下令，将徐辉祖削爵为民，并永远幽禁在魏国公府里。

从此以后，徐辉祖再也没有走出过自家的家门。大约过了 5 年后，正值中年的徐辉祖带着满腔的悲愤与无奈走完了他的人生之路。（【明】黄佐：《革除遗事》卷 4；【明】姜清：《姜氏秘史》卷 5）但明人薛应旂在他的著作中说：建文四年六月，朱棣“下徐辉祖于狱，革其禄米。”（【明】薛应旂：《宪章录》卷 14）又，永乐五年，“徐辉祖卒，年四十。”（【明】薛应旂：《宪章录》卷 17）

万历年间，明神宗下令为建文忠臣平反，在南京城里建庙祭祀建文朝殉难的忠烈之臣，徐辉祖位列忠臣之首。（《明史·徐辉祖传》卷 125）

这是明朝官方公开将过去搞错了的事情重新加以纠正，至于忠臣的排列次序相对来说不怎么重要，因为这迟到的旌表忠烈距离“壬午殉难”的发生已经有 200 多年了。但 200 多年，人们还在记挂着，可见“壬午殉难”的忠臣节士着实深深地影响了世间人们。

至此，“壬午殉难”中建文朝最为著名的文臣铁汉英雄就义的悲壮故事快要讲完了，不过大家千万别忘了还有一位大明皇家的特殊成员，他以默默的方式“吟唱”建文悲歌，走完了自己悲壮的人生之路，他就是我们前面提到过的朱元璋的好女婿、建文帝的铁杆支持者梅殷。

◉ 朱元璋的好女婿喋血南京“笪桥”——梅殷

梅殷是朱元璋第二个女儿宁国公主的丈夫，汝南侯梅思祖的侄儿，他天性纯朴正直，处事老成谨慎，精于骑马射箭，富于谋划策略。除此之外，梅殷还精通经史，被当时人称为“儒宗”，因此说他是个能文能武的难得的人才。在朱元璋16个女婿当中，他最得“鞋拔子脸”老皇帝的喜欢。据说朱元璋一有什么人孝敬来好吃好喝的，他总要给这个二女婿留着。翁婿俩时常坐在一起，谈古论今，兵法国事，总有说不完的话题。梅殷每次告别老丈人，朱元璋总要送他送得很远很远。

洪武晚期，大明功臣勋将几乎被杀尽，而地方藩王日益坐大，跃跃欲试；面对这样巨大的潜在危险，一生经历了无数大风大浪的朱元璋隐约感觉到了未来有可能出现的危险局面，于是就把宝贝女婿再次找到宫中，秘密嘱托梅殷辅助好文弱的皇太孙朱允炆。

可不知是为什么，朱允炆登基以后并没有马上重用这个姑父。一直到了建文晚期，在朝廷军队连连败绩的情况之下，他似乎是做了一场梦突然醒来似地想起了皇爷爷托孤的那位老成持重的皇家姑爷，随即命他为总兵官，镇守北平到南京一线上的军事要地淮安，打算以此来挡住或阻击燕军的南下。（《明史·宁国公主传》卷121；【明】姜清：《姜氏秘史》卷4）

但建文四年开春以后，朱棣却改变了以往的进攻策略，绕过沿途坚固的军事重镇，避实击虚，一路迅速南下。建文四年四月灵璧大战，朝廷军大败，朱棣不无得意地想从淮安借道抄近路直上南京，但他又不能跟妹夫梅殷直说，因为梅殷的正直与“讲原则”、“讲政治”之特性不仅在大明皇家出了名，而且连朝中大臣也无人不晓。于是他就动足了脑筋，变着法子向妹夫“探路”。没想到这个二妹夫那么刚烈，那么正直，要他通融，绝对没戏了。于是朱棣只得改道泗州一线，出天长，取道扬州，接着就是渡江，占领镇江，围困南京。（《明史·宁国公主传》卷121）

燕军进入南京以后大杀建文朝臣，顿时将繁华的大明首都推向了苦难的深渊，变成了人间地狱。对此，远在苏北淮安的梅殷心如刀绞，但又无能为力，他只有坚守自己的岗位。朱棣见到他们皇家亲戚基本上都“与时俱进”了，唯独这个二妹夫还是不肯归附，坚守淮安，他又气又恼，最后想出了一个毒招：叫来妹妹宁国公主，逼迫她咬破中指，写下一封血书给驸马梅殷。梅殷见到朱棣派出的太监带来的血书，顿时放声恸哭，然后问那太监：“建文帝在哪里？”太监说：“去矣。”梅殷说：“君亡与亡，君存与存，吾姑忍俟之。”（【清】谷应泰：《明史纪事本末·壬午殉难》卷18）

忍住了巨大的悲恨，梅殷最终回到了南京。这时的魔鬼朱棣早已登基称帝，自我感觉已经好到了无以言表的地步了，他一见到妹夫梅殷就满脸堆起了笑容，不怀好意地问候道：“驸马劳苦了！”没想到梅殷不冷不热地回敬：“劳而无功耳，徒自愧耳！”这话说得极有分量，可把朱棣呛得无言以对。（《明史·宁国公主传》卷121）

虽然梅殷给“召”回来了，但他始终不肯屈服，这使得无恶不作的魔鬼感到十分头疼。后来朱棣想到了一招,叫宫中小太监偷偷地溜到梅殷的家中,察看梅殷在家都干了些什么或说了些什么,以便逮些把柄,将他整死。但不知是小太监不谨慎呢还是梅殷警觉性特别高的缘故,朱棣的这个小把戏很快就被戳穿,梅殷更加愤懑与恼火。(【清】谷应泰:《明史纪事本末·壬午殉难》卷 18)

妹妹和妹夫被莫名窥隐,既羞煞了朱棣,又引起了众皇家亲族的不安,魔鬼皇帝十分被动。这时,一个叫陈瑛的大坏蛋主动出来想帮助朱棣解围。这个陈瑛就是当年朱棣行贿的对象,后来因为受贿之事暴露了,他被建文帝发配到了广西去,从此贪官陈瑛就跟建文君臣结下了大怨。朱棣上台以后迅速将这个当年的铁哥们从广西发配地给召了回来,且还给了他一个相当于副部级的左副都御史大官做。有人说,在永乐那个时代想要当官可真快,一个囚犯转眼就当上副部级大官,原来"坐火箭"当官在中国古代就有了,不是现代社会的发明。

再说这个贪官坏蛋陈瑛本事可大了,他最大的本事就是揣摩主子的心思和对政治异己进行极端的血腥残害。看到主子现在的处境并不好,陈瑛赶紧出来分忧解愁,他给朱棣上奏说:"我听人讲,梅殷对本朝极为不满,暗中畜养亡命之徒,图谋不轨,且与女秀才刘氏朋邪诅咒。"大家别小看了这种子虚乌有的指控,要是皇帝拿它"说事",被说者可要倒大霉了。"畜养亡命之徒,图谋不轨,与女秀才刘氏朋邪诅咒",这些指控隐含了:一,男女授受不亲,有伤风化;二,畜养亡命之徒,图谋不轨意味着谋反、谋大逆,这是灭族的大罪;三,朋邪诅咒即结党诅咒,诅咒谁?还用说吗!无限地上纲上线,一旦罪名落下,则必死无疑。等你搞清楚了,也是死人骨头都可能烂没了。所以陈瑛这个人实在歹毒,不过朱棣还不想将妹夫弄得太难堪,毕竟妹妹的面子多少要顾及一点啊,于是他就跟陈瑛说:"这事你不要插手,朕自有处置方法。"(《明史·宁国公主传》卷 121)

不久朱棣下令,让户部考定公、侯、驸马、伯仪仗从人之数,借着这个机会,他又叫锦衣卫将梅殷的家人都抓起来,送往辽东去戍边。

朱棣在"解决"了梅殷周边人之后,就开始盘算着如何对梅殷下手。永乐三年十月,梅殷上朝去,走到明皇宫附近的笪桥上时,遇到了前军都督佥事谭深、锦衣卫指挥赵曦,后两者互相使了一个眼色,就开始向走在笪桥上的梅殷挤过去,硬把梅殷挤到笪桥下面的河里,淹死了。接着谭深和赵曦就向上报告说,梅驸马投河自尽了!

消息传到明皇宫,朱棣喜不自禁。但不久又有人来报,说梅驸马是被谭深和赵曦挤下桥淹死的,有个都督同知叫许成的人目睹了全过程。有人证,总不能再杀人啊,否则的话,风险就会越来越大,朱棣只好忍住并极力加以掩盖,他马上命令法司部门对两个凶手展开调查和审讯,并把他们定了罪。这时的谭深和赵曦顿时"明白”了，他们叫喊着：“此上（皇帝，指朱棣）命也，奈何杀臣！”朱棣听到“两个凶手”这样喊冤，立即大发雷霆，命令大力士拿了凶器“金搔”，将两人的牙全部打掉，然后再将其斩首。看来当走狗的最终都没有什么好下场！（《明史·宁国公主传》卷121；【清】谷应泰：《明史纪事本末·壬午殉难》卷18）

再说宁国公主听到丈夫梅殷出事了，本能地反应：这肯定是那个不是什么好东西的朱棣干的！她马上直奔明皇宫找哥哥朱棣，并拉住了他的龙袍死不放手，边哭边喊着：“我的驸马在哪里？我的驸马在哪里？”魔鬼哥哥极力地掩盖自己的罪行，只说：“我为公主去寻找并惩治歹徒便是了，公主你千万别哭坏了身子啊。况且公主还有两个儿子。”宁国公主听到魔鬼哥哥已经“关爱”到了下一代，她顿时不哭了。

后来朱棣传令，为梅殷治丧，并赠梅殷谥号为“荣定”，梅殷的两个儿子即朱棣的外甥梅顺昌被敕命为中府都督同知，梅景福被敕命为旗手卫指挥使。朱棣将外甥“安顿”好后，还给宁国公主写了一封信，大致是这么说：“驸马爷梅殷虽然有些过失，但兄长我因为念着至亲的分上没有追究。听人说驸马淹死了，兄长我也十分怀疑。都督许成来告发了，我才知内情。现在我已经对许成进行了封赏，凶手们也全部正法，今特地向妹妹告知这些事情。”

看到魔鬼哥哥的信函，知道这是贼喊捉贼，但宁国公主又能怎么样呐？她没办法。

梅殷手下曾经有个叫瓦剌灰的人，他可是个血性汉子，曾经向朱棣说：谭深和赵曦既然是杀害驸马的凶手，那就应该受到重重处罚。朱棣无法回避了，只好同意。瓦剌灰先将谭深和赵曦两人的脚给砍了，再挖出他们的肝肠用来祭奠梅殷，最后他也自尽而亡。（《明史·宁国公主传》卷121；【清】谷应泰：《明史纪事本末·壬午殉难》卷18）

建文情结——为什么那么多人追随与怀念建文帝？

◉ 600：29的比例题考问住了朱棣

明末清初史学家谷应泰曾指出：“暴秦之法，罪止三族，强汉之律，不过五宗，故步、阐之门皆尽，机、云之种无遗。世谓天道好还，而人命至重，遂可灭绝至此乎！又况孔融覆巢之女，郭淮从坐之妻，古者但有刑诛，从无玷染，而或分隶教坊，给配象奴，潘氏承恩于织室，才人下降于厮养，此忠臣义士尤所为植发冲冠，椎胸而雪涕

者也。"(【清】谷应泰:《明史纪事本末·壬午殉难》卷18)

秦朝的法律可以说是够残暴的了,但最多也只问罪三族;汉承秦制,刑罚也够狠的了,但也只涉及五宗。说得更简单更直白一点,在朱棣之前,即使再残酷的暴君,他们对"罪犯"的处罚还从无"玷染"那么多的无辜,也没有像朱棣这么龌龊下三烂——要么惨无人道地残害,要么将"犯人"女家眷发到教坊司去当妓女,要么将红粉佳人与大家闺秀作贱给小厮,任人糟蹋,这尤为忠臣义士所怒发冲冠、顿足捶胸啊!

但"建文诸臣,三千同周武之心,五百尽田横之客,蹈死如归,奋臂不顾者,盖亦有所致此也"。不会少于600号的建文朝廷文臣学士中只有20多人选择了投降,600∶29这道小学生都能做的比例题,却实实在在地难住了无所不能、无恶不作的魔鬼朱棣。有人说,拿600∶29这样的比例来给一个已经定性的"伟大政治家"说事是否有依据呢?

有!

据明末著名史学家谈迁在他历史名著《国榷》一书中的记载说,靖难之役后,朱棣进入南京,建文朝"其在任遁去者,463人"。谷应泰在《明史纪事本末》中也说:"成祖即位,编籍在任诸臣遁去者463人,俱命削籍。"(【明】谈迁:《国榷·惠宗建文四年》卷12;【清】谷应泰:《明史纪事本末·建文逊国》卷17)

如果结合《明太宗实录》等相关资料,我们估计建文朝大臣最少有110来号人在"壬午殉难"中为建文帝殉节(参见上文的《建文朝"壬午殉难"著名大臣简表》),这110人加上463人就是570多人,这里面还有很大部分可能被过去史学家所漏记,或当初仓猝出逃而不为人所知,以及朱棣上台后对建文朝大臣肆意杀戮、焚毁档案,等等,笔者给它少算一点,30来个。这样通盘合计,朱棣打入南京时至少有600来号建文朝大臣拒绝投降。

拿拒绝投降的600多个建文朝大臣与归降朱棣的29人相比,我们很自然地得出这么一个百分比来,即建文朝大臣投降朱棣的5%都不到,而多达95%以上的建文朝文臣学士拒绝投降,这实在是一个让人迷惑不解的比例题与历史谜案。

◉ 600年的历史迷雾——为什么建文朝600多号大臣却只有20多人背叛建文帝?

对于这样的一个历史谜案,有人认为:这没有什么大惊小怪的,全是正统观念在作祟。真是这样吗?如是,那么如何解释在明清"天崩地裂"之际中国社会也没有出现这样悲壮的历史景观？要知道在中国这样的传统社会里，异族入侵的改朝换代远比本族内的朝代或皇位更替所引发的心理、文化与社会等方面的震荡要强烈得多了，但像明末清初那段历史中崇祯朝殉节的大臣却寥寥几个，遁迹拒降者也没有多少，像大思想家黄宗羲、王夫之及顾炎武等是极个别的例外。所以说，从“建文”转向“永乐”有那么多的建文大臣拒绝投降，绝不能简单地仅用“正统观念作祟”来解释得通的，那么其根本原因到底又是什么？

笔者认为应该将视野放到更宽广的范围来加以考察。

第一，“建文新政”得人心，尤其是江南人民拥护建文帝。

过去我们对建文帝实行的“新政”重视不够，甚至有些人用现代的眼光来看待建文帝与朱棣的皇位争夺；更离谱的是有人搬出了“社会达尔文主义”，认为建文帝当政的水平不如他的叔叔，优胜劣汰，自然法则么，老百姓心不向着他。我不知道此等“社会达尔文主义者”有没有读过《明史》、《国榷》一类的明史史料，就这么轻易地得出了一个结论。说实在的，建文帝在历史上是相当得人心的。明代成化年间文官学者宋端仪留下了这样的史料：“皇上（指建文帝，笔者注）嗣登天位，念习俗之陋，贪诈者之多，以为昔者治之以法，而犯者滋众，岂非教化有未至欤？乃蠲逋租，赦死刑，选擢良吏以治海内，除民之所患苦而与之以所欢。而未及期年，万姓协和，四方不变。士君子以行道辅时为荣而不贪禄位；百执事庶人以谨行保身为常而耻言货财。上而朝廷，下而穷邦小邑，皆思洗濯瑕眚以自归于善，可谓盛矣。上犹以为未也，亲择廷臣二十有四人为采访使，以观风谣，烛幽隐，利民之事得以便宜行之。由是天下欣然，谓太平可立致。”（【明】宋端仪：《立斋闲录·方孝孺送徐思勉序文》卷1）

建文帝得人心最为根本的原因就是他对大明帝国臣民推行了以“宽仁”为核心的“新政”，减轻了老百姓的负担。如洪武三十一年六月刚刚上台的建文帝就下令“省并州县，革冗员”。仅过了一个月他又“诏行宽政，赦有罪，蠲逋赋”。到了该年的年尾十二月，他再次“赐天下明年田租之半，释黥军及囚徒还乡里”。建文元年春正月又“诏告天下，举遗贤。赐民高年米肉絮帛，鳏寡孤独废疾者官为牧养。重农桑，兴学校，考察官吏，振罹灾贫民，旌节孝，瘗暴骨，蠲荒田租”。（《明史·恭闵帝本纪》卷4）

一个皇帝登基后六七个月内，先后下诏四次，平均一个半月他就下诏一次，减免天下赋税，这样的好皇帝不仅在明清史上而且在整个中国历史上都极为罕见的。那有人说会不会是建文帝在作秀？新皇帝上台哪个都要作作秀，但这么频繁地“作秀”似乎有点讲不过去，也没这个必要。事实上建文帝是在把他皇爷爷朱元璋的过猛的政策加以调整过来，让老百姓不断地得到实惠，这就是他得人心的关键所在。

建文帝关爱天下苍生一点也不比他皇爷爷差，更比他的叔叔朱棣强几百倍。后世那些与政治有着千丝万缕关系的史学家每当谈到明成祖朱棣时，往往有着唱不完的赞歌，说他如何开疆拓土，如何兴建举世瞩目的宏大工程，云云，但要知道这一切难道不都是用老百姓的血汗换来的吗？相比而言，没有那么"雄伟气魄"却以"宽政"治国的建文帝朱允炆是在用雨露滋润般的"惠民"政策让百姓们享受到了实实在在的实惠与"皇恩"。譬如洪武三十一年八月，建文帝下"诏兴州、营州、开平诸卫军全家在伍者，免一人。天下卫所军单丁者，放为民"。(《明史·恭闵帝本纪》卷 4)

这是一项看不见、摸不着的得人心的"工程"，明代军籍兵士生活很悲惨，战时打仗玩命；上帝保佑没死，到了和平年代就要为帝国筑城墙、干苦力。一般被编入军籍后就没有什么好命，谁乐意这样被没命地折腾？但明初朱元璋搞的黄册制度将户口管得那么死，所以说从某种程度来讲，"朱元璋后"时代开启时大明帝国的毛病还真不少，而朱允炆登基两个月就着手解决，尤其是将"天下卫所军单丁者，放为民"这项措施还深刻影响了近世中国社会，我们后世政府征兵时就实施这么一项规定：原则上家中独子不得入伍，这难道不是"建文宽政"的历史的延续吗？

建文帝最为感动臣民的一项举措就是均江、浙田赋。建文二年二月，正值建文朝廷组织最大规模的一次北伐战争，当时集结了全国兵力 500 000 人，筹集军饷 1 000 000 石以上(《明太宗实录》卷 5)。要说用粮还正是时候，但建文帝还是作出了一项公平的惠民举措，下诏令平均江南田赋，他在诏令中说："国家有惟正之供，江、浙赋独重，而苏、松官田悉准私税，用惩一时，岂可为定则。今悉与减免，亩毋逾一斗。苏、松人仍得官户部。"(《明史·恭闵帝本纪》卷 4)

手心手背都是肉，人怎么能偏心眼？朱元璋的重赋从表象来看，好像全国性一碗水端平，穷的地方少出，富的地方多出，江南富庶就应该多出，殊不知他的这项政策已经严重地挫伤了江南地区人民的积极性，相对"培育"另外一些地方的惰性；而建文帝惠政于江南人民，如果他不被朱棣赶下去，那么中国近代转型之萌芽很可能就在建文时代或建文后时代开始了。有朋友跟我说："建文帝是江南人的大恩人。"这话也不为过。不信，我们看这样的例子：

朱棣在北平造反时，有个无锡人叫储福，原本是燕山卫的一个普通士兵，他就不愿意为朱棣卖命而逃跑了。朱棣登基后，下令追捕全国逃卒归伍。储福重新被强行编入了发往云南的部队，他"仰天哭曰：'吾虽一介贱卒，义不为叛逆之臣。'在舟中，日夜泣不止，竟不食而死"。(【明】李贽：《续藏书》卷 7，"燕山卫卒储福")

昆山人龚翊从 18 岁起就在金川门当门卫哨兵，燕军涌入金川门，他独木难支，放声大哭，随后外逃。到了朱棣孙子朱瞻基当政时，有人将他推荐出来当官，没想到他知道后十分生气地说："（龚）翊仕无害于义，恐负往日城门一恸耳。"（【明】李贽：《续藏书》卷 7，"金川门守卒龚翊"）他终生归隐不仕。

还有一个客观事实是，至今为止，有关建文帝最后出亡到何处？目前大约有一二百种说法，即一二百个地方，但其绝大部分都位于长江以南，这就很能说明问题了。要是人们不喜欢某个历史人物，总不会将"历史的屎盆子"往自己家乡头上去扣吧！

由此我们完全有理由认定建文帝是一个极其得人心的好皇帝。这下可能又要触及到另外一个在中国存在了两千多年的儒家"定理"："得人心者得天下"，转换一下就是"失人心者失天下"。不过，如果拿它套在建文帝头上，那就太不恰当了。

第二，确实建文朝不屈而亡的大臣们很大程度上是受正统观念的影响，追求的是儒家正统的理念。

中国儒家特别强调"名"和"分"，换成更为通俗一点的讲法，就是要求做到"名正言顺"，所谓"名不正则言不顺"。既然朱元璋立了朱允炆为皇位继承人了，那么朱允炆就是合法的皇帝，大家都要来保护他、支持他；而朱棣是起兵造反者，是世代都要受诅咒的和重刑酷法所要打击的对象。拥有这种思想观念的建文朝大臣代表，最为著名的就是刘伯温的二儿子刘璟，他就是不肯屈服，即使面临死亡的威胁，还没忘警告朱棣：殿下几百年以后还逃脱不了一个"篡"字！（《明史·刘璟传》卷 128）

第三，宋亡以后中国知识分子地位一直低下，大明开国后朱元璋对他们也不好；而建文帝广施善政，知识分子对之有着知遇之恩当涌泉相报之心理情结。

中国传统社会里知识分子的黄金时代是在两宋，这在《大明帝国》系列之 3《洪武帝卷下》里边我已经作了详细的论述，在此不再赘言了。宋亡以后，蒙古人统治中国时期，知识分子的地位一落千丈，创造了历史的"新低"，元代民间社会有"十等"人的说法，虽说我们没有在正史上找到依据，但不妨将它作为一面历史的参照镜子。这"十等"人中的"儒"排到了第八位妓女的后头，成为"老九"，可见当时知识分子是何等的压抑与郁闷啊！因此人们不难看到，元代开始，在文人当中时兴的"文人画"要不是灰蒙蒙的就是一片荒凉肃杀，一见了"文人画"就让观者觉得心里沉甸甸的，你说这元代知识分子会过得好？

朱元璋建立大明帝国后，"参酌唐宋"，恢复中华传统，尤其是对科举制的恢复与"改进"，使得当时的知识分子看到了一丝希望的曙光。但随之而来，朱元璋又屡兴文字狱，文臣学士莫名其妙地把命给丢了，加上洪武年间严刑峻法，因此说，明初这三十来年知识分子的日子过得也并不好。

朱允炆上台以后，一改朱元璋的严酷政治，崇尚礼治，主张"齐民以刑不若以礼"，宽政于臣，宽刑于民，他“日与方孝孺辈论周官法度”(【明】朱鹭:《建文书法拟》前编)，总想仿效三代之治。建文帝性格文弱，温文尔雅，在朝堂上从不轻易责罚人臣。即使像尹昌隆之类的乌鸦，越说越不像话，甚至快要将皇帝的私生活拿来说事了，但建文帝还是没有怪他。在削藩问题上三派之中尤其是“睦亲护藩派”的观点简直是迂腐透顶，或者说是一派胡言，但建文帝还是让人家讲完，更没有去治他们的罪。

建文朝政治环境极其宽松，你想怎么讲就怎么讲，只要不当着皇帝的面说“我要造反”这样大逆不道的话，就不会有事；更有甚者责问建文帝:“你答应我要办的事情怎么没办?”还有在朝堂上揪住“内贼”李景隆当庭痛打一通，这类事情要是拿到朱元璋时代那简直就是天方夜谭，但在建文朝却是实实在在地发生了。

建文朝士大夫们不少人经历了朱元璋时代那种战战兢兢、如履薄冰的政治生活，他们再在建文时代为臣，感到了自我价值得到一定程度的实现，实在是有点心花怒放的感觉。在这些从小就饱受儒家正统思想教育的知识分子看来，他们真的遇到了万年千古才碰上的一位“仁爱”皇帝，儒家的政治理想也可以在不久的将来实现了。齐泰、黄子澄、方孝孺、胡闰、陈迪、暴昭、曾凤韶，等等，莫不感到他们此生此世的幸运，中国有句古话叫“士为知己者死”，所以人们不难看到，“壬午殉难”中的那么多的建文朝文臣学士个个都视死如归，甚至还有唱着歌走向刑场的。(《明史·卢迥传》卷141)

第四，儒家理学确立时期，义理观念清晰，没有被混淆。

宋明理学是中国儒家思想发展的一个里程碑，而理学的自身发展也有一个从理论确立到政治实践中的地位巩固的过程。理学开创于宋代，那时在官方意识形态中并不占据主导地位；到了元代，理学虽然得到了官方的确认，但元朝统治者并不将之作为主流意识形态；只有到了朱元璋时代，通过全国性的尊孔运动和科举成式、八股取士标准化等，理学不仅深深地植根于人们的心目中，而且还指导与规范着人们的日常行为。

理性而言，理学刚开始被定为官方意识形态时，还是有着一些可取之处的。那时理学的核心“三纲五常”完全没有像后世的说教那样僵化，成为杀人不见血的软刀子。作为一种官方思想，强调“君为臣纲、父为子纲、夫为妻纲”，则更多要求在一个社会群体或政治群体内突出主心骨的作用问题，强调义、理、忠、信、勇等中华民族传统的美德，这并没有多大不好啊，只要它们不与政治过分紧密地挂钩与绝对化，应该来说还是有着相当可取之外的。试想一个人连基本的信和义都没有，他还配在官场上混吗？要是国家政治由一些吃里爬外和卑鄙无耻的小人来掌握着，那么，这个政权能好到哪里去？这个社会的主旋律还会高雅吗？

所以我们对建文朝那些视死如归的大臣们决不能简单地说他们愚忠，一无是处。要知道这些殉难的大臣绝大多数都是清节耿直之士，或是为民做主、为国谋略的廉吏良臣，他们深受理学思想的熏陶，高唱着儒家的正气歌。正如张廷玉主编的《明史》一书中所说的："'靖难'之役，朝臣多捐躯殉国……从容就节，非大义素明者不能也。"(《明史·王艮等传·赞语》卷143)用"壬午殉难"大臣翰林纂修周是修的话来说，就是"忠臣不计得失，故言无不直；烈女不虑死生，故行无不果"。这难道不值得我们后世人们学习吗？(《明史·周是修传》卷143)

第五，传言建文帝没死。

金川门之变后，明皇宫里燃起了大火，建文帝及其一帮子大臣(463人)不知所终。有人说烧死了，有人说逃走了。(详见笔者《大明帝国》系列之6《破解大明第一谜案》)既然有说建文帝没死逃走了，那么作为建文朝的大臣绝大多数人抱定不事二主的态度，祈盼建文帝的复辟，所以他们往往选择了不与朱棣合作的态度，这也是从"建文"转向"永乐"时有那么多人追随与怀念建文帝的一个重要原因。

无论上述哪个原因，我们不妨将人们对建文帝的追随与怀念概括为"建文情结"，这个情结从600年前的明皇宫里那场大火燃起时就悄悄地结下了，它伴随着人们走过了600多年，直到今天为止，人们还在不停地追问：建文帝是不是一个好皇帝？如果是一个好皇帝，那他为什么被人赶下台？

是啊，又一个问题被提出来了，建文帝为什么会失败？

建文帝失败原因分析——拷问儒家的"得人心者得天下"理论

在中国古代历史上，像朱棣与朱允炆之间的这样皇位争夺不是独一无二的，汉朝景帝时就发生了吴楚七国之乱，七个诸侯国一起动手跟中央皇帝对着干，但最终没干过汉景帝。明朝这场"靖难之役"很奇怪，一个地方藩王就将一个堂堂的大明帝国天子赶得"无影无踪"，同时还将他的忠臣斩尽杀绝。问题是为什么一个堂堂的大明帝国天子、很得人心的建文皇帝最终会落得这么一个下场？笔者认为四大方面的原因导致了建文帝的失败：

◉ 建文帝个性上的缺陷

前面我们讲过，建文帝的个性文弱、仁柔，作为普通人来说，如果拥有这样的个性本身并没有什么不好。尤其在我们现在社会里，这样性格的男人或许还挺受女孩子喜欢的。

但文弱的个性,天生的书生一旦去从政,那可不是什么好事。可朱允炆生在皇家这样特殊的家庭里,即便他不愿卷入政治权力角斗场,那也是妄想。一般情况下,一个人的个性决定了他的命运。建文帝既然个性很文弱,而政治权力角斗场向来是不会同情弱者的,所以说建文帝一登上大明帝国的政治舞台,他成了帝国"狼群中的羔羊"。天生文弱的个性使他一次次地错过了机会,譬如朱棣起兵造反前,他犹豫不决,最后还是放弃了大臣们的建议:扣押他的三个堂兄弟(朱棣儿子们);尤其是徐辉祖向他提醒:朱棣的二儿子朱高煦绝不是什么好东西,但他还是没有听进意见,后来朝廷军队与燕军交战的关键时刻都是这个无赖成性的朱高煦在一定程度上挽回了燕军的败局,反而将原本已经胜券在握的朝廷军队给打败了。据说建文帝知道后,后悔不迭,但又有什么用。(【清】谷应泰:《明史纪事本末·燕王起兵》卷16;《明史·黄子澄传》卷141)

还有一次十分重要的机会也是由于建文帝的个性缺陷而给白白地错过了:朱棣谋反前曾来过南京,摆足了叔叔的架子,走御道,见了新即位的建文帝也不拜,按照那个时代的"大不敬"律条,即使不足以治他死罪,但也至少可以将他的藩王爵位给削了;倘若有人出来"救场",或于情理、于面子讲不过去的话,就用大臣卓敬的那智慧一招,将最为危险的敌人燕王迁到江西南昌去,让他在那人生地不熟的地方待着,看他还造反不成?但建文帝就没有这个胆识,当卓敬给他上奏折时,他吓出了一身的冷汗,偷偷地将奏折放到自己的袖口里,白白地糟蹋了上苍赐予的机会。(【明】姜清:《姜氏外史》卷2;《明史·卓敬传》卷141;【清】谷应泰:《明史纪事本末·燕王起兵》卷16)

作为当政的帝国主要领导人建文帝这种文弱的个性、优柔寡断的处事方式在很大程度上葬送了自己的大好江山。

这一点似乎旁观者朝鲜人看得更为清晰。《李朝太宗李芳远实录捌》,四年(永乐二年)九月己酉条记载:"召成石璘、赵浚、李茂、赵英茂、李稷、权近等议事,上(指朝鲜国王,笔者注)曰:'大抵人心怀于有仁,建文宽仁而亡,永乐多行刑杀而兴,何也?'浚对曰:'徒知宽仁而纪纲不立故也。'上然之。"(转引自【民国】王崇武:《明靖难史事考证稿》,P7)

◉ 错用指导思想——先秦儒家的迂腐理论

建文帝第二大失误是治国理政采纳的指导思想不是"外儒内法"的汉代以后的

儒学，而是方孝孺等人信奉的一些迂腐的先秦儒学主张。说实在的，先秦儒学的一些主张与思想是相当不错的，譬如“民本思想”、轻刑重教理论等，但它过分强调礼教、德治，这对于治理乱世之际的国家是不合适的。从“洪武”转向“建文”，表面上是太平无事，但边塞地区的藩王们跃跃欲试，大明帝国暗波汹涌。这时的建文帝应该适当地采用法家的权与术及其刚性治国主张，而绝不是先儒的什么“亲亲”之礼——那简直是与虎谋皮和痴人说梦。建文帝对朱棣大讲“亲亲”，告诫自己的北伐将士：“不要伤了朕的叔叔，让朕背负杀叔的罪名。”这叫什么圣谕？那简直就是将北伐将士的手脚全给捆住了，反而帮了政敌朱棣的大忙：朱棣闯入北伐军中如入无人之境，甚至在对手营地里呼呼地睡上了一个夜晚，清晨走时，北伐将士还不敢放箭射他。（【清】谷应泰：《明史纪事本末·燕王起兵》卷16）

如果建文帝没有这么迂，何来后来朱棣打到南京来？建文帝的这份“亲亲”之情，“叔叔”朱棣压根儿就不领情，进入南京以后的朱棣在明皇宫挖地三尺、对建文帝大臣赶尽杀绝暂且都不说了，就建文帝的诸皇弟和诸皇子而言，后来一个个都是死得莫名其妙，建文帝投之以德，朱棣报之以怨。

◉ 用人不当，尤其没掌握好“枪杆子”

建文帝第三方面大的失误是用人不当。历史上君主用人不当往往是指重用奸佞小人，祸国殃民，最后发展到了一发不可收拾的地步。例如北宋末年那个轻浮的情种皇帝宋徽宗就是这么一个亡国昏君。但建文帝可不是这样的昏庸无道之君，相反，他相当聪明，只可惜这种聪明是书生的聪明，陶醉于对绝对理想追求中的聪明，这反映在他的核心领导班子中任用了清一色的不通军事的文臣学士，没有着力注意朝廷核心班子文武优势互补，以至于军事问题爆发了，由外行人提出一些不着边际的应对措施，重用了貌似行家实为一窍不通的古惑仔似的“人才”，例如对李景隆的重用就是一个典型的例子，这里边既有重臣黄子澄的“瞎捣糊”的原因，又有建文帝对儒家伦理中“亲亲”过于执著的“偏爱”所造成的；加上建文帝自身就不具备在由乱到治的特殊历史时期充当合格领袖的基本素质，终使建文朝总体而言不断地出错，不断地败北，最后落得个国破家亡的结局。具体说来如下：

第一，建文朝领导班子本身有问题。

建文朝的最终失败与最高领导班子的搭配不当大有关系。由于朱元璋的滥杀，到建文朝时能征善战的老将几乎杀戮殆尽，这对继任者建文帝来说是极为不利的。但话得讲回来，自古以来，人才一直不缺乏，缺乏的是领导没有去将他们挖掘出来，这就是古人讲的“千里马常有而伯乐不常有”的道理。

建文帝的失误就在于靠着相投的趣味来组建他的领导班子，这样就造成了建文朝的领导核心全是书生，你让他们背出哪段圣人的话，出典在哪里，或作如何的诠释，他们会如数家珍地给你讲上三天三夜还不嫌累；你要讲推荐军事人才，他们马上就会将在耳根边上经常大摆军事“乌龙阵”、善于纸上谈兵的李景隆当作是大明帝国的军事大家来推荐。其实这些建文近臣们根本没有深入了解军界，更没有像朱棣那般从军事战争实践中发现人才，及时提拔和使用人才，从而使得中下级军事能人很快地脱颖而出，发挥好军事人才的作用；可建文君臣压根儿就没有这样的经历，其实他们朝廷军队将领中不乏有勇有谋又善战的军事能人，如朱允炆的叔叔平安（朱元璋的养子）和瞿能父子都是杰出的将才，可他们被压在了“绣花枕头”、“官二代”李景隆的下面，直到战事发生后才逐渐地被发现。即使这样，还没有及时地得到大胆的提拔和尽其所能地发挥他们的军事才华，这就大大地制约了朝廷军队自身有效力量的发挥，挫伤了将士们的积极性，造成了朝廷军队越战越没劲而燕军却越战越强的令人十分郁闷的尴尬局面。（《明史·瞿能传》卷142；《明史·平安传》卷144）

第二，对李景隆等“至亲”的信任与重用。

建文帝用人之失是相当严重的。对“至亲”李景隆，他太过于相信其能力和人品，事实上对李景隆的错用一定程度上是将建文朝廷推上了不归之路，当然也有人给建文帝作了提醒，甚至连一向看好李景隆、不惜为他掩盖战败信息的黄子澄后来也感觉到了李景隆这个建文帝的“至亲”不是个东西，但建文帝就是没听进去，更没有严厉处置战败的李景隆。其影响相当之恶劣，最为直接的后果就是在建文朝廷军队的将士们看来，打了败仗也没多大的事，这样一来，“家底”再厚也要给败光的。令人哭笑不得的是，建文帝越信任李景隆，李景隆越要“卖”建文帝，500 000 人大军没了，1 000 000 石的军饷也全“送”给了朱棣，回朝以后他又竭力排斥和诬陷北伐的能将谋士：“景隆征还，赦不诛，又当轴用事，恶（盛）庸等掩己，诡间遂行，（王）度等与谋者皆见疏。”（【明】姜清：《姜氏外史》卷3）……应该来说，以建文帝的聪明不会没察觉出来，但对于“至亲”过度信任的思维定式终使建文帝一输再输。（【清】谷应泰：《明史纪事本末·燕王起兵》卷16；《明史·黄子澄传》卷141）

第三，总是在关键时候接受错误信息用错人。

建文帝在削藩与北伐等大是大非问题上总在接受错误信息，用错人。在是否要扣押朱棣三个儿子的问题上，大臣中齐泰的观点是正确的，而建文帝似乎倾向黄子澄的错误主张，但他又不太放心，就去问徐辉祖，徐辉祖倒是正派人，比较明确地告诉了建文帝答案；而建文帝优柔寡断的个性在这个关键时刻又促使他去问徐增寿，徐增寿与徐辉祖同是朱棣三个儿子的亲舅舅，既然徐辉祖说了二外甥不好，是个后患，天下哪有做舅舅的要糟蹋自己本来品行很好的外甥的名声呢，所以说徐辉祖的话不用深究也能断出个是非来，可建文帝最终没听徐辉祖的话反而听了"内贼"徐增寿的；这样的例子太多了，齐眉山大战，本来朝廷军队并不示弱，建文帝派遣徐辉祖前去援助，这是十分漂亮的一招，如果乘胜追击，燕军很有可能是全军覆没，而当时燕军士气又相当低落，将领们除了朱能跟朱棣还算心往一处想，继续南下以外，其他的都竭力主张回归北方，下次再来。因此如果这时建文朝廷方面组织大规模的围攻，正是大好时机，可就在这个节骨眼上，本来对前线反应并不怎么灵敏的建文朝廷，这次却格外地反应快速，朝中有人说，燕军已经北退，徐辉祖与朱棣是郎舅关系，将这么一个军事将领放在外面，不能说是件安全的事情。建文帝居然听信了这种小人之见，将徐辉祖迅速调回京师，顿使前线朝廷军力大减，终遭"诸将势孤，遂相次败绩"(《明太宗实录》卷 8;【清】谷应泰:《明史纪事本末·燕王起兵》卷 16)。

第四，重要辅臣的盲目自信与误国。

黄子澄、齐泰和方孝孺是建文朝三位重要的辅臣，从他们的分工来看，齐、黄主要是负责削藩，方孝孺搞"建文新政"；三个重臣都很有学识，但没有什么政治智慧或者难听一点叫政治阴谋(即使有，也很蹩脚)，然而他们都没有意识到自身这方面的缺陷。一般来说，知识分子接受的知识教育程度越高，越是容易形成一种很自负的心理，往往错误地将自己所掌握的知识当作社会全部的智慧，往往认为自己的观点是正确的，将一种学术上的个人主张放到了现实的政治决策当中去，难免不引起失误。齐、黄、方都有这方面的毛病，当削藩刚开始时，对哪个先下手，齐、黄意见不一，齐泰主张打蛇打七寸，擒贼先擒王，先从燕王朱棣下手，可黄子澄不同意，其实齐泰的观点是很有道理的，而且朝臣中还有人提出了相似的见解，户部侍郎郭任指出"天下事先本后末则易成。今日储财粟，备军实，果何为者？乃北讨周(王)，南讨湘(王)，舍其本而末是图，非策也"(《明史·郭任传》卷 141)。可是建文帝和黄子澄都固执己见，没有接受齐泰与郭任的好主意，终使养虎为患，打草惊蛇，使得朱棣加快了谋反的步骤。

方孝孺也有这个毛病，燕军逼近南京时，有人提出让建文帝赶紧外逃。这里有几种可能性的去向，要是建文帝早点动身上梅殷、铁铉那儿，或许后来的历史也要重写了，可方孝孺坚持认为自己的观点是正确的，当然不排除方孝孺主张里边的合理成分。当时南京城还有 200 000 人军队，如果让徐辉祖全面主持军事防御，或许南京城还能抵挡一阵子，但方孝孺偏偏出了自认为是狠招的馊主意——让藩王来守住南京大门，表面看似很好，结果却是便利了朱棣的进城。这又能说明了什么？方孝孺曾经说过“士之可贵者，在气节不在才智。天下未尝无才智而世之乱也，恒以用才骋智者，钓奇窃名以悦其君，卒致无穷之祸，而气节之士不与焉”（【明】张萱：《西园闻见录》卷10）。方孝孺将气节看得比才智还要重，诚然治国理政的经国人才的气节是极其重要的，否则都像李家大帅哥那样，那就国将不国了。但治国理政更多的是政治权力场上的斗智斗勇，将气节混淆于才智，那么迟早就要成为政治场上的牺牲品。

◉ 斗争策略上存在着诸多的问题

从登基时起，建文帝就踌躇满志，相继推出了一系列的“建文新政”，但步骤走得太快了点。一般来说，新旧交替以“安定团结”为纲，不能这里动一下，那里也去碰碰，作为过去的既得利益者一旦被“新政”剥夺了“既得利益”，他们能拥护你吗？更有建文帝一面组织北伐讨燕，另一面“省并州县，革冗员”（《明史·恭闵帝本纪》卷4），精简机构，那些被裁并的地方官员不恨你建文帝吗？和平年代让他们恨恨也就罢了；要是危难之际那就麻烦了。所以当建文政权晚期派人外出募兵时，地方上真正响应和组织募兵的官员却并不多，这就很能说明问题，“建文新政”走得太急了点。在全国兵马倥偬之际，建文帝却与方孝孺津津乐道地讨论“周官法度”，还锐意文治，甚至不务实际地想推行井田制，让善良的人们见了就觉得好气又着急，正如明人朱鹭所说的：“（建文）四年之间，今日省州，明日省县；今日并卫，明日并所；今日更官制，明日更官阶；宫门殿门名题日新，虽干戈倥偬，日不暇给而不曾休，一何扰也！是正学（方孝孺）之过也。”（【明】朱鹭：《建文书法拟》前编）

作为学术务务虚没什么大碍，但要将先秦儒家典籍的思想完全贯彻于国家政治中，这不仅不适应，还会给人们带来诸多的不便，譬如将原本已经用了30多年的大明官场的官制名改一改，将明皇宫的名字也改了一下，实质意义不大，反而给予政敌找到了攻击的口实——“变更祖制”，所以朱棣老觉得他起兵造反实在是有理，因而也就要一反到底！

再如，建文帝一开始削藩就是学老太太吃柿子，只挑软的捏，先从周王下手，把最大的后患给惊动了，又没有继续迅速向燕王开刀，而是拖泥带水，贻害无穷。

建文帝的失误还有许多，但千言万语，我们将之归结起来不外乎建文君臣自身的政治阅历浅显、个性太迂和政治水平不佳等几个方面的缘故所造成的。

在传统中国社会里，政治是无情的、也是残酷的，好人不多，好皇帝更少，建文帝就是中国历史上少之又少的好皇帝之一，但他只执政了四年，就匆匆地离开了政治舞台。由此我就想到了一个古老的历史命题：得人心者得天下，真是这样吗？

不过，历史并没有将建文帝遗忘，600 年来人们不停地在追问：建文帝怎么啦？他最终到底到了什么地方去？建文情结横跨时空，时不时地跳跃在人们的脑海里，烙刻在人们的心中——建文帝的下落之谜。

第三章 建文"蒸发"与谜案追踪

朱棣"靖难"军进入南京时，建文帝人间蒸发。由此，追踪建文帝的下落，成为大明帝国的第一谜案。据永乐朝的官方的说法，建文帝被烧死了，朱棣还假模假样地挤出了几滴鳄鱼泪以示悲痛，并以天子之礼下葬了建文帝。既然如此，那么建文帝陵在哪儿？数百年来无人知晓。更让人一头雾水的是，赶走建文帝后，永乐皇帝当政时，怪事连连……建文帝下落之谜犹如幽灵一般，不仅折磨了当政20多年的永乐帝，而且也困扰了他的后代子孙。

那么，建文帝到底到了哪儿去？600年来人们一直在寻找他的最终下落之谜。有人说他出亡西南，有人说他出亡湖湘，有人说他出亡苏州，又有人说他逃亡到了海外，甚至最近连法国球星里贝里都在说自己的祖先就是建文帝……这一切到底哪个是真的？

谜案产生——朱棣："阖宫自焚"；建文："人间蒸发"

建文四年(1402)六月十三日(乙丑)，金川门事变突发，燕军不费吹灰之力进入南京城。这时明皇宫升起了熊熊大火，朱棣命令手下人赶紧前去救火；同时又派出得力干将迅速控制南京城，缉拿建文"奸党分子"，追捕老与他这个四叔过不去的侄儿皇帝，但令朱棣意想不到的是建文帝朱允炆却来了个人间蒸发，那么建文帝到底到了哪里去了？

据成书于永乐初年的明朝官方文书《奉天靖难记》所载：金川门之变后，朱"允炆欲出迎，左右悉散，惟内使数人而已，乃叹曰：'何面目复相见耶？'遂阖宫自焚。上见宫中烟起，急遣中使往救，至，已死矣。出其尸于火中，上叹曰：'小子无知，乃至此乎？'"(《奉天靖难记》卷4)

而成书于明宣德五年正月的《明太宗实录》却对此这般写道："建文君欲出迎，左右悉散，惟内侍数人而已，乃叹曰：'我何面目相见耶？'遂阖宫自焚。上望见宫中烟起，急遣中使往救。至，已不及。中使出其尸于火中，还白上。上哭曰：'果然若是痴耶！吾来为扶翼尔为善，尔竟不亮，而遽至此乎！'"（《明太宗实录》卷9）

对照上述有关建文帝下落的现存最早官方文献记载，我们发现其内容大体差不多，但在具体细节上还是有所不同的：第一，《奉天靖难记》中称建文帝不叫皇帝，而是直呼其名讳，这在传统社会里是大逆不道的；而在《明太宗实录》中改称其为"建文君"，用了个具有多重含义的"君"字来代替，由此可见后来编修者还是相对慎重的。第二，《奉天靖难记》中说，听到宦官从大火中捞出尸体来，"好叔叔"朱棣叹了声气，随后说道："小子（指朱允炆，笔者注）无知，竟然弄到这个地步！"而到了《明太宗实录》中改为"好叔叔"朱棣"哭"着说："我的侄儿啊！你为什么痴迷得如此不明事理啊？叔叔我是来辅助你治国理政的，没想到你竟然一点也不明白我的一片苦心而做出这样的傻事啊！"如此一改，昔日"乱臣贼子人人得而诛之"的朱棣顿时变成了周公一般的好叔叔，"伟大领袖"的"光辉"形象一下子给衬托出来了。不过，再怎么说，上述两书中有一点是绝对一致"肯定"的，那就是建文皇帝"阖宫自焚"了。

既然建文帝是"自焚"的，按照中国人的常规做法，就得善待"逝者"，祭奠、入殓、下葬……一个都不能少。而自小就"聪明睿智、仁孝友弟（同'悌'，笔者注）、出于天成"（《奉天靖难记》卷1；《明太宗实录》卷1）的朱棣"死"了侄儿皇帝，作为当时大明皇家"第一"叔叔再怎么说，总不能在全国臣民面前丢脸呀，于是"燕王遣中使出帝后尸于火中，越八日壬申葬之"（《明史·恭闵帝本纪》卷4）。怎么葬的？朱棣"问葬建文帝礼，（王）景顿首言：'宜用天子礼。'从之"（《明史·王景传》卷152，列传第40）。随即朱棣下令"备礼葬建文君，遣官致祭，辍朝三日"（《明太宗实录》卷9）。

一切都按部就班地进行着，官方文献也像模像样地记载。那么所谓"下葬"了建文帝，究竟将他"葬"在南京什么地方呢？不说近现代了，就是明代史学家谈迁当年在南京调查了一大圈都没能搞清楚，他记载道："金陵故老，无能指建文帝葬处。非其迹易湮也，史牒禅代沿例久矣。孟氏所以不尽信书也。"（【明】谈迁：《国榷·惠宗建文四年六月》卷12，中华书局1958年12月第1版，第1册，P852）

这怎么可能，就在昔日明都南京，堂堂一代天子的坟茔居然都没人知道在哪里，这实在是令人纳闷不已！不过，让人纳闷的还远不止这事呐。

就在所谓建文帝"阖宫自焚"之后，"好叔叔"朱棣还对侄儿皇帝朱允炆居住过的南京明皇宫进行"清宫三日"（【清】查继佐：《罪惟录·惠宗帝纪》卷2，浙江古籍出版社1986年5月版，P69）。"清宫三日"，朱棣究竟要找什么？找到了吗？结果如何呢？明人赵士喆记述道："时宫人屠戮略尽，唯得罪建文者廼免"（【明】赵士喆：

《建文年谱》上，P54)。清初史学家查继佐、谷应泰等也作了相似的记载："宫人遭戮略尽，惟得罪(建文)帝者获存。"(【清】查继佐:《罪惟录・帝纪・惠宗帝纪》卷2，浙江古籍出版社1986年第1版，第1册，P68)"诸宫人、女官、内官多诛死，惟得罪于建文者乃得留。上诘问宫人内侍以建文帝所在，皆指认后尸应焉"(【清】谷应泰:《明史纪事本末・燕王起兵》卷16，P273)。这就是说，当时凡是宫中的宫人、女官和太监几乎全部被杀，只有得罪过建文帝的被留了下来。明人薛应旂记载说："及上(指朱棣)入宫，诘问宫人、内侍以建文君所在，皆指认后尸为建文君。"(【明】薛应旂:《宪章录》卷14)朱棣不断地盘问宫人与宦官："建文帝在哪儿?"大家都指着烧得面目全非的建文皇后马氏(大臣马全的女儿)的尸体说，那就是建文帝!

狡黠无比的朱棣听后信了吗？压根儿就没信。京师南京没找到，他就将视线转向了京师以外的全国各地。只要一听到哪个地方有人说，看见了建文帝或发现了建文帝，朱棣的神经就会格外绷紧。就在他踩着建文忠臣的累累白骨坐上南京明皇宫的那把九龙椅没多久，有人来告:建文帝逃到浙江浦江，躲进了'郑义门'!朱棣立马派出精干人马，火速赶往浦江，进行了地毯似的搜查。可结果呢，白忙乎了一场。(《明史・郑濂传》卷296)

这就怪了，明明有人说看见了建文帝在某处，怎么老找不到的呢？更怪的事情还有，永乐元年十一月，朱棣对他的近侍说："朕在建文帝宫中每个角落都找遍了，就是找不到'父亲'高皇帝遗留下来的办公用品，有人说可能是建文君自焚时，将它们连同宝玺一起烧毁了。朕为此十分痛心啊!"(《明太宗实录》卷25)

朱棣是建文四年六月篡位成功的，尽管他穷凶极恶地进行"清宫三日"和地毯似地搜寻，但一年半后还在抱怨，没找到他"老爸"的办公用具和宝玺。换句话来说，当了一年半的皇帝，原来朱棣还没有"营业执照"——合法的皇帝宝玺。不过他还算"想得开"，不无自嘲地说，宝玺被侄儿皇帝自焚时带在身上一起给烧了。问题是人可能被烧死，烧成骨灰，但宝玺是高级的石头做的，即使是被火烧了，但不至于烧成灰而使人看不到啊，这是常识，朱棣那么聪明的政治家连这个基本的常识都不懂？不可能！因此说，宝玺毁于火中之说，完全是一派胡言。

更奇怪的是，据谈迁《国榷》的记载来看，当时明皇宫"丢失"的，还不止一枚皇帝印章，而是三枚，后来朱棣令人补制"皇帝奉天之宝，制诰之宝，敕命之宝"(【明】谈迁:《国榷・惠宗建文四年》卷12)。而据《明史》所载："明初宝玺十七:其大者曰'皇帝奉天之宝'，曰'皇帝之宝'，曰'皇帝行宝'，曰'皇帝信宝'，曰'天子之宝'，曰'天子行宝'，曰'天子信宝'，曰'制诰之宝'，曰'敕命之宝'，曰'广运之宝'，曰'皇帝尊亲之宝'，曰'皇帝亲亲之宝'，曰'敬天勤民之宝'；又有'御前之宝'、'表章经史之

宝'及'钦文之玺'。丹符出验四方。"(《明史·舆服四》卷68,志第44)

从《明史》的记载来看,"皇帝奉天之宝,制诰之宝,敕命之宝"是最能代表合法皇权的了,"皇帝奉天之宝"就是君权神授的"合法依据",上天将印章都给了皇帝,这个皇帝难道还会不正宗吗?皇帝要命令别人,要发号施令的话,那就得用上"制诰之宝,敕命之宝",这两枚图章说白了就是皇帝命令的象征。这里边就有一个十分关键的问题,那就是绝对排他性,即除了皇帝本人,谁拿了这些图章都会招来杀身大祸——因为他会被认为潜有篡逆为主的不臣之心,在那个年代里就是大逆不道。这样剩下的就只有一种可能,那就是建文帝出逃时带走了!而建文帝带上宝玺出逃是再合适不过了,合法皇帝拥有皇帝宝玺,就可以名正言顺地号令天下啊!

由此看来,一向谎话连篇的魔鬼朱棣真正痛心的不是宝玺被"烧了",而是担心实际上还活着的建文帝带了宝玺号令天下,与他对着干。这可是十分可怕的事情,自己毕竟是篡位上来的,于法于理都是乱臣贼子,想到这些,朱棣就会如坐针毡。从永乐三年六月开始,永乐帝就不断地"命(郑)和及其侪王景弘等通使西洋",尽管郑和下西洋的目的,后人有着很大的争论,但《明史》却是十分中肯地指出:"成祖疑惠帝亡海外,欲踪迹之,且欲耀兵异域,示中国富强。"(《明史·郑和传》卷304)除了海外找,陆路也不能放松啊,永乐五年始,朱棣"遣(大臣胡)濙颁御制诸书,并访仙人张邋遢,遍行天下州郡乡邑,隐察建文帝安在。濙以故在外最久,至十四年乃还。所至,亦间以民隐闻"(《明史·姚广孝传》卷145,列传第33)。差不多与此同时,朱棣还扩大范围,将目光转向大明帝国的属国朝鲜等。永乐元年(1403)四月甲寅日,朱棣派遣通政司左通政赵居任、宦官黄俨等上朝鲜送上一道专门的谕旨,"永乐元年二月初八日奉天殿早朝,宣谕圣旨:'建文手里多有逃散的人,也多有逃去别处的。有些走在你那里。你对他每(们)说知道,回去对国王说,一介介都送将来'"(吴晗辑:《朝鲜李朝实录中的中国史料·上编卷二·太宗恭定大王实录一》,中华书局,1980年3月第1版,第1册,P184)建文帝手下逃到朝鲜的,要一个个送来,更何况建文帝本人,那还用说吗,肯定也要送来!

无论是郑和海外寻找,还是胡濙陆路追寻,前期的追踪工作似乎并没有取得什么突破性的进展。篡位皇帝对于建文"蒸发"后随时都有可能冒出来的复辟充满了恐惧与紧张,除了将残害建文"奸党"运动推向全国各地与实施"文字狱"外,还找出了一个个借口,将大明皇位嫡传系统内具有皇帝候选人资格的建文骨肉兄弟一一送到朱元璋那里去报到。到永乐十四年时,只剩下一个被关在凤阳囚室内牛羊都不辨的建文幼子朱文圭和没来得及找到合适借口来收拾的建文帝的三弟朱允熥了。

当时的朱棣实在忙透了，也欣喜极了，因为他魂系梦绕的永乐帝国新都北京已在开建，欲使世人刮目相看的“永乐盛世”即将出现，形势大好，不，是特好。可就在这个令人“欢欣鼓舞”的“历史性”时刻，有人出来捣蛋了。这个捣蛋的还不是别人，就是当年为朱棣打开金川门的大恩人谷王朱橞。朱橞是朱棣的十九皇弟，他看到四哥篡位当皇帝当得有滋有味，心理就很不平衡，同为皇家庶子，凭什么你能当皇帝而我就不能呐？谷王朱橞想到这些，就开始进行造反准备了，“阴养死士，造战船”，“恃宠纵横，有无君之心，藏匿亡叛，造作舟舰、弓弩、器械，教习兵法、战斗之事，大建佛寺，造天成阁，私度僧千人，昼夜所祷祝诅，又与都指挥张成、宦者吴智等日夜谋议，踪迹诡秘，又莫之知。号张成为师、尚父，捏造图谶，谓己于亲王中次在十八，与谶相应，传报于人，又密遣典宝刘信献带宝于椿，藏所为谶语于带匣，示之复致书于椿，有曰：‘德苍时不可言桓文之事，桓文时不可言德苍之施，辞意含蓄，往往类此，又令巧匠制灯于上元节献于朝，就俾请内府架构侦伺动静，又选壮士习音乐，拟献于朝，供应殿庭，以图闲隙。”最要命的是谷王朱橞还胡言乱语，逢人便说“建文君初实不死，今已在此”(《明太宗实录》卷 178)。“往年我开金川门出建文君，今在邸中。我将为申大义，事发有日矣。”(《明史·诸王三》卷 118，列传第 6)“仁孝友弟(通‘悌’)”的皇帝哥哥朱棣这下可火了，立即下令将朱橞及其儿子皆“废为庶人，官属多诛死”(《明史·诸王三》卷 118，列传第 6)，随后原本大明皇位嫡传系统唯一具有皇帝候选人资格的正常人朱允熥(建文帝幼子朱文圭 2 岁起就被囚禁，实际上已是废人一个)也在他的凤阳囚所内莫名其妙地暴卒了。(《明史·诸王三》卷 118，列传第 6)

收拾得干脆利索，魔鬼朱棣一向擅长这类“绝活”。不过圆满地解决如些事情后，永乐皇帝并没有真正地乐起来，因为还有更重要的事情让他等待着，可这一等又等了五六年。永乐二十一年，(胡濙)“还朝，驰谒帝(指永乐帝朱棣，笔者注)于宣府。帝已就寝，闻濙至，急起召入。濙悉以所闻对，漏下四鼓乃出。先濙未至，传言建文帝蹈海去，帝分遣内臣郑和数辈浮海下西洋，至是疑始释”。(《明史·胡濙传》卷 169，列传第 57)

那么，这一次胡濙跟永乐帝朱棣到底谈了什么？他找到建文帝了吗？建文帝到底到了哪儿？从《明史》的这段记载来看，恐怕只有朱棣与胡濙君臣知道了。

迷雾加重——“建文”上门与“邂逅”建文

除了朱棣与胡濙君臣有可能掌握建文帝的有关信息外，永乐末年，至少还有一个人也应该知道这个秘密，他就是永乐皇帝的皇位继承人朱高炽。朱高炽尽管前后只干了10个月的皇帝工作就“走”了，但针对建文君臣之事他曾两次发出最高指示，第一次是在永乐二十二年十一月壬申日，明仁宗“御札付礼部尚书吕震曰：‘建文中奸臣其正犯已悉受显戮，家属初发教坊司、锦衣卫、浣衣局并习匠及功臣家为奴，今有存者既经大赦，可宥为民，给还田土，凡前为言事失当谪充军者，亦宥为民’”（《明仁宗实录》卷4上）。第二次是在永乐二十二年十二月癸卯日，“上（指明仁宗）闻建文奸臣齐、黄等外亲全家谪戍边者，有田在乡悉荒废。令兵部每家存一丁于戍所，馀放归为民”（《明仁宗实录》卷5上）。

◉ 明仁宗给建文忠臣“松绑”与“建文帝”找上门来

从明仁宗两次发出的最高指示来看，贯彻了一个核心精神，那就是要将父皇朱棣打入十八层地狱的建文忠臣家眷给松绑，给“解放”出来。明仁宗之所以要这么做，我想大概有以下几个方面的理由：

第一，朱高炽当皇太子的日子实在不好过，在魔鬼父亲的统治下他积了一肚子的怨气，好不容易熬到了出头之日，自己当政了，就应该运用手中的皇权，将魔鬼兽性发作时的过分举措予以纠正过来，或言部分地拨乱反正。

第二，朱高炽个性方面可能遗传其老妈徐皇后，性格宽仁，他每每跟人说：“为人君止于仁耳！”这不仅仅是他说说而已，事实也是如此，当他驾崩的消息传出后，“兵民如丧慈父，庙号曰仁，天下之公言云”（《明仁宗实录》卷10）。

第三，朱高炽与堂兄朱允炆个性比较相似，且两人关系也不错（《明仁宗实录》卷1上）。朱允炆当政干得好不好，全国臣民心里有数，建文忠臣是否如魔鬼朱棣所说的“大奸大恶”，朱高炽当然心里也十分清楚。

第四，朱高炽极有可能知道堂兄建文帝已不足以威胁他父皇朱棣死皮赖脸抢夺过来的江山社稷了。这里我们稍稍做些分析：虽说朱高炽与朱允炆个人关系不错，性格相似，但在绝对崇尚权力的中国传统社会，皇权的掌握是以绝对的排他性为根本前提，再好的亲友甚至父子之间，在争夺绝对皇权时也会暴露出绝对的兽性。汉武帝迫害皇太子、隋炀帝杀父……就像他们占有宫中美女一般，是我的妹妹岂能容忍他人染指，所以服侍宫中妹妹的男人就得要阉割，这是“天经地义”的；是我的“奶酪”谁都不能碰，也不能闻一闻，更不用说尝一尝了。而朱高炽的皇帝宝座是父皇从朱允炆手中夺来的，要是不充分掌握着有关建文帝已不足以威胁江山社稷的消息而感情用事地为建文忠臣“松绑”或言部分平反，这是要冒着极大的风险；

因为那时建文帝失国也不过 20 来年，明朝后来一位皇帝明英宗在失位近 10 年后尚且还能复辟呐，因此从这样的角度来看，明仁宗发出给建文忠臣及其家眷“松绑”的旨令，客观上就表明了当时大明第一人还是掌握了建文帝信息的。

那么以后呢？明仁宗死后宣德皇帝当政了将近 10 年，有关建文帝的直接或间接信息官方皆无记载。可当明宣宗“走”后的第五年，也就是宣德之子明英宗当政时，忽然间“建文帝”从南方冒了出来了。

据明朝国史《明实录》记载，正统五年(1440)十一月丁巳日：“有僧年九十余，自云南至广西，绐人曰：‘我建文也。张天师言我有四十年苦！今为僧期满，宜亟还邦国。’以黄纸为书，命其徒清进持诣思恩府(今广西武鸣)土官。知府岑瑛执送总兵官。柳溥械至京，会官鞫之，乃言其姓名为杨行祥，河南钧州白沙里人，洪武十七年度为僧，历游两京、云南、贵州至广西。上命锦衣卫锢禁之，凡四逾月，死狱中。其同谋僧十二人俱谪戍辽东边卫。”(《明英宗实录》卷 73)

《明英宗实录》中这段史料记载大致是说：从云南来到广西的那个老和尚自称是建文帝，广西思恩知府岑瑛听说以后不敢怠慢，赶紧向朝廷做了汇报。英宗朝廷发出指示，将老和尚送到北京去“检查”，不查不要紧，这一查还真将老和尚的底细给查出来了。办理这案件的人问老和尚：“你几岁了？”老和尚说：“我今年 90 多岁了！”至此，整个案件就发生了戏剧性的变化，大明朝办案人员进行了推算，建文帝生于洪武十年，到明英宗正统五年，要是建文帝真的没死，最多也只有 60 来岁。由此官方开始严厉拷问老和尚，老和尚一看这般阵势，逐渐招架不住了，最后交代：他叫杨行祥，河南钧州人，因为经常听到民间流传建文帝出逃的传闻，他就与几个庙里的同事突发奇想，于是就冒出……

案件查清楚了，老和尚不是建文帝，当下他被关进了大牢里，4 个月后老死于狱中。与老和尚同谋的 12 个和尚都被官府戍边辽东。自从“杨行祥假冒建文帝案”发生以后，云南、贵州、四川等地有关建文帝的传闻逐渐地多了起来。(《明史·恭闵帝本纪》卷 4；【明】王鏊《王文恪公笔记》又名《守溪笔记》或《震泽纪闻》)

虽然“杨行祥假冒建文帝案”尘埃落定了，但它留给人们的思考却不少：

第一，杨行祥没被明英宗处死，有人说那是因为明英宗年幼“仁弱”的结果。不错，在十个九个凶的明代皇帝中，明英宗算不上是一个十分凶残的皇帝，但对于主犯杨行祥及其涉案人员的处置算不上轻，杨行祥没被处死，那是《大明律》上有明文规定的：除了谋反等“十恶”大罪以外，一般来说，90 岁以上的犯罪者都可以酌情减轻。但涉案的 12 个从犯却全被戍边，戍边仅次于死刑，因此说，这等处罚不谓不重。由此看来英宗初年朝廷对建文帝下落之事还是十分在乎的。

第二，杨行祥案发在正统五年，那时建文朝 20 多个投降朱棣的“贰臣”中还有几个健在，除了前面讲过的“三杨”即杨士奇、杨溥、杨荣（见本书第一章）外，还有胡濙，此人不仅比“三杨”岁数要小一点，身体硬朗，耳聪目明，而且还是永乐时代秘密寻找建文帝的特使，要是真是建文帝烧死了，胡濙与“三杨”完全可以出来说：早就烧死了，哪来什么建文帝！可问题是正史中压根儿就没提最有发言权的胡濙与“三杨”，是胡濙与“三杨”作为贰臣“回避”了呢，还是故作糊涂？（《明史·胡濙传》卷 169，列传第 57；《明史·杨士奇、杨荣、杨溥传》卷 148，列传第 36）

第三，杨行祥敢冒充建文帝，至少说明当时有关建文帝出亡的传闻还是相当厉害的，要是偶尔听到一个传闻，对于一个 90 多岁的出家人来说是很难动心的，从中反倒印证了建文帝出亡具有极大的真实性，否则从地方官府到中央哪会那么一级级地认真盘查、核对。

第四，杨行祥本来在云南修行，云南比广西还要偏远，在云南都流传建文帝出亡了，由此更加说明了建文帝出亡在明朝前期是地球人都知道的事情了。

不过，杨行祥毕竟不是真的建文帝，那么真正的建文帝到底到了哪里去了？

明朝中期起有关建文君臣的信息逐渐多了起来，甚至还有人几乎“邂逅”了建文君臣。

◉ 苏州上方山有人意外地发现了建文忠臣出亡的书籍

从明英宗天顺年间起到明穆宗隆庆年间，大明帝国文网渐疏，加上建文帝出亡事发已久，按年龄推算，要是建文帝还活着的话，起码也得一百几十岁；显然，他不可能活在世上了，因此朱棣的子子孙孙们根本不用担心建文帝会东山再起了。即使这样，还有一些“老左分子”对建文帝之事保持着高度的政治觉悟。嘉靖初年，有个叫谢贲的进士在他的《后鉴录》里大骂建文帝：“朝纲失驭，群狡并兴，背天常而逆人纪。”但绝大部分士大夫相对比较理性，他们不仅不骂建文帝，而且也不再避讳建文之事，甚至还有人上书给当朝皇帝，要求给建文君臣的后人加封，并追以谥号、庙号，当然最终都不了了之。所有这些都表明，尽管大明帝国官方没有完全公开为建文君臣平反昭雪，但对于他们及其相关事情的禁忌已经基本解除了，社会氛围相对比较宽松。在这样的历史时期，有关钩沉建文君臣史迹的书籍也渐渐地多起来了，张芹的《备遗录》、何孟春的《续备遗录》、郁衮的《革朝遗忠录》、姜清的《姜氏秘史》、黄佐的《革除遗事》、大岳山人的《建文皇帝事迹备遗录》（又称《建文事迹》）、符验的《革除遗事》、郑晓的《建文逊国臣记》，等等，一一问世。更为离奇与“巧合”的是当年跟随建文帝出亡的大臣撰写“自我揭秘”之“实录”，竟然被人们意外地发现了。

这究竟是怎么一回事？

事情的原委是这样的：明宪宗成化年间，浙江松阳人王诏有一次上苏州西郊的上方山游玩，看到山上有一座叫治平寺的庙宇，他觉得很好奇，于是就入寺游览。偶然间听到了寺内转轮藏上有晰晰嗦嗦的声音，王诏十分惊诧，就上去一探究竟。原来是一群老鼠正在啃着一本书。他急忙赶走老鼠，将已经被啃坏了的书捡起来一看，书皮上写着《楞严经》，这是一部佛经啊，但当打开书的内页再看看时，王诏惊呆了，原来这本书根本不是什么佛经，而是记载了建文朝忠臣20多人的出亡事迹。由于受潮，加上老鼠啃咬，这本书的装订线已断，好多字都看不出来。王诏只能辨认出建文朝9个大臣的名字，他读着读着，思绪万千，同时为建文大臣的忠烈事迹所感动，按捺不住地在每个忠臣事迹的边上加了赞语。后来缙云人郑僖将这事记录了下来，以题为《忠贤奇秘录》而刊行于世，这是明史上较早一本记录建文君臣出亡事迹的“奇书”。（《明史·补锅匠等传后》卷143）

在王诏发现特别内容的《楞严经》以后，大明政治环境进一步宽松，尤其自万历皇帝登基起，朝野上下对建文朝政治与建文君臣之事几乎到了根本没有什么禁忌的地步，最为突出的一个例子就是大明朝最高统治者万历皇帝竟与他的内阁首辅张居正在文华殿上公然讨论起建文帝出亡的事情来了。

◉ 万历朝内阁首辅张居正告诉明神宗：建文帝出亡了

那是万历二年(1574)十月戊午日这一天，万历帝到文华殿讲读(这是古代对皇帝读书的委婉说法，在中国这样的社会里，权高势能者不仅地位高、权力大，而且学问也深，你总不能说皇帝还要读书，太掉价了，所以要称“讲读”)，他镇定自若地与内阁辅臣讲起了他们老朱家祖上的事，说到了建文帝，于是就问开了：“听人说我们皇家祖上的那位建文帝当初是逃走的，到底有没有这回事？”内阁首辅张居正回答说：“我朝国史《明实录》中没有记载这件事情，只是先朝故老相传有这个说法。他们说，当‘靖难之师’进入京师南京时，建文皇帝剃发为僧，从秘道逃出，后来就云游四方，无人知晓了。大约到了英宗正统年间，忽然间有一个和尚在云南一座寺庙的墙壁上题了一首诗，其中有什么‘流落江湖数十秋’的诗句。有个御史经过该寺，看到了那首诗，觉得十分奇怪，就将和尚们找来一一问话，其中有个老和尚见了御史就坐地不跪，并说道：‘我要将我的一把老骨头葬到我们皇家的土地里。’御史经过仔细查问、辨认后，才知眼前的这个老和尚就是当年逃出南京城的建文帝，于是他就马上安排人手，通过驿道将老和尚送到了北京。皇宫里组织了相关人士进行辨认，发现老和尚确实是建文帝，这时他已经七八十岁了，‘后莫知其所终’”。（《明神宗实录》卷30）

万历皇帝听到这里，似乎感到若有所失，稍稍停了一会儿，他叫张居正将那老和尚写的诗完整地朗诵一遍。听完后，万历帝长叹一声，接着他又命张居正将诗写下来，让他日后好好地看看。张居正依旨照办，再进呈给万历帝……（《明神宗实录》卷30；谈迁《国榷·神宗万历二年》卷69）

上述这段史实来自大明官方文书的记载——《明神宗实录》，记录的是明代万历初年最高统治者明神宗与权相张居正的对话，话题核心是建文皇帝是否逃亡，从何处逃走，沦落在民间作何诗句，后来是否回来，等等？要知道，明神宗血统继承的是明成祖的嫡系而非建文帝的系统，《明太宗实录》已记载了建文帝死于火中并葬之，怎么后世皇家子孙还在讨论他是否被烧死了还是出走呢？作为一人之下万人之上的权相张居正又怎敢冒欺君之罪胡言乱语建文帝逃亡之事迹、诗句和结果？而后，《明神宗实录》初修于天启元年，又经天启三年、天启五年复修，至熹宗崩时犹未成书直至崇祯年间由温体仁等续成，几经周折和考虑方始定稿，如果建文帝真的已经死于火中，何敢留此明神宗与张居正对话讨论建文帝逃亡的史迹？并且指出：建文帝回京，“入宫验之，良是”。“（神宗）命居正录全诗之全章，慨然兴叹，又命书写进览。居正退而录其诗以进”。云云，这是何等的重视，岂能以已被焚死之帝作为活人乱作文章?！由此可见：建文帝确实未死，明初杨士奇等人所撰的《明太宗实录》所记建文帝焚死之说，乃“实录不实”之辞也。（潘群：《郑和踪迹建文考》，收入《郑和与海上丝绸之路》，澳门大学澳门研究中心，2005年12月编辑出版）

此外，从上述“正史”的字里行间中，我们还可以看出：建文帝出亡在外是明成祖以后大明朝廷历代口头相传的头号秘密，在听张居正讲述建文帝故事之前，万历帝已经听说了一些有关建文君臣出亡的事情，只是他不能完全肯定这些传闻是否属实，所以才问自己的老师、内阁首辅张居正。

◉ 万历年间南京籍状元焦竑游苏州意外得到建文君臣流亡“实录”

要说这个万历皇帝在历史上所起的作用确实不咋样，但他对建文皇帝的事情却是“情有独钟”。明隆庆六年（1572）七月辛亥日即二十八日，刚刚登基的万历帝就发布诏书，公开褒扬建文朝忠臣节士的忠义，他说：“革除间被罪诸臣忠于所事，甘蹈刑戮，有死无二，此皆我太祖高皇帝所储养忠臣义士。我成祖文皇帝当时亦有‘练子宁若在，朕犹当用之’之语。是诸臣罪虽不赦，心实可原。朕今仰遵我圣祖遗意，褒表忠魂，激励臣节，诏书到日，各地方有司官查诸臣生长乡邑，或特为建祠，或即附本处名贤忠节祠，岁时以礼致祭，其坟墓、苗裔倘有存者，厚加恤录。”(《明神宗实录》卷3)明神宗要求各地官员先查清建文忠臣的出生地，然后为他们建忠节祠以示旌表。不久，御史屠叔方等人奏请万历帝，要求对建文忠臣的家属与后代实行“推恩”政策，即让建文忠臣的子孙后代享受祖上的“福荫”，以此来“大慰忠灵，以培圣代纲常”。很快万历帝就批准了，并在各地予以实施。(【明】朱鹭:《建文书法拟》卷首“述圣德”;【明】许有毂:《忠义存褒什》卷首“历朝追宥奏录诸贤详节”)

这样，大明帝国经过170多年的历史后，原先被朱棣推到了万劫不复的地狱里的建文忠臣此时不仅给重新摆正了位置，而且还被抬到了精神王国的天空里，历史几乎来了180°的大转弯。在这样的政治环境下，万历朝文臣学士从褒扬忠义与还历史本来面目的角度出发，不断努力钩沉与研究建文君臣的事迹，编撰出一批建文朝的史籍来，最为著名的有汪宗伊的《表忠录》、屠叔方的《建文朝野汇编》、朱鹭的《建文书法拟》、许有毂的《忠义存褒什》、张朝瑞的《忠节录》、陈继儒的《建文史诗》等。而在万历朝问世闻名的这些建文史籍中，就数前朝史仲彬撰写的《致身录》的发现最富有戏剧性。

明万历十七年的一天，南京籍状元、大学问家焦竑到苏州郊区的穹窿山去游玩。不巧的是那天忽然间下起了大雨，焦竑无法下山了，只好借宿在山上的一道观(上真观)里。因为闲着无事，他向道观里的老道士借书看，老道士随便给了他一本。焦竑接过来一看，居然是本名叫《致身录》的奇书，作者是史仲彬。史仲彬是建文朝大臣，曾任建文帝同母弟徐王朱允熥的府邸宾辅，即相当于徐王府的总管。焦竑本是状元级的大学问家，他读的书可比人家多得多了，但对于这本叫《致身录》的书却是以前从来没有读到过。当看到该书的作者是史仲彬时，他马上欣喜不已：“建文帝下落之事始终被明成祖遮掩，终成一大疑案，甚为遗憾，今得此书，可解谜案之一二了。”不过，焦竑毕竟是考得了状元的聪明人，他转而又想到了一件事，于是问起了上真观里的那个老道：“你们哪来这本书的?”老道说：“成化年间，史仲彬的裔孙史鉴曾经携带此书来我们穹窿山游玩，在游览小观时居然忘了将此书带走。虽说，史家就在离我们这边不远的吴江，但我们这儿没人到他们那边去，也不认识他家，当时我们的上真观道长就将此书收了起来。”

焦竑弄明白“奇书”来历之后十分高兴，随即将该书带了回去。赶上万历帝诏复建文帝年号、公开为建文忠臣全面平反的大好机会，他就将该书刊印了出来，并为之做了序，于是“奇书”《致身录》就开始流传开来了。

◉ 建文帝出亡之事是真，建文出亡之书是伪

《致身录》是一部建文君臣流亡的“实录”，书中较为详细地记载了建文君臣逃离南京后的一系列鲜为人知的史实。正因为该书有些细节写得太“到位”了，所以有些学者怀疑它是本伪书，其所记之事也不像是逃亡中的人所写的，要知道既然是逃亡，哪有闲情逸致记得那么详细?!

就在颇受非议的《致身录》问世前后，同样被人指认为伪书的《从亡随笔》、《逊国臣记》等相继在苏州等地发现了。《从亡随笔》据称是建文朝大臣程济所写，内容与《致身录》相近，主要是叙述建文帝君臣逃出南京以后的流亡生涯事迹。但许多人考证出来说，此类书都是伪书，更有甚者认为当年建文君臣出亡之事根本不足为信，他们宁愿相信朱棣钦定的官方说法——建文帝被大火烧死了。(《明史·补锅匠等传》卷143)

对此，明末大学者钱谦益曾言：“大抵革除事迹(建文帝之事，笔者注)，既无实录可考，而野史真赝错出，莫可辩证。”(【明】钱谦益：《牧斋初学集》卷22，《书致身录考后》，四部丛刊初编本，上海书店，1989年版)

不过有些人就不这么看问题，他们认为：对于建文朝之史事“灭曲直不载，不若直陈其状而征示以无可加也；斥野史为尽讹，不如互述其异同，而明见其不必尽情也”。(【明】屠叔方：《建文朝野汇编·陈继儒序》，四库全书存目丛书本)

明末有名的士大夫沈德符在他的《万历野获编》一书中首先肯定了建文出亡是事实，他以永乐朝胡濙外出暗访、郑和下西洋两大怪异举措来反证建文帝确实是逃走了，但至于再后来建文帝到底怎么样了？他持十分谨慎的态度，同时又指摘《致身录》和《传信录》等为伪书。(【明】沈德符：《万历野获编·建文君出亡》卷1)

对此，与沈德符几乎同时代的南京籍著名学者顾起元也说：“或曰宝船之役，时有谓建文帝入海上诸国者，假以踪迹之。若然，则圣意愈渊深矣。”(【明】顾起元：《客座赘语》，凡十卷，明万历年间成书)

总之，到明朝中后期为止，有关建文帝的下落之谜已基本上揭开了神秘的面纱：建文帝不是被大火烧死了，而是出亡了，至于出亡之事到底如何？朱鹭、屠叔方、沈德符、顾起元等一批学者将《致身录》和《从亡随笔》等书的本身与其所主张的建文帝出亡之说区别开来，他们的严谨学风深刻地影响了后来人，清代的万斯同，民国的章太炎、孟森等人都持有相似的观点，现代明史专家黄云眉先生在其名著

《明史考证》中说："盖以为出亡之说可信，出亡诸书不可信。"（黄云眉：《明史考证》，中华书局，1971 年，第 1 册，P60）

谜案初解——建文逃离京师，君臣亡命天涯

不过，将《致身录》、《从亡随笔》等书的本身与其所倡的建文出亡之说区别开，有人可不乐意，明末清初史学家谈迁与谷应泰等就是这一派中的有名代表。那么，谈迁与谷应泰又是怎样看待建文帝的下落？

谈迁和谷应泰分别以《国榷》和《明史纪事本末》两部史学著作闻名于世。在这两部流传甚广的史书中，谈迁和谷应泰都基本上肯定了《致身录》、《从亡随笔》等书中所载内容，他们将"靖难战争"结束时建文君臣突然来了个人间"蒸发"和朱棣竭力掩盖事实真相所造成的历史"空缺"给补上，完整地叙述了建文君臣出亡的故事。

《国榷》记载道：金川门事变后，当如狼似虎的朱棣"靖难军"闯入南京时，明皇宫内"上（指建文帝，笔者注）急时欲自杀。翰林编修朝邑程济曰：'臣逆知有今日也。为今计，莫若出亡。臣素习术，往南方其免。'太监王钺曰：'太祖遗箧藏奉先殿，云滨大难发之。'及启视，皆髡缁之具。度牒二，白金十镒。上曰：'数也！'因大恸，群臣亦哭。兵部侍郎廖平进曰：'功莫大于存嗣，臣请保太子。'上急命太子出拜平，潜出之。群臣多愿从亡。程济曰：'多人不能无生得失。'因剃上（指建文帝）发，牒名应文，吴王教授杨应能、监察御史松阳叶希贤，亦剃发，牒书应能、应贤。（程）济易黄冠，尚书张纨、御史曾凤韶哭曰：'臣顷即以死报陛下！'上手麾去之。（建文帝）同程济及中书舍人定海梁良用，潜出西华门，沿河得空舡，良用鼓枻抵南门，舍舟易塗（通假词'途'，笔者注）。良用哭曰：'臣从此别矣！'遂赴朱雀桥水死。良用与中节良玉、田玉同族，8 人同仕于朝，而赴水死者 5 人。上潜出聚宝门，乘月之神乐观，宿道士王升所。诘旦，杨应能、叶希贤、刑部右侍郎贵池金焦、翰林修撰松阳吴成学、编修三原赵天泰、滨州知州南康蔡运、中书舍人定海郭良、郭节、梁中节、梁良玉、宋和、刑部司务黄岩冯漼、侍中常州黄直、钦天监正襄阳王之臣、刑部郎中定海梁田玉、指挥杞县王资、镇抚沅州牛景先、杞县刘伸、翰林院待诏浦江郑洽、徐府宾辅吴江史仲彬、太监海州何洲、周恕，俱至。（建文帝下）谕：'今后称师弟，分窜，约后会。'而杨应能、叶希贤、程济日夕相依，往来诸名胜，吴成学、蔡运、冯漼、赵天泰、梁田玉、史仲彬，则邮致衣食者也。程济与师终始，杨应能、叶希贤俱从游浪穹。壬辰三月，应能卒；四月希贤卒。从亡朝夕不离于侧，并葬于浪穹。廖平襄阳人，匿

太子文奎于家，妻以妹，后平家徙汉中，自隐会稽卖薪，称曰‘耶溪樵者，竟与会稽山中吴成学变姓名为僧，号雪庵，寓(yù，通假词‘寓’，笔者注)重庆善庆里之观音庵，秘迹以死。冯漼隐夔州，课童子。黄直往来夔庆间补锅。乙未八月，直访师于滇南，卒于萧寺。王之臣衣葛出走，佣庄浪曾家数年死。蔡运祝发隐会稽云门寺，称稽山主人。梁田玉亦剃发。郭良、梁中节俱道士服，良玉走海南鬻书。明年夏卒。王资易服为道人，隐金华玉华山。甲申，景先卒杭州寺中。伸卒天台。金焦卒祥符。赵天泰卒蜀。郑洽卒公安。宋和，临川人；郭节，连州人，变姓名以卜筮走四方，给衣食，和称槎主，节称雪翁，从亡之卓然可纪者。而上出亡宿工部尚书陕西徐贞所，事觉族诛，命教坊司群乱其妻至死。翰林检讨泽州程亨，初不与从亡之约，弃家逃，夷其族。亨就郭节于连州。丁亥，省师(指建文帝，笔者注)云南，史仲彬以宣德丁未被讦下狱死，所著《致身录》，与程济《从亡随笔》并传，是以知建文帝实不没也。”(【明】谈迁:《国榷·惠宗建文四年》卷12，第1册，P836—838，上述引文中的括弧里的内容为本书作者所加注，以便读者阅读。如还有阅读困难，可读笔者另一著作《大明帝国》系列之6《破解大明第一谜案》，内有相应的译文)

清初史学家谷应泰在建文出亡的取材方面似乎更多地倾向于伪书《致身录》、《从亡随笔》等，就连某年某月某日都记载清清楚楚:流亡的建文君臣在哪儿见了面，在哪儿休息了，在哪儿……让人看了不得不觉得，这批人不像是在流亡，而是怡情自得地游山玩水或言云中漫步，由此也就不能不令人怀疑起其真实性来。

不过话得说回来，从这些建文君臣“游记”的文献资料中，我们多少也能看出一些问题的端倪来，即明清之际有关建文帝出亡的传闻几乎在全国各地都有，由此好奇的人们不仅要追问下去:那建文帝最终到底到了哪儿?

雾里看花——海内海外建文“漫游”

2008年笔者曾将明清以来建文帝出亡各地的主要学说作了一番梳理，制作了《明清以来有关建文帝出亡各地主要学说简表》，并放在2009年3月出版的《大明帝国:从南京到北京》之《文弱的书生皇帝朱允炆卷》的第6章内，没想到该书出版后引起了海内外朋友的普遍关注和喜爱。

四五年过去了，有关建文出亡问题的研究又有了新的进展，尤其是2009年8月福建宁德的考古新发现和2010年7月在南京明孝陵召开的“首届明建文帝下落之谜国际研讨会”，使得人们对建文帝下落之谜的问题有了新认识。

◉"建文帝各地漫游"

今笔者将从明代到近现代的有关建文帝出亡后的最终下落之谜的学说重新作修订，我们还是按照大的省区划分，将之归纳起来，大致有云南说、贵州说、重庆说、四川说、两广说、两湖说、福建说、浙江说、安徽说、江西说、江苏说、陕西说、青海说、甘肃说以及海外说。

明清以来有关建文帝出亡各地主要学说简表

出亡省份	具体地点	学说主要来源	出亡故地与遗迹
云南说	昆明	民间传说	圆通山"圆通寺"、西山"太华寺"
	武定	民间传说、谈迁：《枣林杂俎・建文皇帝遗迹》	武定县狮子山正续禅寺中有建文帝原型的老衲样塑像、明惠帝祠阁
	洱源	民间传说	洱源县牛街乡龙门舍坝子观音山的龙眠洞
	楚雄	民间传说	楚雄广通寂照庵、牟定县莲城寺
	滇南	民间传说	滇南的指林寺
	大理	民间传说、王崇武：《明靖难史事考证稿》	"大理民家仍有以惠帝(建文帝)为鼻祖者"
	玉溪	民间传说	玉溪通海秀山慈仁阁有建文帝坐像
贵州说	贵阳	民间传说	贵阳太子桥、龙洞、一宿庵、清镇市东百花湖畔的灵永寺、清镇城西华盖洞、红枫湖镇云峰山
	长顺	《贵州省志・名胜志》、金玫：《白云山序》、《徐霞客游记》	长顺县思京乡白云山上的罗永庵内有潜龙佛殿、建文铜像、建文帝的亲笔书写的诗、建文帝的遗像
	平坝	民间传说、山东大学刘乐一教授的考证、林明璋：《龙隐黔中——明建文帝禅匿贵州之陈迹显象》	平坝城高峰山万华禅院原住持范清珍藏的一张"大明建文皇帝遗像"、高峰禅寺有明万历年间的石刻——收留建文帝的事迹
	安顺	民间传说、刘乐一教授、林国恩高级工程师解读	安顺地区关岭布依族苗族自治州县城东 15 公里晒甲山上的"红崖天书"

续表

出亡省份	具体地点	学说主要来源	出亡故地与遗迹
重庆说	市郊	民间传说、谷应泰:《明史纪事本末》	重庆南温泉公园建文峰、建文庙、让皇殿、建文井、“建文遗迹”的石碑
	市郊	民间传说、谷应泰:《明史纪事本末》	瓷器口镇白崖山又名龙隐山,白崖寺曾名宝轮寺,后更名为龙隐寺,磁器口镇也名为龙隐镇
	市郊	民间传说、谷应泰:《明史纪事本末》	重庆江北区有个铁山坪森林公园的僧官寺
	渝北	民间传说	重庆渝北区的龙兴镇、龙藏寺;统景镇、御临河
	宜宾	民间传说	宜宾的越溪河一带的隆兴寺
	峨眉山	民间传说	峨眉山寺庙
四川说	富顺	民间传说	金田寺建文帝像
	什邡	民间传说	什邡市的蓥华镇蓥华寺
	邻水	民间传说	邻水的善庆里(即今天的幺滩镇)、无粮寺、御临河、御临峡、御临桥
	巴州	民间传说	巴州县(今平昌县望京乡)金龙台佛罗寺又名望京寺
	崇州	民间传说	崇州市街子镇西部“凤栖山”上的“光严禅院”、晓皇寺、回龙寺、龙潭寺、瑞龙桥、御龙桥、朝元寺以及建文帝禅院
	大邑	民间传说	大邑县白岩寺
	巴中	民间传说	符阳坝、符阳坝、佛头山、金花寨
	马边	民间传说	乐山市马边彝族自治县牛王寺
	江油	民间传说、明末陆人龙的小说《型世言》	江油市重华镇的龙州大业山(也就是今天的藏王寨山)龙泉寺(今改名“回龙寺”)
	达县	民间传说、邓高:《支撑“明朝建文帝魂归四川省达县中山寺假说”的主要证据》	达县中山寺、地名朱明安、皇二岭
	广元	民间传说、广元市青川县青溪镇当地的“广佛碑”上的《鼎建华严庵碑志序》、《明史纪事本末》	广元市青川县青溪镇莲花山上的“建文陵”、华严庵、及庵前曾有一块写着“大明建文皇帝万岁万岁万万岁”黄龙镶边的金字牌,有人称之“明十四陵”“建文陵”

续表

出亡省份	具体地点	学说主要来源	出亡故地与遗迹
两广说	肇庆	民间传说	广东肇庆七星岩仙女湖“石洞古庙”旁的“出米洞”
	南宁	民间传说、《徐霞客游记》、邓士奇:《应天禅寺记》等	广西南宁横县宝华山原有横州寿佛寺,相传明初建文帝避难到此,寿佛寺改称为应天寺,曾有建文帝亲书“万山第一”题额
	宜山	民间传说、《徐霞客游记》	据说广西宜山还保留了建文帝亲书的“祭台”和“泣血”两方石刻
	玉林	民间传说、谷应泰:《明史纪事本末》	玉林市的水月岩,据说当年建文帝在此避难了12年才前往思恩府主动公开身份
两湖说	衡州	谈迁:《枣林杂俎·建文皇帝遗迹》	衡州有华严寺建文岩、碑记
	益阳	民间传说	益阳会龙山栖霞寺
	娄底	民间传说	娄底涓江藏君洞和传说中的建文帝墓
	长沙	民间传说、杨扩军:《关于影珠山与明建文帝出亡我之见解》	长沙县影珠山
	湘潭	何歌劲:《建文帝改名何必华落籍湘潭论》、《建文帝之谜》	《湘潭银塘何氏八修族谱》和《湘潭锦石何氏七修族谱》等资料
	武昌	《让氏家谱》、《让庆光老人的来信》	让庆光:《让氏家谱》、台湾陈万鼐教授曾作《明惠帝出亡考证》、商传教授作《〈让氏家谱〉与建文帝出亡考》、武昌洪山宝通禅寺、洪山区青菱乡青菱湖畔的青菱寺
	荆州	民间传说	荆州沙市太师渊的章华寺
福建说	泉州	陈水源:《杰出航海家郑和》、《清源文献纂续编》	泉州开元寺
	福州	谷应泰:《明史纪事本末》、查继佐:《罪惟录》、郑宽涛:《试揭建文帝隐藏闽侯雪峰寺的神秘面纱》	福州的雪峰寺
	宁德	马渭源:《追踪大明第一谜案:建文帝出亡福建宁德?》;郑自海:《论福建支提寺“建文袈裟”闭嘴龙纹饰为明初皇家的规制》;王道亨:《明建文帝朱允炆出亡宁德——长眠金贝考略》	福建宁德霍童镇支提山华严寺云锦袈裟;宁德市金涵畲族乡上金贝村古墓及其舍利塔

续表

出亡省份	具体地点	学说主要来源	出亡故地与遗迹
浙江说	浦江	《明史·郑濂传》、查继佐:《罪惟录》等	浙江浦江郑氏家族有建文帝亲笔御书"孝义堂"、"建文帝井"、"跷脚灯头"、"老佛社"
	兰溪	清朝光绪年间编修的《兰溪县志》	浙江兰溪市灵洞乡白坑村东山上的东山寺(今名皇回寺)、"天王殿"、程济墓碑
	武康	谈迁:《枣林杂俎·建文皇帝遗迹》	武康县证道寺
	永康	陈振鸽:《建文帝出亡永康考记》	据说当地村民发现疑似建文帝坟墓,轮流看守
	余杭	谈迁:《枣林杂俎·建文皇帝遗迹》	良渚镇东明山古道寺今名"东明寺"、曾有建文帝的自画像
	台州	谷应泰:《明史纪事本末》、民间传说	天台县城附近赤城山上紫云洞曾经是建文帝的栖身之处
	宁波	徐兆昺《四明谈助》中所引雍正《宁波府志》、《明史纪事本末》	宁波桃花渡、莲花洋、普陀山
安徽说	广德	姜清:《姜氏秘史》、黄佐:《革除遗事》	安徽广德古道
江西说	上高	民间传说	江西的上高县的蒙山
	上饶	民间传说	江西的上饶市东北的三清山三清观龙头等物
江苏说	太仓	民间传说	苏州市太仓县双凤镇程济祠
	溧阳	民间传说	南京南边溧阳古道
	无锡	民间传说	据说无锡军嶂山成性寺大殿上的那块"大圆满觉"匾是建文帝留下的墨宝、惜杀桥
	苏州	张有誉:《积翠庵记略》和清代撰写的《苏州府志》与《吴县志》、徐作生先生考证	苏州太湖西洞庭山岛上鼋山普济寺、吴县穹窿山福臻禅院、拈花寺、皇驾庵、御池、御桥池、神道、宝顶、方台、皇坟、皇驾庵雕龙柱础等
陕西说	汉中	潘京:《明建文帝在汉中南郑的下落探寻》	"挂榜崖天书"

续表

出亡省份	具体地点	学说主要来源	出亡故地与遗迹
青海说	乐都	根据《创新渭源县志》记载推测，公维章：《明建文帝出亡青海瞿昙寺新探》	类似明代汉族皇家宫廷风格的佛门寺院建筑群——瞿昙寺，人称“小故宫”
甘肃说	兰州	民间传说	相传张三丰弟子武当玉虚宫道人孙碧云在兰州金天观引诱建文帝露面
海外说	印尼	民间传说	印度尼西亚苏门答腊岛巴眼亚比村
	马来西亚	民间传说	马来西亚滨城、吉隆坡都有传说遗迹
	法国	民间传说	当代法国球星里贝里自称是建文帝的后裔

（注：①上表主要资料来源：【明】姜清《姜氏秘史》，【明】黄佐《革除遗事》，【明】赵士喆《建文年谱》，【清】查继佐：《罪惟录》，【清】张廷玉《明史》，【清】谷应泰《明史纪事本末》，【明】谈迁《国榷》和《枣林杂俎》，徐作生《泛槎考谜录·十二历史悬案揭秘》，2010年7月在南京明孝陵召开的“首届明建文帝下落之谜国际研讨会”论文集，何歌劲《建文帝之谜》和因特网等；②上表原由笔者在2008年制作，放在2009年3月出版的《大明帝国：从南京到北京》之《文弱的书生皇帝朱允炆卷》的第6章内，不曾想到被国内一些网站、博物馆和出版社公然盗用，郁闷啊！）

上表中，笔者共列举了15大区域62个建文帝出亡最终下落之谜的相对比较具体的“答案”（实际上还有许多，总数估计不会少于二三百种），在这么丰富的“答案”中究竟哪一个又是真的，或者说相对接近真的呢？

在最终解谜之前，我们不妨先来看看上述62个答案有何特点：

第一，上述62个建文帝出亡最终下落之谜的“谜底”依据大部分是民间传说和并无多大直接关联的文献记载或当地已有的但没办法证明其所谓的建文帝遗迹、遗物，从严格的历史科学层面上来讲，它们大多还不能构成“一家之说”，但笔者秉着兼容并包的学术思想，将它们一一收录在内。

第二，至今为止，建文帝出亡最终下落之谜出现这么多不同的“谜底”，其首先具有两个基本前提，一是建文帝没被明故宫大火烧死，否则死了一了百了；二是建文帝没有最终归葬北京，否则何来建文帝在许多地方留下了那么多的所谓的陵墓呢？甚至有人还说他们那里是“大明第十四陵”，似乎言之凿凿，一下子还让人没办法不信。既然我们能确认建文帝没被大火烧死，也能确认他没有归葬北京西山，剩下的只有是“建文帝各地漫游”了。

第三，上述62个建文帝出亡地中56个在南方地区，3个在北方，3个在海外。我们换个角度来看，似乎建文帝出亡北方地区的可能性相对比较小，理由是：一来，在建文流亡大臣中北方籍人士不多，建文帝不大可能到两眼一抹黑的北方去；二来，建文帝当政四年实施“建文新政”真正受惠的是广大的江南人民，北方人似乎没有过多的热情；三来，从北方各说来看，他们都拿不出较多的使人信服的文献资料和文物资料，最主要的依据是民间传说，尤其是“青海说”和“甘肃说”较为明显的是现代人的推测和附会；四来，从建文帝失国之际的形势来看，北方不少地区是建文帝政敌朱棣的势力及其影响的范围，所以从常理上来说，建文帝跑到北方去，不大有可能。

相比之下，建文帝最后出亡在南方的可能性极大，理由是：一者，建文朝大臣中南方籍的居多，据《国榷》等史籍所载，共有463号在册朝廷大臣在朱棣进入南京城时不见了踪影，难道建文帝就不会混杂在内，一同就近出亡南方？二者，从建文帝逊国时的全国形势来看，梅殷掌控的淮安地区，建文帝可能去不了，但江南多数地区还没有倒戈到朱棣的阵营，更何况像云南还掌握在对大明帝国皇家忠心耿耿的朱元璋义子沐英之子沐晟的手中，所以说建文帝极有可能就出亡在南方；三者，从朱棣后来派胡濙外访的地区、郑和下西洋期间对云贵等地的秘密出使活动来看，也很有可能是朱棣在听到了建文帝出亡南方的传闻后才作出这样的差遣决定的；四者，最为关键的一点是，“建文新政”最为受惠的应该是南方尤其是江南人民，建文帝深受南方人民的爱戴。“时士大夫崇尚礼义，百姓乐利而重犯法。家给人足，外户不阖，有得遗钞于地置屋檐而去者。及燕师之日，哭声震天，或死或遁，几空朝署。盖自古不幸失国之君未有得臣民之心若此者矣。”(【明】顾起元：《客座赘语·革除》卷1)

正因为如此，笔者认为建文帝出亡应该是在南方！那么，其最终下落是不是具有以下的可能？

◉ 建文帝出亡西南说

持这一说的主要主张是，建文帝出亡云贵等地，最终也老于西南或终于北京西山，而终于西山之说已被人们推倒，剩下的是老于西南，那么究竟在西南哪里？目前没有确切的说法。在“建文帝出亡西南说”中影响较大的是建文帝出亡贵州长顺的白云山。近年贵州出了一本书，名叫《发现白云山》，论述了从明代永乐初年“建文帝开山建寺后，白云山便成为黔中佛教圣地，并逐渐演变成为中国西南帝王佛教文化圣地。白云山与其他佛教名山最大的不同之处，在于它是以建文帝为中心人物而展开其佛教文化的，具有独特性、惟一性和神秘性，引起无数名人贤士及旅客前往探奇览胜”。（沙先贵著、长顺县档案局编《发现白云山》，贵州民族出版社，2006 年 11 月第 1 版，P28—29）

尽管该说引用的文献资料与地方考古实物很丰富，但都没有明确、直接与建文帝挂上钩。因此，目前为止，该说还不能成为建文帝最终下落之谜的正确答案。

◉ 建文帝出亡湖南说

前几年湖南湘潭的何歌劲先生拿出了文献证据——其家族族谱，他认为自己的湘潭锦石何氏始祖何必华原来就是大明第二位皇帝建文帝。经过数年的研究，何先生将湘潭何氏始祖的历史大致勾勒出来了。原来金川门事变以后，前左军都督何福参与了建文帝出逃计划，他派了自己的家人一路护送建文帝，在江西临川栖身过，后于永乐二年来到了湖南湘潭的银塘，娶了个何氏为妻，并改姓为何氏，大名何必华。再说那个掩护建文帝出亡的前左军都督何福在永乐帝即位初期还是平安无事，但后来朱棣豢养了那条“疯狗”陈瑛出来深究建文朝“奸党”分子，可能陈瑛已经掌握了何福的一些“阴事”，永乐八年何福在北征回来后被劾畏罪自杀。但在《湘潭银塘何氏八修族谱》上记载说：其实何福没死，那是掩人耳目的，真正的何福在暗中回了银塘。（民国二十二年《湘潭银塘何氏八修族谱》卷 28 和民国十八年《湘潭锦石何氏七修族谱》卷 1）

何歌劲先生的“建文帝出亡湖南说”发表后，引起了国内外明史学者相当的关注，但这种观点有些证据链还不是很完整，譬如，为什么要说何必华就是建文帝？有什么可靠的依据？还有从“何氏族谱”的版本来看，似乎不会早于民国，这样的史料是否可信？等等。因此从目前来说，“建文帝出亡湖南并在此终老之说”要真正赢得人们完全认同还需更多的依据和证明。

◉ 建文帝出亡湖北说

这一说开始得相对较早，1945 年让氏家族的后代让廉修根据自己家族先祖口授心传的描述和家中所藏的中元节烧包单上的名录，修成了《让氏家谱》，台湾学者陈万鼐教授曾作《明惠帝出亡考证》一书于 1950 年在台北由百成书店出版，建文帝出亡湖北、让氏后人就是建文帝子孙之说就此问世，但由于众所周知的原因，大陆学者对此都没有引起足够的重视。新世纪开启后，让氏后人湖北老河口市妇幼保健医院的让庆秋医生和南京有线电厂退休工程师让庆光老先生先后向新闻媒体爆料，说自己是建文帝第 15 代孙。一石激起千层浪，让氏后裔的那般说法引起了国内外专家学者的广泛兴趣。2004 年 10 月在南京召开的第十届明史学术讨论会上，中国社会科学院历史研究所研究员商传先生向大会递交了《〈让氏家谱〉与建文帝出亡考》的论文，明史专家、南京大学教授潘群老先生对此也曾进行过专门的研究。

据《让氏家谱》等资料上的记载与让氏后人的说法：金川门之变以后，建文帝从地道逃出，改名为让銮，"銮"就是皇帝的"金銮殿"，"让銮"连在一起解读就是把皇帝专有的金銮殿都让出来，大概用在建文帝身上再合适不过了。这个让銮自逃离南京后，一直隐居民间，云游了云南、贵州、四川、重庆、两广、两湖，晚年隐居在湖北武昌，死后葬在武昌洪山宝通禅寺的宝塔旁。过去宝通禅寺的老和尚都知道这件事，如今时隔已久，那里的建文帝坟茔已经湮没难寻了。但就此一说目前还必须解开这样几个谜团：第一，让氏始祖让銮就是建文帝，在《让氏家谱》上没有直接记载，家族里口授心传是否能成为历史？这是不难回答的问题，那么除此之外，还有旁证吗？第二，让銮如果就是建文帝，那么明英宗时朝廷基本上为建文朝之事解禁了，就算再晚一点到了万历时建文君臣全部被平反了，连当年被朱棣指斥为建文朝"奸党首恶"的黄子澄之子孙都出来要求恢复祖姓，而让氏为什么不恢复祖姓？由此而言，说让銮就是建文帝，目前证据还不充分。

◉ 建文帝出亡两广说

明清之际有关建文帝出亡两广之说十分流行，故事娓娓动听。相传当年建文帝失国后潜往四川，请求蜀王起兵，勤王平乱，可朱椿没答应。朱允炆只好赶往云南去，想让过去与他父亲朱标太子有着亲兄弟般感情的沐英之子沐晟起兵，帮他复国，但同样也遭到了拒绝。屡屡碰壁，国破家亡，建文帝看破了红尘，遁迹于广西或四川的寺庙之中。

不过有人却是这么说：当年建文帝出亡到广西，有两个随从他流亡的大臣家里的孩子也跟着一起走，可不幸的是后来走散了，但这两个孩子却执意要找到建文帝，想说服他东山再起。有一天，两个孩子来到了广西境内，看到一个老和尚骑着马，神态非凡，于是就偷偷地跟着他。只见那老和尚来到了一座寺庙里头住了下来。两个孩子纳闷：有这样的人会去当和尚？孩子好问，听者有心，有人将这事报告了官府。官府立马派人,到寺庙里来抓那个老和尚,谁知,再怎么找也找不着了。气急败坏的官差们就要以制造妖言罪来逮捕那两个小孩,弄得寺庙周围的人都来看热闹,而此时已经隐藏起来的建文帝听人说及此事,他心如刀绞似,暗暗思忖:"不能因为我而让官府杀了那两个孩子,从而使得忠臣无后啊!"想到这里,他身披袈裟从暗藏处走了出来,主动承认自己就是官府要缉拿的建文帝!"你就是建文帝?有证明吗?"官差问,建文帝回答说:"这哪有什么证明!"官差说:"没什么证明,就别出来添乱,去!去!去!走到一边去!"最后他们带走了孩子,将他们发配到了边疆去戍边。(【清】查继佐:《罪惟录·外志·列朝帝纪逸·建文逸纪·志》卷32,浙江古籍出版社1986年5月第1版,第2册,P1022)

还有一种说法:说当年建文帝隐居在广西山中,因为当地粮食匮乏,为了解决生计问题,建文帝拿出了自己随身携带的一根玉带,交给了一个童子,让他到闹市区去换些钱财,然后再买些米回来,并嘱咐说:"见了普通人就稍稍要些钱,而要是碰上了那些达官显贵,就得向他们多要一些银两。"童子受命后,来到了熙熙攘攘的市中心,正物色买主时,有人上来搭讪了,可这一搭搭了好久,那人还是不肯马上交易。其实买主在嘀咕:看这童子穿得也不好,哪来这么贵重的玉带,简直是价值连城,莫非是他从大明皇宫里头偷出来的?想到这里,具有特别觉悟的买主马上报告了官府。官府随即派人逮捕了童子,并将其送往北京,关了起来。据说当时大明朝正是小皇帝明英宗当政,什么事都由太监王振做主。王振想从童子口中得点"实惠"和好处,可哪知童子什么也不肯说,王振没办法,就令人用米袋子将童子给活活地压死了。(【清】查继佐:《罪惟录·外志·列朝帝纪逸·建文逸纪·志》卷32,浙江古籍出版社1986年5月第1版,第2册,P1022—1023)

更有人说得有鼻子有眼儿,永乐年间广西太守张文昌发现了潜逃的建文皇帝,居然躲在了他的治辖境内,为了自己的锦绣前程,他逮捕了建文帝,并将其送到北京,交给永乐帝朱棣。朱棣大大地赏赐了张文昌,不说金银财宝了,就是永乐皇帝的恩赐诏谕在张文昌家里就有一大沓,张文昌的子孙们一直以此作为荣耀。后来有个姓傅的官员听了张文昌子孙的说辞,就想看看当年永乐皇帝的手敕"长"得咋样的?一看,差一点将傅姓官员给晕倒,因为那些所谓的皇帝手敕全是假的。(【清】查继佐:《罪惟录·外志·列朝帝纪逸·建文逸纪·志》卷32,浙江古籍出版社1986年5月第1版,第2册,P1022—1023)

除了传言建文帝出亡广西外,还有广东一带也流传着十分动听的建文帝流亡故事。据说当年建文帝从南京城逃出后,来到了浙江浦江郑义门,在那里娶了一个当地姑娘为妻,生育了4个孩子。后来因为官府追逼甚急,建文帝不想连累郑义门的人，就辞别远行，最终来到了广东某寺住下，吃斋念佛，成了道中之人。空闲之际，建文帝在那寺庙里头种下了荔枝树，据说那荔枝树上长的荔枝既大又甜，孩子们吃到了就不肯罢休。有一天，广东布政使（省长）儿子来这寺庙游玩，陪同布政使家少爷游玩的侍从乘人不备，偷偷地摘取了荔枝树上的荔枝给少爷吃，不料被庙里的小和尚给看到了，他奔过来驱赶，没想到让布政使家的侍从给打了。被打的是小沙弥，可旁边的布政使家少爷却叽里呱啦说个没完。这时，刚好经过那里的建文帝听到了，他走了上来，说："小少爷，你的声音很像你父亲啊，我曾经去过你们家！"布政使家少爷惊诧万分，回家后将这事告诉了父亲。布政使大人听说后赶紧前来寺庙偷偷地观察建文帝，发现果然是真的，于是他回到家里，将自己的儿子给勒死，然后再到寺庙里头来拜谒出家了的建文帝。君臣见面好不伤心，布政使告诉说，儿子被勒死了，消息不可能走漏，让建文帝放心。可建文帝听后顿时惊呆了："何至于此?!"随后他就流亡他乡，甚至有人说，在海南看到了建文帝。（【清】查继佐：《罪惟录·外志·列朝帝纪逸·建文逸纪·志》卷 32，浙江古籍出版社 1986 年 5 月第 1 版，第 2 册，P1022—1023）

◉ 建文帝出亡浙江说

根据史仲彬的《致身录》、谷应泰的《明史纪事本末》和光绪年间编撰成的《浦江县志》等书的记载：当年建文帝出亡时首选地是浙江浦江，那为什么建文帝要做出这样的选择？

这还得要从建文帝的爷爷朱元璋、父亲朱标及朱允炆自身等皇家三代人与浙江浦江郑氏家族之间的特殊关系说起。

○"江南第一家"和"孝义家"

明朝前期，浙江浦江郑氏家族是一个有着 300 来年历史的江南望族。据记载，郑氏曾多世同居共食，故有"郑义门"之称。明洪武初年，郑氏家族的家长郑濂为朱元璋所赏识，在大明帝国的京师南京供职。"胡惟庸谋反案"爆发后，有人出来检举说，郑氏家族是胡惟庸谋反的帮凶。这个罪名可大了，重则家族抄斩，轻则家长掉脑袋，一般的人都唯恐避之不及，可郑氏兄弟就是与众不同。当官差上郑家捕人时，郑濂的 6 个兄弟个个都争先恐后地主动承当"罪名"，争了好半天最后由郑濂的弟弟郑湜出面来担当罪责。但当他被带到南京时，哥哥郑濂死活都不让弟弟郑湜来受罪，而弟弟郑湜更是一条道跑到底，说什么也不让哥哥来受刑，兄弟俩就这么争着，消息传到了皇帝的耳朵里，朱元璋十分感慨地说："像郑氏这样的家族里怎么会出乱臣贼子？"于是下令，宽宥了郑氏兄弟的"罪行"，并将郑湜延请出来担任大明的左参议。

据说，洪武十八年朱元璋为了表彰郑氏家族的"忠孝仁义"，还特地赠予郑家"江南第一家"之匾，该匾后来就一直被挂在郑氏宗祠里。

转眼到了洪武十九年，郑濂又受到一个案子的牵连，论罪当死。这时郑濂的叔伯兄弟郑洧出来说话了："我们郑家人称'义门'，先世有兄代弟而死的，今天难道我就不能代兄捐躯吗？"说完就去"投案自首"，没几天他就被杀了。

郑氏家族一门忠义的动人事迹后来又被朱元璋听到了，他大受感动。洪武二十五年，朱元璋的事业接班人朱标太子不幸薨世，朱标的儿子朱允炆被立为皇位继承人。为了培养好自己的皇太孙，朱元璋从"郑义门"中挑选东宫属官，将郑濂（当时已病亡）的弟弟郑济任命为春坊左庶子，将郑濂的另一个弟弟郑沂从一个普通的百姓直接提拔为礼部尚书。（《明史·郑濂传》卷296）

从上述的《明史》记载来看，既然郑济出任过朱允炆的东宫属官，那么由此可以说建文帝朱允炆跟浙江浦江的郑氏家族之间还真是有着非同一般的关系。除此之外，朱允炆的父亲朱标太子也与郑家有着一定的关系，这话怎么说呢？朱标的老师宋濂早先居住在金华潜溪，因仰慕郑氏家族"九世同居"的"孝义家风"而迁徙到距离"郑氏宗祠"约1公里的青萝山麓，先在"东明精舍"读书，后来又在那里教书，直到1360年他被朱元璋聘请到南京出仕为止，前后在青萝山麓呆了32年，宋濂退休以后又回去居住在那儿，这就是世人熟知的"青萝山房"。虽说朱标与郑氏家族没有直接的"搭界"，但有他老师宋濂这个"中介"，所以说朱标与郑氏家族也是有着一定关系的。正因为如此，朱标的儿子朱允炆上台后没多久，就表现出对郑氏的亲近，曾大力旌表郑氏家族，当时郑氏家族的家长郑渶还专门到南京去朝谢建文帝。建文帝亲笔御书"孝义家"赐予郑氏，后被郑氏家族所收藏。（《明史·郑濂传》卷296）

○"建文帝井"与"跷脚灯头"

由于大明初年皇家祖孙三代都与浙江浦江的郑氏家族有着特殊的渊源关系，所以当金川门事变突发、国难当头之际，建文帝首选出亡浦江应该是情理之中的事情。还有人说，当时建文帝身边有个来自郑氏家族的翰林院待诏郑洽首先提出了避祸浦江的建议，建文帝认为郑家忠孝可恃，于是君臣一行人夜以继日地赶往浦江。

到了浦江的郑家，建文帝被秘密地安排在冷水塘沿岸的郑氏家族的一间房子里。出于安全方面的考虑，建文帝大门不出，二门不迈，这样平安地度过了好些日子。一晃到了新年的元宵节，家家户户都忙着闹元宵，门外到处都是锣鼓声与鞭炮声。建文帝在屋里憋久了，很想出去散散心，加上这几个月来一直也没有发生什么事，他也就放松了警惕，踱着四方步，走到了门外的街头上，与众人一起看热闹。建文帝看得正开心，忽然一支龙灯队伍来到了他的跟前，舞龙灯头的人认出了：这不是大明天子建文皇帝?！赶紧打躬作揖吧！他这一作揖好像跷脚似的，可把众人给乐坏了，相传由此以后浦江人舞龙灯时就得将灯头舞得一跪一拜似地，人称“跷脚灯头”。

就在舞龙灯者将灯头舞得格外有新意，逗得人们开怀直乐时，有个小人在暗中观察到了这里边的不同寻常之处，他跑到官府去举报，官差风风火火地直奔郑家而来。郑家人听到消息后赶紧将建文帝藏起来，可藏哪里去呢？屋子里和院子里肯定不行，忽然有人想到郑家院子里有口枯井，这倒是个藏人的好地方，于是他们就带着建文帝跑到了枯井旁，找来了绳子，将建文帝放到枯井底下。郑家人刚把建文帝藏好，官差就来到了郑家大院，他们在屋里屋外搜了一遍，连建文帝的影子都没找到，只好返回了。

郑家人赶紧奔到枯井旁，只见枯井上布满了蜘蛛网，或许是建文帝的仁德感动了上苍，就连蜘蛛也晓得要出来帮忙，原来官差搜到枯井时，发现井口上全是蜘蛛网，就误以为只是一口枯井而已，于是转身就走，建文帝得救了。从此这口郑家枯井就被人们称为“建文井”，至今还在“江南第一家”内。

◉ 流亡皇帝与多情美女

建文帝得救后，再也不敢留居浦江了，只得外出流亡，这下可急坏了一个绝色少女。相传建文帝刚到浦江时衣衫褴褛，鞋帽皆破。有个美貌少女见到以后，偷偷地回家为建文帝做起了鞋子。当她将自己精心做好的鞋子送到建文帝手里时，四目相对，久久难移，建文帝不停地抚摸着姑娘的手，眼泪顿时夺眶而出，姑娘也跟着哭了。后来还是建文帝想得周到，他取出了随身佩戴的龙凤玉佩，将它们递给了姑娘。姑娘回到家中，日思夜想，祈盼建文帝能早日脱离苦海。可事与愿违，没过几天，建文帝为了躲避新皇帝的追捕而悄悄地走了，这可更加愁坏了姑娘。她茶饭不思，终日以泪洗面，没过多久就病倒了。父母急着找医生，但为姑娘所劝住：“孩儿不孝，今日之病是病在心里，无法医治。孩儿之手已被建文皇帝抚摸过了，只是今生今世我俩难相守，唯有死后魂魄永相随……”

美丽的多情少女走了，但她给建文帝做的那双鞋子后来被人保存了下来。万历年间，大明帝国政府为建文君臣彻底平反了，郑氏家族为纪念建文皇帝，叫人画了一张建文帝模样的“老佛像”，挂在自家的昌三公祠堂里，由此昌三公被人喊作“老佛社”。“老佛社”今位于郑宅镇的冷水塘沿中央，其内不仅有一幅建文帝的画像、一副对联，还有一双寄托着美丽姑娘对建文皇帝一片情思的“老佛”穿过的鞋子。谁能说建文帝没来过浦江？谁能说流亡皇帝与多情美女的凄美爱情故事是有人编出来的？

清代史学家查继佐在他的《罪惟录》里是这么记载的：“建文帝携一子至浦江郑氏家，后又纳一妾，生四子，冒姓曰陈、曰全，二仍朱姓。朱姓之一，读书为庠生，正统中独发狂，自云我允炆之后，合为尔等主人。行白县，郑氏诸生死挽之，得免，遂不留，令之去。”（【清】查继佐：《罪惟录·外志·列朝帝纪逸·建文逸纪·志》卷32，浙江古籍出版社，1986年5月第1版，第2册，P1022—1023）

如果查继佐的记载属实的话，那么我们就不难理解为什么现在那么多的家族说他们的祖上就是建文帝，也许这位人们心目中的好皇帝还真是留下了不少种子，我们暂不讨论建文帝的子孙问题，先来讲讲离开浦江后的建文帝会上哪儿去呢？

○ 建文帝离开了浦江是上福州去了还是到了兰溪？

如果按照查继佐的记载，建文帝离开浦江以后就到了福州去避难了。在那里他遇到了朱棣的心腹密探郑和：“初别郑时，留隆纲为记，走往福州雷峰寺（应为雪峰寺，史料刻本有误，笔者注）。三保下洋过之，泣拜于地，为之摩足。帝微嘱三保举事，泣对不能，别去。”（【清】查继佐：《罪惟录·外志·列朝帝纪逸·建文逸纪·志》卷32，浙江古籍出版社，1986年5月第1版，第2册，P1022—1023）

这究竟是什么年代的事？查继佐没有记清楚。但好多人认为建文帝离开浦江后，直接去的避难地不在福州闽侯的雪峰寺，而是浦江边上的兰溪皇回寺。相传建文帝在郑洽等人的帮助下逃到了兰溪。对此，清朝光绪年间编修的《兰溪县志》作了这样的记载：“皇回禅院，在县东二十里，有碑记，云皇回圣迹，肇自前明惠宗，遁荒隐踪于斯。”2003年当地的新闻媒体发表了一篇有关建文帝隐逸兰溪的文章，称最近人们在灵洞乡白坑村东山“天王殿”（即皇回寺）发现了建文帝的隐辟处遗迹和殿旁古碑（2003年12月9日《兰溪日报》和“浙江在线新闻网站”）。相隔4年以后的2007年兰溪再次爆料，相传跟随建文帝出亡的三个贴身大臣之一程济墓碑被发现。（2007年9月20日《金华日报》和“金华新闻网”）

尽管如此，但目前为止人们还是没有获得建文帝出亡浙江的最终下落之谜的确切答案，而且上述所谓的证据至今也没有取得学术界的公认，由此我们不妨来看看建文帝出亡福建的最终下落之谜的“谜底”（这里是指 2008 年以前的）又是如何呢？

◉ 建文帝出亡福建泉州说与海外说

想讲明“建文帝出亡福建之说”就必然要跟“建文帝最终流亡海外之说”连在一起讲，此派学说开启得很早，明朝时就有郑晓、沈德符等学者持有这种观点。郑晓说：“成祖西洋之，不已劳乎！郑和之泛海也，胡濙之颁书也，国有大疑耳。”（【明】郑晓：《今言》卷 4）沈德符说：“文皇（明成祖）初，以逊国伏戎为虑，以故轺车四出，几于‘上穷碧落下黄泉’矣。”（【明】沈德符：《万历野获编·使西域之赏》卷 30）他还说：“少帝从地道出也，踪迹甚密，以故文皇帝遣胡濙，托访张三丰为名，实疑其匿他方起事；至遣太监郑和浮海，遍历诸国，而终不得影响；则天位虽不终，而自全之智有足多者。当时倘令故臣随行，必立见败露。”（【明】沈德符：《万历野获编·建文君出亡》卷 1）

清代学者、史官在修《明史》时也有持“建文帝出亡海外说”的，如万斯同在《明史稿·郑和传》中这样写道：“当是时，帝以兵戈取天下，心疑建文帝行遂海外，将踪迹之。”（南京图书馆藏《明史稿》抄本凡十二册）王鸿绪在《明史稿》中也说：“帝疑建文帝遁海外，欲踪迹之。”（【清】王鸿绪：《明史稿·宦官·郑和传》卷 178）最终在张廷玉定稿的《明史》中是这样叙述的：“成祖疑惠帝亡海外，欲踪迹之。”（【清】张廷玉：《明史·郑和传》卷 304）

这就是明清两代有关建文帝出亡福建与海外及郑和下西洋原由之说发展的大体脉络。近现代持这种说法的学者也有很多，而近年来再次将它推向高潮、大吸人们眼球的却是来自两部由海外学者撰写的著作：一部就是 2000 年辰星出版有限公司出版的、由台湾学者陈水源所著的《杰出航海家郑和》；另一部则是 2003 年上海社会科学院出版社出版的、由日本学者上杉千年所著的《郑和下西洋》。这两书大致讲述了这么一个故事：

建文四年六月金川门事变之后，建文帝与他的随从通过明皇宫的秘道逃离了南京城，因为考虑到朱棣燕军的北方兵不习南方水路之弱点，他们选择了逆长江而上，日夜兼程赶往湖北。大约在永乐元年开春以后，来到了武昌罗汉寺，找到了那里的主持达玄和尚。达玄看过建文帝一行人的度牒以后，当即收留了他们。就这样，建文君臣在湖北武昌的罗汉寺住下了。但不久风声越来越紧，建文君臣就找达玄和尚商量解决办法。达玄是当时大明帝国境内有名的高僧，他的子弟遍布各地，包括福建泉州开元寺里面的许多僧人都是达玄的弟子，就连开元寺的住持念海和尚不仅是达玄的高足，而且还与达玄的个人关系非同一般，到这样的地方去避难，应该来说是最为安全的。商量停当，达玄和尚马上联系开元寺，并让建文君臣赶紧到泉州那边去避避风头。

再说朱棣在南京城里忙乎了一年多，穷凶极恶地大肆杀戮建文朝忠臣，彻底追查建文"奸党"分子，甚至到了挖地三尺的地步，但就是找不到建文帝的影子。转眼到了永乐二年的正月，忽然有一天，朱棣听到有人说，建文帝出逃到了湖北武昌去了，他连忙派出心腹干将、郑和的旧友李挺马不停蹄地赶往湖北去。李挺到了那里，查问了罗汉寺里的所有和尚，和尚们告诉他：去年是来过两个和尚，不过他们早就走了。李挺问："这两个和尚长得什么模样？多大岁数？"和尚们说："一个约有三十多岁、四十不到点，另一个大约二十几岁，长得白白净净，温文尔雅。"李挺听到这里几乎要跳起来了，这两个曾经到过罗汉寺的和尚还真像是建文帝与翰林编修程济。于是他赶紧又问："他们到什么地方去了？"和尚们说不知道。李挺找来服侍过那两个来访和尚的庙里小坊主问话，小坊主说："我也没听说他们要到什么地方去，只是有一次偶然听到他们在对吟，年轻一点的和尚在吟诵唐朝白居易的《琵琶行》中的诗句：'别时茫茫江浸月'，'忽闻水上琵琶声'。他刚吟完，那个年长点的和尚马上回应：'浔阳江头夜送客。'"

李挺仔细地琢磨了两个和尚的"对诗"，觉得他们很有可能往九江方向去了（唐朝的浔阳就是后来的九江），于是就带了手下人风风火火地赶往九江。到了那里他逐一查问了当地的寺庙，但都说没看见；他又去交通要津一一探寻，最后遇到一个从事水运的人。李挺如此这般地描绘了一番建文帝与程济的长相。那个水上运输者说："去年（永乐元年）九月左右，好像有两个和尚来过这里，长相么，与你描述的差不多，他们结伴而行，到了江州（九江的别名）南部的星子镇江原寺去游览，后来搭乘了船只上鄱阳了。"

李挺急忙上路，往鄱阳方向赶去，途中他又细细查问。有人讲，那两个和尚由鄱阳湖进入鄱江，在仙山寺作了短暂逗留后，又雇船上信江方向去。李挺又火急火燎地赶到信江与鹰潭，查遍了乡村与城镇的每个角落，就连鹰潭的山上也搜了一遍，后来终于获得了一条重要消息：那两个和尚在当地搭识了一个盐商，并跟随盐商从鹰潭出发，往福建泉州方向去了。

李挺听到这里顿时觉得，坏了，到了泉州，建文帝很有可能跑到海外去了。为什么这么说呢？这里有必要交代一下元明时代泉州的历史地位与特殊的"生态环境"。

泉州位于闽南，地处洛阳江与晋江的交汇口，宋元时代它是中国乃至亚洲最大的对外贸易港口，也是海上丝绸之路的起点站。元朝时意大利旅行家马可·波罗在他的游记当中就曾生动地描绘了当时泉州繁盛的中外经济交流景象，由此而闻名于西方世界。元明之际在泉州到处可以见到来自世界各地的外国人，那时要是谁想出国从泉州搭乘外国商船即是最为便捷的一条途径。所以说李挺听到人们说，有长相像建文帝的和尚往泉州去，他顿时感觉到问题更加复杂了。那么建文帝和他的随从到底有没有到泉州去？

据陈水源的《杰出航海家郑和》和上杉千年的《郑和下西洋》两书中所说，建文帝确实是到了泉州，住在泉州的开元寺。

开元寺修建于唐朝，到明代已有近千年的历史，本来它是一座规模并不大的寺庙，因而其地位也说不上很高。但明初一段特殊的历史将开元寺推到了历史的漩涡之中去。起因是这样的：洪武末年，开元寺空缺了一个住持，在众僧中遴选吧，一时半会还真选不出来，最后不得不想以抓阄的方式来予以决断。就在这时，大明帝国的最高领导朱元璋听到了这个消息，他马上下旨：让京师南京天界寺的正映和尚来担任开元寺的住持。正映和尚接到"调令"后受到了皇帝的亲自接见。朱元璋告诫正映说："现在要当好住持很难，要是太善良了就要被人欺负，要是奸恶的话，就要受人攻击，只有洁身自好才能长久啊！"正映和尚在聆听了语重心长的最高指示后就踌躇满志地来到了开元寺。说实在的，朱元璋这个人的眼力确实不错，正映在开元寺当住持的那几年，修造甘露戒坛与法堂，经常给众僧讲法，提高和尚的业务知识和理论水平，整个开元寺的佛事活动搞得有声有色。但就在这时（永乐元年），正映和尚突然离开了开元寺，前往福州的雪峰寺，最后他又回到了南京，出任南京东郊灵谷寺的住持。

正映和尚离开开元寺时，武昌罗汉寺达玄的弟子念海接替了他，出任开元寺的住持。可他上任没多久，就接到师傅达玄的通知，建文皇帝要到开元寺来避难，无论是出于对佛教信条的恪守还是对忠君观念的履行，念海和尚都得认认真真地接待建文帝。

但建文帝与随从在开元寺没住多久，鉴于外面风声越来越紧，他们没敢久留，就再次寻找机会外出逃生。

再说李挺一路闻风追到泉州，向开元寺的和尚查问起情况时，住持念海说：是有两个和尚来过这里，但没住几天就走了，至于到哪里？他也不清楚。李挺一行人就在泉州及其附近地区进行地毯式搜寻与打探，后来终于探得：永乐元年年底，有两个和尚模样的人搭乘阿拉伯航线的外国商船往海南方向去了。听到这个消息后李挺又赶紧搭乘便船赶赴海南岛，他在海南岛的琼州（今海口）先搜寻，但一无所获，随即扩大范围，一直找到海南岛的南端崖州（今三亚），终于看到了一条破损的阿拉伯船。李挺赶紧向周边人询问，最终得知，这条破船是在广东一带就出了问题，后来飘到了崖州，船上也确实有个长得像建文帝模样的青年人，他在崖州上岸以后，又搭乘了通往印尼方向的便船。

李挺听到这里，望洋兴叹，最后只好从崖州打道回府，向南京城里日夜“惦记”着建文帝的朱棣汇报了这一切。后来朱棣决定派出李挺随同郑和一起下西洋，寻觅建文帝的踪迹。

上面有关建文帝出亡的故事讲得跌宕起伏、扣人心弦。那么，建文帝真的到过福建泉州，后来又跑到海外去了吗？

对此，新闻媒体与有关学者就这个方面的问题展开了专门的调查与研究。现在问题的关键点在于台湾学者陈水源在他的《杰出航海家郑和》中所描述的建文帝出亡福建泉州并在开元寺当过和尚的依据是什么？据陈水源的介绍，他撰写有关建文帝出亡的故事来自于一位美国学者，而这位美国学者的那般说法又有什么根据？对此，有人作了追踪调查，发现他是从一本叫《大航海》日本书籍上得来的。那么撰写《大航海》的日本学者他的依据又是什么呢？不巧的是，当人们找到这位日本学者时，发现他早已死了。

线索似乎断了，但有人想到，既然说建文帝出亡过泉州，并说他受到了开元寺住持念海和尚的接待，现在建文帝的事情一下子没办法得到证实，那么就先查证一下这位开元寺住持念海和尚吧。但令大家失望的是，当专家们几乎翻遍了《开元寺志》和《泉州府志》、《晋江县志》等一切相关的资料时，却怎么也找不到念海和尚的任何信息。就此，有人对建文帝是否真的出亡过泉州以及开元寺是否真有过住持念海，提出了极大的疑问。开元寺现任住持释道元说，如果迫于当时的政治高压，开元寺对建文帝受到追杀而一路流亡之事不敢记载的话，那么对于本寺院的住持却不可能不有所记载。

但泉州海外交通博物馆研究员刘志成先生说，他翻阅《开元寺志》时却发现一个奇怪的事实：从洪武末年到永乐初年这几年的时间里，《开元寺志》上空缺。没有记载，并不能说明历史上就没有事情发生过。刘志成提供了另外一条有益的线索：1993 年 5 月华星出版社出版了在泉州海外交通博物馆和文管会任职过的王洪涛老先生所著的《晚蚕集》中有这样一段重要的史料：

“柯循庵所编《清源文献纂续编》中《清源旧事流墨篇》有记载，文称：‘明靖难之变，建文出亡事即为传疑。我柯氏旧家谱载，族叔祖世隆公为江宁府句容县尉，以匿建文君，其家歼焉！亲属仅奉其下体归葬……为建忠勇祠祀之……’”

据福建晋江柯氏家谱记载，柯氏祖上的柯世隆在明初曾任南京句容县尉，他可是建文皇帝的铁杆支持者，金川门事变以后，柯世隆隐藏了建文帝，并将他偷偷地送到了自己的老家泉州，但可能是走漏了风声，终致柯氏全家遭受被杀之惨祸。而从建文帝来说，到了泉州先在开元寺避避风头，然后搭乘船只外逃，也不是没有一点可能的。

◉ 建文帝出亡到了印度尼西亚的苏门答腊岛？

无独有偶，在今天的印度尼西亚的苏门答腊岛东海岸（即靠马六甲海峡一边）有个华人村庄，叫巴眼亚比。这个村庄在整个海外华人圈里都显得比较独特，他们不懂当地印尼语，只会说华语；全村人都姓“洪”（有人说会不会是与朱元璋的年号“洪武”有关），穿戴全是过去中国内地人的衣冠；全村人主要以捕鱼为生，捕鱼之网也与内地的几乎一模一样，捕鱼船只也全是中国传统船只形状，最为人们惊讶的是该村有个奇特的风俗，每年的农历五月十六日他们都要举行隆重的祭祀“皇爷”的仪式，以焚烧龙船为整个仪式的最高潮。每年的这一天，全村的男女老幼全出动，就连邻近岛屿上的居民也会一同过来凑热闹。农历五月十六日正是当年朱允炆登基的日子，所以有人认为印尼的巴眼亚比村可能就是建文帝及其随从出亡地。（1979 年 6 月 22 日《印度尼西亚日报·历史的迷茫》）

◉ 当代法国球星里贝里爆料，说自己是建文帝的后裔

最近法国球星里贝里对外爆料，说自己的祖上就是中国明朝的建文皇帝，其依据是他听祖上这么口头相传：据说里贝里的祖宗有一位是在中国当了皇帝以后不久，就被亲人夺位而逃亡到波斯，后来又来到了法国。因此他的祖先留下了一句要后代必须记住的话——我们的家乡在遥远的东方。里贝里的一位堂兄在研究中国历史时惊人地发现，家族流传下来的传说与明太祖朱元璋极其相似。尽管里贝里自己不会说汉语，但他家中至今保存着一些不知名的中国文物，而且极像是中国古代皇宫的用品。里贝里家族中还保留的一些风俗习惯与中国民俗几乎是一个模样，他们会烧中国菜，喜欢中国服装，等等。里贝里出口惊世，全球华人纷纷将目光转向了建文帝最终有没有出亡到海外这个问题的焦点上来了。（网上消息）

◉ 建文帝出亡江苏，最终老于苏州说

在目前有关“建文帝各地漫游”的学说中，上述“建文帝出亡福建最终流亡海外说”可以讲是最为浪漫、最为惊心动魄，也是出亡距离最为遥远的一种。与此相对，下面我们要讲的一种影响比较大的出亡说，那就是建文帝哪儿也没去。俗话说得好，最危险的地方也是最为安全的地方，建文帝当时就近出亡，并长期在京畿地区的苏州近郊穹窿山躲着，这究竟是怎么一回事？

○ “靖难之役”后朱棣第一功臣姚广孝身上的三大谜团

有人说金川门事变后，建文帝去了溧阳，再由溧阳上浙江；有人说他上吴江；还有的人说他去了苏州，甚至有人说他一直隐匿在苏州近郊的鼋山与穹窿山。对此，上海《文汇报》记者徐作生先生进行了长时间的考证，他得出了一个结论：建文帝哪儿也没去，而是受到两位特殊身份的和尚的保护，一直待在了苏州近郊，直至他生命的最终。那么这究竟是怎么一回事？这两个特殊身份的和尚是谁呢？

一位就是永乐朝的第一功臣道衍和尚姚广孝，一位就是建文朝的主录僧溥洽。

我们先说说永乐朝第一功臣道衍和尚姚广孝。很难想象，要是没有他的帮助，朱棣的“靖难”是否能成功。研究明史的人都会感觉朱棣一生留下了太多的谜团，其实朱棣的第一谋臣道衍和尚在“靖难”成功以后留下的谜团也不比朱棣少多少。以笔者来看，道衍和尚至少留下了三大谜团：第一，朱棣篡夺皇位成功以后，不仅给道衍和尚恢复了俗姓姚，赐名广孝，加封了很高的官职，还给了他许多美女和金银财宝，但基本上都被姚广孝“退回”了，一个从前那般执著入世“有为”的“假和尚”在“靖难”成功以后突然变得那般的超然，这是为什么？第二，姚广孝出生于苏州，亲不亲，家乡人，但奇怪的是姚广孝的好多子孙都不回苏州，而是世代居住在福建长乐，这又是为什么？第三，姚广孝临终之际为什么要向朱棣求情，恳求他放了因建文帝之事而被囚禁了长达十年之久的建文朝主录僧溥洽？在解开所有这些谜团之前，我们不妨先来看看“靖难之役”后姚广孝的“遭遇”。

○ 功成名就的姚广孝回到家乡苏州遭遇了众叛亲离

朱棣占领南京登基即位后，授予道衍和尚姚广孝为僧录司左善世（类似于全国佛教协会会长）。永乐二年朱棣下令拜道衍为资善大夫、太子少师，恢复其俗姓，并将早已不在世的姚广孝祖上都给追封为官。朱棣与姚广孝说事时，常直呼其为“少师”而不喊其名。由此可见，在永乐皇帝朱棣心目中姚广孝的地位是何等之高！至

此，从姚广孝角度来说，他早年的"有为"理想得到了圆满的实现，想要拥有的一切现在都到手了，可令人看不懂的是，在功成名就以后姚广孝却选择了急流勇退：朱棣要姚广孝蓄发还俗，姚广孝不肯；朱棣给姚广孝送了一套高级府邸宅院，姚广孝将它退了回去；朱棣叫人给姚广孝送了美女，姚广孝说自己年老了，又是出家人，消受不起，……姚广孝依然住到寺院里，碰到上朝，他穿上官衣官帽；退朝以后还是身披袈裟，吃斋念佛，这一切着实让人一头雾水。(《明史·姚广孝传》卷145)

有人说是不是姚广孝看出了朱棣与他的"老爸"朱元璋在本质上有着一个相同的德性——"狡兔死走狗烹"，过河就拆桥？这倒不是，朱棣在这方面比他"老爸"强百倍，他可很讲哥儿们义气的。"靖难"成功以后，"靖难功臣"不仅得到了加官晋爵，而且大多数还得以善终，不像朱元璋那样将开国功勋几乎全部杀光。既然朱棣不是那种"忘恩负义"的君主，那为什么他的第一功臣姚广孝要"急流勇退"？

据史书记载来看，朱棣登基以后不久，姚广孝曾受命赈济苏州、湖州。乘着这个机会姚广孝回到了苏州老家，"以所赐金帛散宗族乡人"，即他将永乐皇帝赐给他的金银绢帛分给了他的族亲与家乡父老，但令他万万没想到的是在家乡他碰了一鼻子的灰。

首先没给他好脸看的是他的同胞姐姐。从姚广孝的早年苦难经历来看，这个同胞姐姐是他世上惟一的亲人，姐弟之间的情感也应该是非同一般。父母早亡，留下姐弟俩一度相依为命，后来实在活不下去了，姐姐才去当童养媳，姚广孝则上穹窿山去当和尚。小小年纪就经历了生离死别的阵阵之痛，由此可想这段岁月在日后姚广孝的心里投下了多大的阴影。作为姐姐即使到了那一步——没办法活了，只有嫁人，但她还时不时地关照着自己的弟弟，针对弟弟个性中好斗嗜杀的缺陷她曾反复叮嘱道："你既然出家当了和尚，出家人慈悲为怀，要多发慈悲之心！""靖难"战争爆发后，远在江南的姚广孝姐姐听到自己的弟弟担当了朱棣"靖难"军军师的消息，她也顾不上自己的颜面，就向婆家人叹息道："出家人慈悲为怀，怎么能做出这种事情？"姐弟之间的鸿沟就此逐渐加深。(《明史·姚广孝传》卷145)

当姚广孝成为永乐朝大红大紫的大人物以后，他的那种出人头地、衣锦还乡之情结顿时表露出来，他借着赈济江南的机会回到了家乡，去找自己的同胞姐姐，可姐姐就是不肯见他，并冷嘲热讽地说："大贵人何必到我们穷人家里来？"姚广孝何等聪明，他知道自己错了，觉得十分惭愧，马上放弃了自己原先乘坐的车马，将锦衣绸服脱掉，改穿和尚服，然后步行到姐姐家。可使他没想到的是，姐姐还是不肯见。姐姐婆家人怕事，小舅子现在是南京城里的第一号红人，得罪不起，于是他们出来打圆场，反复规劝姐姐出来见见弟弟。姐姐实在受不了，勉强走到中堂象征性接待了一下弟弟。姚广孝好不容易见到姐姐，连下跪都快要来不及了，不停地行大礼，可姐姐还是没好声好气地说："我可消受不起你那么多的礼，还没见过做了和尚反不做个好人！"说完她回屋去，从此再也不肯见弟弟姚广孝了。

姚广孝回乡要想见的第二个人物就是他小时候的好朋友王宾。要说这个王宾与姚广孝过去还真是哥儿们，姚广孝小时候家里穷，没人看得起，就王宾对他不错。长大一点，姚家双亲撒手西归，姚广孝无可奈何地去当了和尚，但和尚这种职业在传统中国——这个没有多少宗教信仰的国度里是不受人们重视的，反遭人们鄙薄，而王宾却没有看不起姚广孝，经常跑到穹窿山上去探望他。因此说，王宾对于姚广孝来讲是个至关重要的朋友。但当姚广孝这次赈灾回乡访友时，王宾却避而不见，只是远远地传话道："和尚误矣，和尚误矣。"姚广孝见不到好友，又去拜见姐姐，这次可更惨了，不仅没见到姐姐，还遭受姐姐的一顿臭骂。"（姚）广孝惘然。"（《明史·姚广孝传》卷145）

其实姚广孝回乡遭受的冷遇远不止这些，包括他的父老乡亲都对他不怎么友善。尽管我们现在没有直接的资料来证明这一点，但在姚广孝死后的历史中有不少证据。姚广孝回乡赈济时还做过一件好事，他将家乡相城镇西的一座叫妙智寺的古庙修葺一新，后来人们就将这古庙改称为姚少师祠堂，以此来纪念姚广孝，但就在这所纪念姚广孝的祠堂里却挂着许多讽刺挖苦姚广孝的对联或诗词，如清代乾嘉学派主将钱大昕写的《姚少师祠》说：

汩汩泉流槛外分，披缁入定戒香熏。
空登北廓诗人社，难上西山老佛坟。
好杀共知和尚误，著书赖有故交焚。
依然病虎形容在，曾否声名值几文？

清代后期著名学者尤侗写的《胖和尚》更传神：

宁馨胖和尚，乃具杀人相。
七斤不著赵州衫，三尺常拖临济棒。
左善世，荣国公，黑衣宰相老秃翁，功业可方刘秉忠。
劝人作贼岂释子，出家不了徒伪尔，申申女嬃姊。

像这类尤为明显的挖苦姚广孝的诗词居然长时间地存在于纪念姚广孝的祠堂内，可见当地人对姚广孝没有多少好感，想必姚广孝活着时不会不知道吧。

○ 江南人为什么对姚广孝没有好感？

亲友的绝情、家乡父老的冷漠，这一切到底是为什么？笔者认为有三个方面的原因：

第一，建文帝是个爱民如子的难得的好皇帝，他在位期间推行“宽政”、“仁政”，尤其值得一提的是他将江南地区的赋税与全国其他地区来了个一碗水端平，这是大得人心的好事。朱元璋重赋于江南，来了个大一统帝国的全国性的“均贫富”，将江南人民的骨髓都要敲榨出来了，以此来减轻其他地区的赋税，这就严重挫伤了江南人民的经济积极性；而建文帝的全国统一均匀赋税政策的推行，有利于一部分地区先富起来，激发了江南人民生产的热情，所以说在江南人民看来，建文帝是个受欢迎的好皇帝。而朱棣要恢复“祖制”，将一切倒退到朱元璋时代，江南地区的老百姓当然会恨他，这么一个与江南老百姓过不去的新皇帝怎么能上台？还不是你姚广孝。所以姚广孝回乡遭受冷遇，说实在的叫活该！

第二，建文帝是个“仁君”，而朱棣是个魔鬼般的暴君，而将“仁君”赶走、帮助暴君登上帝位的就是你姚广孝啊，你看看你做了些什么事，就为了你姚广孝个人的“有为”和出人头地，方孝孺被灭了“十族”；铁铉被油炸；景清被剥了人皮，家乡遭受了“瓜蔓抄”；南京城里血流成河，到处都是孤魂冤鬼，这哪像是大明帝国的都城，简直是人间地狱啊！再说江南地区的苏州，建文帝任命姚善为苏州知府，他可是个好官，老百姓心中有杆秤。现在“靖难”成功了，好官被杀了，江南地区成千上万人受到了株连，他们不恨吗？朱棣作恶，谁之过？中国人自古以来就有这样的帝王情结，当了皇帝、当了一把手总不会有错，坏就坏在下面的奸人与帮凶，所以宋高宗杀岳飞都是秦桧捣鬼的，朱棣干坏事全是姚广孝一手造成的，中国长期的这种只反坏官不反皇帝的情结，不仅使得中国传统社会在政治思想上没有突破，而且易于陷入只反贪官的循环之中。所以，从某种程度上来说，江南人对朱棣的憎恶转变成了对姚广孝的冷漠与痛恨。

第三，中国人根深蒂固的正统观念在起作用。历代造反者都要背上千古骂名，像朱棣这样造反成功了，同样也逃脱不了被人咒骂，虽然朱棣的钢刀很利索，总会使人不寒而栗，人们不敢直接地骂他，那就间接地骂——譬如骂“和尚误”就是一种变相。(《明史·姚广孝传》卷145)

正因为在家乡成了不受欢迎的人，从而使得姚广孝从心灵深处感到无比的震撼，他要反思自己的行为，他要忏悔自己的言行，加上他本身是个学富五车的饱学之士，荣之极即衰之始，这样的道理他是十分清楚的。永乐帝曾这样评价姚广孝的，说他“器宇恢宏，性怀冲淡”，“发挥激昂，广博敷畅，波澜老成；大振宗风，旁通儒术，至诸子百家靡不贯穿。故其文章宏丽，诗律高简，皆超绝尘世。虽名人魁士，心服其能，每以为不及也”。既然姚广孝如此非凡，难道他就不会调整一下自己的处世态度?

自此以后,人们看到姚广孝由原来的"有为"逐渐地走向了无为。说实在的,永乐帝是个好大喜功的皇帝,做什么事都要做大做强,但姚广孝似乎参与的并不多,他在演绎着双重人格:表面上他是永乐朝的功臣和忠臣,实际上此时的他才真正地皈依了佛门,进入内心的炼狱,向往弃政归隐的生活,竭力进行言行忏悔,有诗为证,如《题许由弃瓢图》云:

独坐云深处,迢迢远市朝。
若知身是累,应不弃山瓢。

姚广孝还曾作七言诗《病猫》,说一只无家可归、苦病相侵的猫是指自己吗?

衔蝉踏雪世难寻,爪敛毛摧苦病侵。
即倦终宵巡甓下,唯思长日卧花荫。
欲急快啖非无意,纵鼠横行岂有心。
谁念前功能保受?夜寒收汝入重衾。

正因为有这样的心理变化,才有姚广孝谢绝了朱棣的许多封赏,才有了晚年姚广孝一个大胆的举动。永乐十六年,84 岁的姚广孝预感到自己将不久于世了,他专门从南京赶往北京,向皇帝朱棣请求(《明太宗实录》卷 198),将原本属于政治对立阵营里的"敌人"、一个被指控为放走建文帝的案犯溥洽给放出来。(《明史·姚广孝传》卷 145)

○ 从仇人变为了救命恩人

但据徐作生先生的研究,姚广孝在世时还做了一件大好事,那就是将建文帝秘密地藏了起来,这究竟是怎么一回事?

徐作生先生在姚广孝的《逃虚子集》中找到这样一段话:

逃虚曰:"吴泰伯让王位断发文身,逃于荆蛮,孔子称其为至德,而于吴庙食万世。又如伯夷叔齐,谏周武王不听,欲兵之,太公曰,此义人也。隐于首阳山,遂饿而死。孟子称其为圣之清者……昔陶渊明云:误入尘网中,一去三十年。渊明,一士人也,尚欲脱之,况学佛者乎?"

伊川先生曰:"学佛者难。吾言人皆可以为尧舜,则无仆隶不材;言人皆可以为尧舜,圣人所愿也;其不为尧舜,是可贱也,故曰仆隶。"

徐先生认为,上文中的"逃虚"应该指急流勇退、隐退山门的姚广孝自己,而"伊川"中的"伊"是"易","川"为江山,如果这样解释没问题的话,"伊川"合在一起,江山被取代了,那就是指建文帝无疑了。

第二个证据是姚广孝在的《赠隐者》诗里提到他曾救过一个“五马贵”的隐者，“五马贵”那只有天子才有资格享受这样的规制待遇，这是隐语，暗指只有是建文帝了。

第三个证据，就是明末开始苏州地方志上对建文帝出亡穹窿山有所记载，例如天启年间的进士张有誉的《积翠庵记略》和清代人撰写的《苏州府志》与《吴县志》均有记载，张郁文在《木渎小志》中这样说道：“积翠庵，在茅蓬东，一名皇驾庵，明建文帝逊国时曾移驾于此，万历间始显。”

第四个证据——当地考古。据徐作生先生长年在穹窿山地区的实地考察所获：在穹窿山拈花寺旁边当地人曾挖到了御池及雕有云龙的柱础（俗称石鼓）等，据此可推测，过去这个地方曾与皇家有关。在中国古代社会，云龙只有皇帝才有资格享用，一般人用了，那就闯大祸了，不像现在社会，有的地方想造个天安门就造了，反正用的是老百姓的血汗钱，“人民公仆们”爱怎么花就怎么花，爱怎么造就怎么造，可古时候人搞建筑不能随便的，房子、坟墓之类的大小都有规制。要是你家没有人考上举人、进士什么的，你再有钱也只能住小门小户，充其量多几间房，有钱了多娶几个女人回来热闹热闹，但绝不能逾制，尤其像云龙之类只有皇帝老子家才好用，别人用了要杀头的，由此可断定，在拈花寺的墓葬肯定与皇家有关；拈花寺后面有个圆形土包，当地人称之为“皇坟”，至于哪个皇帝的？目前没有确切的文字记载，但将前面提到的当地人挖到的雕有云龙日月图的柱础（有人将之鉴定为明代之物）等古物结合起来，可以推测出，明代皇家有人葬在这里。“皇坟”及其周围地区所藏的信息还远不止这些，当地人回忆，1957 年吴中地区大旱，“皇坟”上的草木几乎全部被枯死，而“皇坟”周围却依然郁郁葱葱，由此说明这“皇坟”是名副其实的“坟”，不是被误传的或瞎猜的；再有一些奇怪的发现：当地人在皇坟旁边开挖杉木沟渠时，大约在 1 米深处挖到了数十块条石，这条石长 1 米多点，宽 0.3 米，数十块条石铺成台阶，一直通往皇坟，这似乎是比较简单的皇家陵墓神道，沿着这神道往下走 70 米，有个椭圆形的御池，上面有石造的御池桥，桥墩上雕有莲花图案。

结合以上这些田野考古证据，御池、御池桥、神道直到“皇坟”，如此礼数的墓主人身份应该不低，加上“皇坟”边上挖到的雕有云龙日月图的柱础，再看“皇坟”上头有一块人工凿成的每边长为 1 米的方形青石，因此徐作生先生认为这是一座明代的简易皇帝陵。参照南京明孝陵的规制，其主体建筑为宝顶和方城，宝顶即圆形的墓室之顶，方城是宝顶前面的部分，由此徐先生认为，置于穹窿山皇坟顶上的这块无字的陵碑，就是代表“方城”。答案基本上圆满了，结合文字记载，由此他认为在穹窿山上这座“皇坟”就是明代的“建文陵”。

那么建文帝怎么会跑到自己政敌军师那个地盘上的？徐作生认为，从《明史》等史料上所说的建文帝当政时的主录僧溥洽因为有人控告他密藏建文帝或言他与建文帝出逃有关而被捕，实际上很有可能溥洽真是将建文帝藏在了自己曾经修行的“佛门胜地”——吴县（今改为吴中区）西山的普济寺（今已被毁）。永乐登基以后，溥洽起初还受朱棣重用，但随后引起了他的佛门同行“任觉义者”的妒忌，后者构陷溥洽，溥洽也不申辩，就“白白”地坐了10多年的牢房。直到永乐十六年，由弥留之际的姚广孝出面请求，朱棣这才下令，将溥洽给放出。（《明史·姚广孝传》卷145）

○ 建文帝最终老于苏州穹窿山？

溥洽被捕以后，躲藏在普济寺里的建文帝一下子没了着落，但此时的姚广孝内心已经发生了巨大的变化，他要完全皈依佛门，修炼自身，于是请得朱棣批准，将穹窿山当作自己修行的圣地，并宣布其为禁地，目的很可能是继续做好溥洽来不及做完的“好事”，保护好建文帝。建文帝本是一介书生，有姚广孝保护当然能安度余生。到了永乐十六年姚广孝死后，建文帝又没了保护，不久以后朱棣可能知道了建文帝的下落了，但他没杀建文帝，这是为什么？徐先生认为，那是因为朱棣看到建文帝确实没有反抗能力了，杀了也没多大意义，大约到了永乐二十一年时，建文帝病逝于穹窿山，朱棣命人秘密为他修了这个简易的“皇坟”。（以上参见徐作生：《泛槎考谜录·十二历史悬案揭秘》，学苑出版社，2000年9月版，P162—251）

上述是“建文帝出亡江苏最后终于苏州说”的主要观点与论据。从目前来看，在“建文帝出亡各地”的学说中，“苏州说”相对证据充分一点，不过其也有一些问题没解开：第一，持“建文帝出亡苏州穹窿山说”的文献史料记载年代最早在明末，距离建文帝出亡已经200多年，这些记载是否真的可靠？第二，田野考古尽管资料很丰富，但都没能与建文帝直接挂上钩，仅仅是推断，这似乎还不足以说明全部问题；第三，如果真是建文帝在苏州穹窿山度过余生的，那么怎么来说明在浙江兰溪发现的程济墓碑——因为至今为止就连正史上都说：或许程济跟随建文帝出亡了，他们君臣到底有没有到过别的地方去？或者是在全国走了一圈以后才到苏州的？或者是君臣几人路途中走散了？等一系列问题还有待于人们来研究探讨。

谜案锁定——出亡福建　终老宁德？

其实在上述这些建文帝出亡各地的学说（详见前面表格）中，除了海外说、青海说、福建宁德说和江苏说外，其他诸说在明末清初时基本上都有了。当时比较严谨的史学家查继佐在他史学名著《罪惟录》中就提出了“疑十六”，且予以一一否定，他这样说道：“按出亡之说，传二十有三（他的分类与今天笔者按地区分类略有不同），岂无一真？唯传二十有三，乃信无一真也，真则一而已矣，即让皇之谥。”（【清】查继佐：《罪惟录·外志·列朝帝纪逸·建文逸纪·志》卷32，浙江古籍出版社，1986年5月第1版，第2册，P1024）

笔者认为，就建文帝出亡地而言，现在几乎每个地方都有所谓的“物证”，但细细推敲的话，要么是孤证，要么是一家之言，自说自话，缺乏层层相连的科学考察证据链。而历史学是一门唯史实为依据的学科，与其密切相关的考古学在某种程度上是起到先导性与补充性、核实性等作用，考古正确与否就必须要与历史文献相比对。而就目前各处所谓的“建文帝出亡地”来讲，惟福建宁德支提寺袈裟等考古既与历史文献相合，又与当地的上金贝古墓所隐含的信息相“呼应”，因此说宁德支提寺稀世袈裟的“出世”本身就“暴露”了建文帝出亡的秘密……欲知建文帝最终如何，请看笔者的另一部专著《大明风云》系列之⑧《皇帝迷踪》。

大明帝国皇帝世系表

（18帝，1368—1645年，共计277年）

						①明太祖	朱元璋	洪武三十一年	戊申	1368年
					↙		↓			
懿文太子	朱 标					③明太宗（明成祖）	朱 棣	永乐二十二年	癸未	1403年
							↓			
②明惠帝	朱允炆	建文四年	己卯	1399年		④明仁宗	朱高炽	洪熙一年	乙巳	1425年
							↓			
						⑤明宣宗	朱瞻基	宣德十年	丙午	1426年
					↙	↘				
⑥明英宗	朱祁镇	正统十四年	丙辰	1436年	→	⑦明代宗	朱祁钰	景泰八年	庚午	1450年
							↓			
						⑧明英宗	朱祁镇	天顺八年	丁丑	1457年
							↓			
						⑨明宪宗	朱见深	成化二十三年	乙酉	1465年
							↓			
						⑩明孝宗	朱祐樘	弘治十八年	戊申	1488年
					↙					
⑪明武宗	朱厚照	正德十六年	丙寅	1506年	→	⑫明世宗	朱厚熜	嘉靖四十五年	壬午	1522年
							↓			
						⑬明穆宗	朱载垕	隆庆六年	丁卯	1567年
							↓			
						⑭明神宗	朱翊钧	万历四十八年	癸酉	1573年
							↓			
						⑮明光宗	朱常洛	泰昌一年	庚申	1620年
					↙					
⑯明熹宗	朱由校	天启七年	辛酉	1621年	→	⑰明思宗	朱由检	崇祯十七年	戊辰	1628年
					⤹					
						⑱明安宗	朱由崧	弘光一年	乙酉	1645年

注释：

①明朝第二位皇帝是朱元璋的皇太孙朱允炆，建文四年时，他不仅被“好”叔叔朱棣从皇位上撵走，而且还被“革除”了建文年号，改为洪武三十五年。

②明朝开国于南京，从正宗角度来讲，很难说迁都是朱元璋的遗愿。因此，大明的覆灭应该以国本南京的沦陷作为标志，弘光帝又是大明皇帝的子孙，他称帝于南京，应该被列入大明帝国皇帝世系表中。

③上表中↓↙↘表示皇位父子或祖孙相传，→⤹表示皇位兄弟相传。

④明安宗朱由崧是老福王朱常洵的庶长子，明神宗万历皇帝朱翊钧之孙，也是明熹宗朱由校、明思宗朱由检的堂兄弟。

后 记

2013年12月平安夜的钟声敲响时，我的10卷本《大明帝国》竣工了，想来这400多个不眠的夜晚，真可谓感慨万千。在这个浮华的年代里，就一个人靠着夜以继日地拼命干，想来定会让象牙塔里带了一大帮子弟子的大师们笑弯了腰，更可能会让亦官亦民的××会长们暗暗地叫上"呆子"的称号……是啊，十多年了，在我们的社会里什么都要做大做强，什么都要提速快行，什么都要搞课题会战工程，而我却是孤独的"夜行人"和迟缓的老黄牛，无论如何都无法跟上这个时代的节拍。好在已到知天命的年龄，什么事都能看得淡淡的，更何谈什么学会、研究会的什么长之诱惑了。秉承吾师潘群先生独立独行的精神，读百家之书，虽无法做到"究天人之际，通古今之变"，但至少能"成一家之言"，管他春夏与秋冬。

不管世事，陶醉于自我的天地里，烦恼自然就少了，但不等于没有。自将10卷《大明帝国》书稿递交后，我一直在反问自己道："有何不妥?"在重读了出版社发来的排版稿后，我忽然间发现其内还有诸多的问题没有彻底讲清楚或无法展开。譬如，尽管我专辟章节论述了大明定都南京、建设南京的过程及其历史影响，从一般意义角度而言，似乎很为周全，但细细想想，对于已经消失了的南京明故宫和明都京城之文化解读还没有完全到位。理性而言，南京明皇宫与南京都城在中国历史文化进程中所占的地位尤为特别，如果要用最为简洁的词语来概括的话，我看没有比"继往开来"这个成语更合适了。"继往"就是在吸收唐宋以来都城建筑文化精华的基础上，将中国传统的堪舆术与星象术巧妙地结合在一起，使其达到前所未有的完美境界，用明初朱元璋开国时反复强调的指示精神来说，就是"参酌唐宋"和"恢复中华"，即在继承先人传统的基础上整合和规划南京明皇宫和大明都城建设，于最核心部分构建了象征紫微垣的宫城，宫城之外为象征太微的皇城，皇城之外为象征天市的京城，环环相套，中国传统文化中的"法天象地"、"天人合一"思想在南京明皇宫和大明都城建设布局中得到了充分的体现；"开来"就是指明初南京明皇宫与都城建设规制深刻影响了后来的明清皇城与都城建设布局。

同样的例子还有南京明孝陵、凤阳明皇陵、盱眙明祖陵，等等。

对于诸多的不尽如人意之处，最好的办法就是在原书稿基础上直接添加和补充，但随之问题又来了。原书稿规模已大，《洪武帝卷》100 多万字，分成了 3 册，每册都是厚厚一大本，如果再要“补全”，那就势必要另辟一册。这样对于图书销售会带来更多的不便。思虑再三，只好暂时先以原书稿的规模出版，等以后有合适的机会再作重新规划和布局。

可没想到的是，我的苦衷在今年新书上市后不久让广大的读者和东南大学出版社的朋友一下子给解决了。本来按照图书规模而言，3 卷本 100 多万字的《朱元璋卷》应该是很难销的，但让人始料未及的是，它上市没多久就销售告罄。在纸质图书销售不景气的今天，能有这样的结果，真是莫大的欣慰。更让人兴奋的是，东南大学出版社的谷宁主任、马伟先生在上请江建中社长、张新建总编等社领导后决定，在原 10 卷《大明帝国》基础上，让我重新修订，分册出版。当时我正在研究与撰写大明正统、景泰两朝的历史，听到这样喜人的消息后，立即放下手中的事情，开始对原 10 卷《大明帝国》逐一作了梳理，调整章节，增补更有文化含金量的内容，使原《大明帝国》变得更为系统化，考虑到新书内容已有很多的变化，为了与以前出版的相区别，本想取名为《明朝大历史》，但考虑到这是普及性极强的读物，最后与马伟先生合计，取名为《大明风云》。

经过数月的不眠之夜，《大明风云》前 8 卷终于可以交稿了。回想过往的日日夜夜，看到眼前的这番收获，我要衷心感谢的是中共南京市委宣传部叶皓部长、徐宁部长、曹劲松副部长，南京广电集团谢小平主任，中共南京市委宣传部网控中心的龚冬梅主任，中央电视台池建新总监，安徽电视台禹成明副台长，原南京电视台陈正荣副台长、新闻综合频道傅萌总监，原江苏教育电视台张宜迁主任、薄其芳主任，东南大学出版社江建中社长、张新建总编，东南大学马克思主义学院袁久红院长、袁健红副书记，南京市政协副主席余明博士，南京阅江楼风景区管理委员会韩剑峰主任，新华报业集团邹尚主任，南京明孝陵博物馆张鹏斗馆长，南京静海寺纪念馆原馆长田践女士，南京阅江楼邱健乐主任，南京市社科院李程骅副院长与社科联陈正奎院长、严建强主任、顾兆禄主任，南京市新闻出版局蔡健处长，南京市档案局徐康英副局长、夏蓓处长，江苏省社科联吴颖文主任，福建宁德市政协主席郑民生先生、宁德市委宣传部吴泽金主任、蕉城区统战部杨良辉部长等领导的关怀（**特别注明：本人不懂官衔大小，随意排列而已，不到之处，敬请谅解**）；感谢中央电视台裴丽蓉编导、徐盈盈编导、戚锰编导，江苏电视台公共频道贾威编导、袁锦生编导，江苏教育电视台苍粟编导、夏恬编导、赵志辉编导，安徽电视台公共频道制片人张环主任、制片人叶成群、舒晓峰编导、唐轶编导、海外中心吴卓编导、韩德良编导、张曦伯编导、李静编导、刘小慧编导、美女主持人任良韵，南京广电集团王健小姐，南京电视台主持人周学先生、编导刘云峰先生、李健先生、柏新民先生、卞昌荣先生，南京电视台十八频道主持人、我的电视节目老搭档吴晓平先生，江苏广播电视总台吕凤华女士、陆正国先生、新华报业集团黄燕萍女士、吴昌红女士、王宏伟先生，《现代快报》刘磊先生，《金陵晚报》郑璐璐主任、于峰先生，金陵图书馆袁文倩主任和郁希老师，南京静海寺纪念馆钟跻荣老师，东南大学出版社刘庆楚分社长、谷宁主任、彭克勇主任、丁瑞华女士、马伟先生、杨澍先生、丁志星女士、张万莹女士，南京明孝陵向阳鸣主任、王广勇主任和姚筱佳小姐，江苏省侨办《华人时刊》原执行副主编张群先生，江苏省郑和研究会秘书长郑自海先生和郑宽涛先生，北京师范大学教育学院孙邦华教授，南京大学王成老师和周群主任，南京理工大学人文学院李崇新副教授，南京财经大学霍训根主任，江苏经贸学院胡强主任和吴之洪教授，南京总统府展览部刘刚部长，南京出版社卢海鸣副总编，南京城墙办朱明娥女士，南京图书馆施吟小姐，福建宁德三也农业开发有限公司董事长池致春先生，原徐州汉画像石馆馆长武利华先生，无锡动漫协会会长张庆明先生，南京城市记忆民间记录团负责人高松先生和篆刻专家潘方尔先生以及倪培翔先生等朋友给我的帮助与关怀。（至于出版界朋友对我的帮助，那实在太多了，怕挂一漏万，干脆就一个也不谢了）

当然还要感谢吾师王家范老师、刘学照老师、黄丽镛老师、王福庆老师、杨增麒老师等曾经对我的谆谆教诲与帮助，也衷心祝愿诸位师长健康长寿！

除了国内的师友，我还要感谢海外史学泰斗许倬云先生、United Nations（联合国）Chinese Language Programme 何勇博士、美国 Columbia University（哥伦比亚大学）王成志主任、美国 Stanford University（斯坦福大学）Visiting Scholar Helen P. Youn、Stanford University（斯坦福大学）的 Hoover Institution Library & Archives（胡佛研究院图书馆及档案馆）主任 Thu－Phuong Lisa H. Nguyen 女士和 Brandon Burke 先生、美国纽约美中泰国际文化发展中心总裁、著名旅美艺术家李依凌女士、美国（CHN）总监 Robert KO（柯伊文）先生、泰国国际书画院院长李国栋、日本关西学院法人代表阪仓笃秀教授、世界报业协会总干事马英女士和澳门基金会理事吴志良博士、澳门《中西文化研究》杂志的黄雁鸿女士等海外师长与友人对我的关心与帮助。

在此我要特别感谢许倬云先生。许先生年逾古稀，身体又不好，但他经常通过 E-mail 关心与肯定我的研究与写作，令我十分感动；特别感谢老一辈著名明史专家、山东大学教授黄云眉先生的大作《明史考证》对我的启迪以及他的海内外儿孙们对我的抬爱；特别感谢我的学业导师南京大学潘群先生和师母黄玲女士严父慈母般的关爱；特别感谢慈祥的师长、我的老乡原江苏省委宣传部常务副部长王建邦先生对我的关怀与帮助。

我还要感谢的是我的忠实“粉丝”与读者朋友，这些朋友中很多人可能我都未曾见过他们的面，譬如安徽六安有个年轻朋友曾给我写来了热情洋溢的信函；还有我不知其地址、只知其QQ号的郭先生，等等。他们不断地给我来信，帮助我、鼓励我。但由于我是个“单干户”，无当今时兴的“小秘”代劳，因而对于广大读者与电视观众朋友的来信，无法做到一一回复，在此致以万分的歉意，也恭请大家海涵！

顺便说明一下：本著依然采用史料出处随后注的方法，做到说史绝不胡说、戏说，而是有根有据。本书稿原有所有史料全文，后考虑到篇幅太厚和一般读者可能阅读有困难，最终决定将大段古文作了删除，大多只保留现代文。也承蒙东南大学出版社朋友尤其谷宁主任、马伟先生和张万莹女士的关爱，本系列丛书拥有现在这个规模。如读者朋友想核对原文作进一步研究，可根据书中标出的史料出处一查便是。最后要说的是，下列同志参与了本书的图片收集、资料整理、文稿起草等工作，他们是马宇阳、毛素琴、雷扣宝、王鲁兴、王军辉、韩玉华、林成琴、熊子奕、周艳梅、舒金佳、雷晟等人。

马渭源

于南京大明帝国黄册库畔

2014年11月16日

电子邮箱：mwynj@sina.com